조슈 이야기

반일과 혐한의 기원

반일과 혐한의 기원
조슈 이야기

초판 1쇄 발행 2023. 9. 15.
초판 2쇄 발행 2023. 10. 30.

지은이   허수열, 김인호
펴낸이   김경희
펴낸곳   (주)지식산업사
         본사 • 10881, 경기도 파주시 광인사길 53
         전화 (031)955-4226~7 팩스 (031)955-4228
         서울사무소 • 03044, 서울특별시 종로구 자하문로6길 18-7
         전화 (02)734-1978 팩스 (02)720-7900
         한글문패 지식산업사
         영문문패 www.jisik.co.kr
         전자우편 jsp@jisik.co.kr
         등록번호 1-363
         등록날짜 1969. 5. 8.

ISBN 89-423-9120-2   03910

이 책에 대한 문의는 지식산업사로 연락 바랍니다.

반일과 혐한의 기원

조슈 이야기

허수열, 김인호 공저

지식산업사

《조슈 이야기》를 내면서

필자가 하기[萩]라는 도시를 알게 된 것은 그리 오래지 않다. 그러나 하기를 알고 나서는, 이곳이 일본 근대사는 물론이고, 한국 근대사를 이해하기 위해서도 반드시 짚고 넘어가야 할 도시라는 것을 알게 되었고, 관심을 가지고 이것저것 알아보는 사이에 친숙한 도시로 되었다.

하기는 야마구치현[山口縣]에 있는 인구 5만 정도의 자그마한 도시이다. 우리나라 동해 쪽 해안에 있고, 직선 거리로는 부산과 가장 가까운 도시이기도 하다. 메이지 유신이 있기 이전인 에도 막부 시대, 야마구치현에는 조슈번[長州藩]이 있었고, 하기에는 그 번청藩廳이 있었다.

16세기 말 이후, 일본의 주고쿠[中國] 지방은 모리가[毛利家]가 지배해 왔는데, 도요토미 히데요시[豊臣秀吉]가 죽고 나서, 일본의 패권을 둘러싸고 도요토미 파(서군)와 도쿠가와 이에야스[德川家康] 파(동군)가 세키가하라에서 일전을 벌였을 때(1600년), 모리가는 서군의 총대장이 되었다가 패전의 책임을 지고, 대부분의 영토를 뺏기고 현재의 야마구치로 쫓겨나, 거기에서 새로 조슈번을 열게 되었다. 그리고 하기[萩]라는 곳을 새로운 도읍으로 정하여, 성을 쌓고, 번청을 두어 조슈번을 다스렸다.

조슈번의 역사는 이렇게 에도 막부에 대한 원한으로 시작되었는데, 이백 수십년이 지나 에도 막부가 무너질 때는 조슈가 그 선봉에 있었고, 수십 배나 되는 막부 토벌군과 싸워 이김으로써 결과적으로 막부가 무너지는 결정적 계기가 되었다.

하기는 메이지 유신의 본거지였다. 그래서 필자가 하기에 갈 때마다 거리에는 메이지 유신과 관련된 이벤트를 알리는 현수막이 펄럭이고 있었다. 이곳 출신 인물들이 메이지 유신을 이룩하는데 지대한 공을 세웠고, 일본제국의 발전에 중추적인 역할을 한 걸출한 인물들을 배출한 곳이었으니, 하기에 사는 사람들이 하고 싶은 말이 얼마나 많을까.

메이지 유신으로 시작된 메이지시대는, 일본인들의 입장에서 보면 참으로 가슴 벅찬 영광의 시대였다. 아시아의 변방에서, 언제 서구 열강의 식민지가 될지 모르던 일본이, 청국과 러시아라는 거대한 나라들과 싸워 승리했고, 마침내 그토록 우러러보던 서구 열강과 어깨를 나란히 할 정도로 발전했으니 그 감동이 얼마나 컸겠는가? 그 감동의 시대를 여는 데 결정적 역할을 한 인물들을 다수 배출한 곳이 하기였고, 조슈였다.

그러나 메이지시대의 일본의 발전이 전쟁과 침략으로 점철된 것이었기 때문에, 한국에서 본다면 하기는 침략의 원흉들의 출신지이기도 하였다. 명성황후 시해사건과 관련된 이노우에 가오루[井上馨]와 미우라 고로[三浦梧樓], 청일전쟁과 러일전쟁 당시의 내각총리대신이었던 이토 히로부미[伊藤博文]와 가쓰라 타로[桂太郎], 한국을 보호국화하고 초대 통감이 되어 한국을 식민지로 만들어 나가는 길을 닦았던 이토 히로부미[伊藤博文], 일본의 육군대신으로 한국의 통감을 겸직하면서 한국을 그들의 식민지로 만들고, 초대 조선총독부 총독까지 겸임하였던 데라우치 마사타케[寺內正毅], 이들 모두가 조슈 출신이었다. 조슈는 한국 근대사에도 엄청난 영향을 끼친 곳이다.

데라우치 마사타케는 전 생애를 일본군대와 함께 한 무골武骨이었으며, 최종계급은 일본제국 육군을 통틀어 17명 밖에 없었던 원수육군대장元帥陸軍大将이었다. 러일전쟁, 조선의 보호국화, 일본의 강제적 한국병탄 등, 이 땅의 명운을 갈라놓았던 그 절박한 시기였던 1902 ~ 1911년 9년 동안 제7대 일본제국의 육군대신을 역임하였다. 그리고 그가 육군대신으로 재임하는 동안, 마지막 한국통감인 제3대 한국통감과 초대 조선총독을 겸임하였다. 1916년 10월 16일에 조선총독을 사임하고, 사흘 뒤인 10월 19일에 내각총리대신에 취임하였다. 그는 한국통감과 조선총독으로서 조선을 식민지로 만드는 데 혁혁한 공을 세운 것을 인정받아, 자작에서 백작으로 작위가 오르기도 했다.

야마구치시[山口市]의 북쪽 언저리에 호국신사護國神社가 있고, 그 옆의 길을 따라 조금만 가면 데라우치 마사타케의 가족묘지가 나타난다. 앞쪽으로 데라우치 마사다케의 묘가 있고, 그것과 나란히 그의 장남이자 남방군총사령관이었던 데라우치 히사이치[寺內寿一]의 묘가 있다. 아버지인 데라우치의 비석에는 "원수 육군대장 백작 데라우치 마사다케의 묘[元帥陸軍大将伯爵寺內正毅之墓]", 장남인 히사이치의 비석에도 "원수 육군대장 백작 데라우치 히사이치의 묘[元帥陸軍大将寺內寿一墓]"라고 되어 있어 두 사람 모두 원수육군대장元帥陸軍大将임을 알 수 있고, 아버지의 작위가 백작이고 아들이 작위를 승계하였으니, 아들 히사이치 또한 백작이다.

조선의 병탄과 관련하여 그가 한 역할은 백작 작위를 받고, 대일본제국의 원수元帥 지위에 오를 정도로 대단한 것이었다. 그러나 바로 그 이유로, 조선인들의 입장에서 본다면 원수怨讐에 다름없었다. 데라우치 마사타케, 그는 원수元帥인가, 원수怨讐인가?

일부 일본인들은 안중근 의사를 테러리스트라고 폄훼한다. 그가 사살한 이토 히로부미는 일본의 엄청난 정치적 거물이었다. 대일본제국의 헌법을 만들었고, 네 번에 걸쳐 내각총리대신을 역임하였으며, 대한제국에 강요하여 을사늑약을 체결하여 한국을 그들의 보호국으로 만들고 초대 통감을 역임하면서 한국을 식민지로 만들어 나갔다. 안중근 의사는 무고한 민간인에 대해 무차별적으로 폭력을 행사한 것이 아니라, 한국을 점령하여 식민지로 만들어 가려는 적국의 수괴를 선별하여 처단한 것이었다.

안중근이 이토 히로부미를 처단 대상으로 삼은 이유는 그가 폭력으로 동양의 평화를 해치고 있기 때문이라는 올바른 사상에 입각하고 있었으며, 저격 과정이 정정당당하여 조금도 수치스럽지 않았으며, 체포되어 수감생활을 하면서도 결코 선비의 품위를 잃지 않았다. 그리하여 마침내 사형이 집행되자 안중근은 한국인들의 영웅이 되었다.

젊은 시절의 이토 히로부미는 과격한 행동주의자였다. 1862년 이토 히로부미는 쇼카 손주쿠의 구사카 겐즈이[久坂玄瑞], 다카스기 신사쿠[高杉晋作] 등과 함께 공무합체[公武合體]를 주장하던 나가이 우타[長井雅楽]를 암살할 계획을 수립하였지만 이 역시 계획이 사전에 누출되면서 실행되지 않았다.

1863년, 이토 히로부미를 포함한 쇼카 손주쿠의 젊은 지사[志士]들은 외국 공사들이 가나자와 8경[金沢八景]에 놀러 다닌다는

정보를 입수하여, 거기서 찔러 죽이기로 작정했지만, 조슈 번주가
이 계획을 알고 관련자들에게 모두 근신 처분을 내림으로써 이
역시 실행되지 못했다.

이들은 근신기간 동안에 미다테구미[御楯組]를 조직하여, 1863
년 1월 31일, 완공 직전의 영국공사관에 불을 질렀다. 이토 히로
부미[伊藤俊輔]는 이노우에 가오루[井上馨] 등과 함께 방화 행동대
원으로 영국 공사관에 불을 질렀다. 같은 해, 이토 히로부미와 야
마오 요조[山尾庸三]는 고지마치 산반초[麴町三番町] 부근에서 와
가[和歌] 모임을 마치고 돌아가던 국학자 하나와 다다토미[塙次
郎]와 가토 고지로[加藤甲次郎]를 살해하였다. 살해 이유는 하나와
다다토미가 고메이[孝明] 천황을 폐제[廢帝]시키기 위한 방법을 찾
고 있다는 소문을 들었기 때문이었다. 이토는 피투성이가 되었지
만, 사람들 눈에 띄지 않고 무사히 도망칠 수 있었다고 한다.

안중근의사와 이토 히로부미 일본 수상. 과연 누가 테러리스트
인가? 영화 '영웅'에서처럼, 과연 누가 죄인인가?

나는 한국과 일본 사이의 이런 복잡한 은원 관계를 조슈라는
특정 지역에 초점을 맞추면서 살펴보려고 한다. 그리고 그 과정
에서 한국을 싫어하고(혐한) 일본을 반대하는(반일), 뿌리 깊은 역
사를 좀 더 알기 쉽게 풀어낼 수 있을 것이라 생각한다.

이 책은 학술서라기보다 대중서를 표방한다. 각주 같은 것을
붙이지 않는 것을 기본으로 함으로써, 좀 더 쉽게 읽을 수 있도록

노력하였다. 책의 내용은 특별히 새로운 것은 없지만, 해석 혹은 설명 방식을 달리함으로써 알기 쉽고 참신한 시각으로 역사를 다시 볼 수 있게 노력하였다. 내용을 조슈라는 좁은 지역으로 한정함으로써 스토리텔링 방식으로 설명하여 좀 더 오래 기억에 남을 수 있도록 서술하였다.

마지막으로 공저자인 김인호 교수에게 감사드리고 싶다. 나를 처음으로 조슈로 안내한 사람이 그였고, 글을 쓰는 과정에서 국내외의 연구동향을 조사하고, 집필 토론함으로써 이론적으로도 치우침이 없도록 하고, 또한 원고를 절차탁마하여 매끄럽게 만드는 궂은 일들을 도맡아 해 주었다. 또 동의대학교의 선우성혜 교수와 김예슬 교수로부터도 저술에 필요한 자료를 수집하는 데 많은 도움을 받았다. 그리고 지식산업사의 김경희 사장님은 끊임없는 격려로 이 책이 세상에 나올 수 있도록 응원해 주셨다. 모두에게 깊은 감사의 말씀을 드린다.

2022년 6월 25일

저자를 대표하여 허수열이 쓰다

이 책은 제목만 보면 그저 근대 일본근대사에서 중요한 비중을 점하던 조슈의 인물과 침략주의의 역사를 집중적으로 정리한 것같지만, 이것을 포함하여 양국의 역사에 나타난 반일과 혐한 행태의 역사적 기원을 이해하기 위한 일환이기도 했다.

이 책은 왜 일본이란 나라는 멀리 삼국시대 이래 오늘날까지도 삼한정벌기, 정한론, 탈아론 등의 혐한嫌韓을 부추기는 정치적 이데올로기를 끊임없이 재생산하는지, 그리고 왜 그토록 한반도와 그 주변의 선량한 여러 민족에 침략을 주저하지 않고, 삶의 공포와 격멸을 조장하는지, 궁극적으로 어떻게 침략의 수단으로 활용되었는지에 대한 종합적 고찰의 성과를 담은 것이다. 다시 말해 이 책은 한일 양국에 빚어진 그간의 반일과 혐오의 역사를 조슈라는 렌즈로 바라보면서 양국 사이의 현안이 가지는 역사성을 검토하고, 그 기만과 오욕의 실상을 제대로 밝혀보자는 뜻에서 비롯되었다.

그러므로 이 책에서는 조슈 역사의 전개과정을 이해하는 위에 거기서 각종 현안인 독도獨島 문제, 조선경제 수탈 문제, 임나일본부 문제, 임진왜란 문제 등 다양한 역사적 과제를 더불어 녹이고자 하였다. 이를 위하여 저자 특유의 계량적 방법론이 동원되고, 여기에 철저한 역사적 견지와 역사학적인 맥락을 담고자 하였다.

실제로 저자가 평소 쓰던 글을 보면 한 글자 한 글자가 엄격한 계량과 증명을 중시하지 않은 적이 없지만 유독 이 책만큼은 그런 '학문적 냉혹성'에다 동북아 역사의 미래에 대한 깊은 연민과 사랑도 담아내고자 한 흔적이 역력하다. 어렵지 않게 쓰고자 했고, 그러면서 비분강개하는 필법도 배제하여 엄중한 역사적 사실에 대한 진솔한 이해와 답변을 정리하고자 했다. 그런 점에서 그동안 공간公刊했던 그 많은 논문이나 저작과는 분명히 결이 다른 '대중을 위한 일본근대사'라고 할 수 있다.

이 책은 총 5장으로 구성되었다.

제1장(조슈의 흔적)은 총 8개의 항목으로 구성되었는데, 모리 데루모토가 임진왜란 직전부터 이후 조슈번을 확장하던 시기의 이야기, 실제 임진왜란에서 조슈번의 역할이나 군사력, 전략 등을 분석하였다. 또한 신립 장군의 배수진 이후 조선군의 후퇴 과정과 이순신의 극적인 반격 상황을 정리하였고, 장기 농성에 처한 왜군들의 움직임도 살폈다. 또한 임진왜란 이후 일본본토에서 도쿠가와의 동군측과 대항한 조슈번이 어떤 생존전략을 펼치고 끝내 하기라는 골짜기로 밀려들었는지, 또한 에도시대 막부는 어떻

게 야마구치 지역을 통치했으며, 300년 간 조슈번의 지사들이 품었던 절치부심은 어떻게 실제 도쿠가와 막부에 대한 저항으로 나아갔는지 등을 살펴보았다.

제2장(에도 막부 말기의 일본)에서는 서세동점 상황에서 도쿠가와 막부의 고민과 힘겨운 대응 모습, 그 속에서 조슈번의 다양한 대응 전략 등을 정리하였다. 특히 요시다 쇼인을 주축으로 형성된 도막파의 움직임과 이들이 서양 세력과 저항하고, 막부에 도전하려는 각종 시도들을 소개하였다.

제3장(메이지 유신과 조슈의 지사들)은 총 3개의 항목으로 구성하였는데, 요시다 쇼인의 제자들이 다시 결집하여 암암리에 도막을 추진하던 상황과 이것이 탄로나서 막부로부터 엄청난 탄압을 받으면서 면종복배(面從腹背)하면서 자기 세력을 유지하고, 결국 막부정권을 타도하는데(도막倒幕)에 필요한 각종 서양의 신식 무기체계와 기술을 습득하면서 실력을 키우는 과정을 중점 정리하였다. 그리고 마침내 소수의 병력으로 '사방의 진'을 펼치고 막부의 20만 대군을 타도하면서 도막의 단초를 열어가는 모습을 정리하였다. 도막 뒤 조슈가 중심으로 중앙 권력을 장악하고 추진한 각종 부국강병을 위한 개혁조치와 류큐[琉球] 등 주변지역으로 팽창하는 상황도 자세히 묘사하였다.

제4장(정한론)은 총 5개 항목으로 구성하였다. 정한론이 근대에 들어서 처음 나온 것이 아니라 우리의 삼국시대 이래 지속적이

니 일본인들의 한반도에 대한 공포와 혐오가 있었기에 가능한 것이라고 보고, 고대 사회에 등장한 양국 사이의 각종 침략 상황을 정리하고, 특히 진구황후의 삼한정벌에서 비롯되었다는 소위 임나일본부설의 형성과정과 함의를 분석하였다. 또한 이러한 한반도 혐오설이 어떤 과정으로 정한론으로 정립되는 것이며, 메이지 유신 과정에서 정한론征韓論은 어떤 정치적 함의를 가졌고, 점차 침략의 이데올로기로 진화했는지 분석하였다. 구체적으로 요시다 쇼인, 사이고 다카모리, 후쿠자와 유키치 나아가 일제강점기 여러 지식인들에 이르기까지 다양한 형태로 진화한 정한론을 다각도에서 정리하였다.

제5장(일본제국의 조선 침탈)도 총 5개 항목으로 구성하였다. 여기서는 1904년 8월 15일에 체결된 한일의정서 이후 일본군이 조선을 야금야금 점령해가는 과정을 각종 일본 국립공문서관에서 수집한 여러 가지 희귀자료를 활용하여 살핌으로써 한반도 침략의 역사를 생동감 있게 복원하고자 하였다. 또한 자주 접하지 못했던 일본이 작성한 각종 비밀지도나 희귀자료를 통하여 독도 문제에 집중하면서 궁극적으로 우산도가 독도이며, 일본은 과연 어떠한 기망과 폭력으로 독도를 편입했는지 정리하고자 하였다. 또한 해방 후 샌프란시스코 강화조약 체결과정에서 연합국은 독도를 어떻게 이해되고, 처리하고자 했는지도 함께 분석하였다.

차례

책 머리에 _5

제1장 조슈의 흔적

　1. 모리 데루모토[毛利輝元] _19

　2. 임진왜란과 모리가[毛利家] _31

　3. 신립 장군의 배수진 _38

　4. 필사必死 _47

　5. 이순신 장군의 반격과 왜성의 축조 _55

　6. 세키가하라의 전투와 조슈번의 시작 _67

　7. 에도시대의 막부 _79

　8. 에도시대 일본의 쇄국 _86

제2장 에도 막부 말기의 일본

　1. 검은 화륜선의 충격 _107

　2. 막말의 일본, 그리고 조슈 _139

　3. 요시다 쇼인[吉田松陰]과 쇼카 손주쿠[松下村塾] _163

제3장 메이지 유신과 조슈의 지사들

1. 요시다 쇼인의 제자들이 도막倒幕에 나서다 _195

2. 조슈가 조정의 적(朝敵)이 되다 _216

3. 조슈가 막부를 이기다 _225

4. 조슈가 메이지 정권을 장악하다 _244

5. 메이지 정부의 부국강병 정책과 해외침략 _259

제4장 정한론征韓論

1. 한일간 침략의 역사 _267

2. 진구황후[神功皇后]의 삼한정벌기 _284

3. 요시다 쇼인의 정한론 _306

4. 정한론의 이데올로기화 _314

5. 정한론의 진화, 사이고 다카모리에서 후쿠자와 유키치로 _321

제5장 일본제국의 조선 침탈

1. 또 하나의 8.15 _333

2. 독도는 일본 판도 밖의 섬이다 - 태정류전太政類典 _341

3. 우산도가 곧 독도 _351

4. 일본은 기망과 폭력으로 독도를 편입했다 _368

5. 샌프란시스코 강화조약과 독도 _377

나오며 _389

제1장 조슈의 흔적

1. 모리 데루모토[毛利輝元]

일본에서 가장 가까운 도시 부산. 그 부산의 항구 가까이에 자성대 공원이 있다. 공원 초입의 안내판에는 이렇게 적혀 있다.

이 성은 흔히 자성대라고 부른다. 지금 남아 있는 성지는 임진왜란인 1593년(선조 26)에 일본군이 주둔하면서 모리 데루모토가 부산진의 지성枝城으로 쌓은 일본식 성이다. 그러나 원래 이곳에는 우리나라 부산진성의 외성外城이 있었다고도 한다.

자성대에 남아 있는 왜성의 흔적.

부산에서 바다 건너 동남쪽 방향의 일본 해안에 인구 5만 남짓한 하기[萩]라는 조그만 도시가 있다. 지금은 야마구치현[山口縣]에 속해 있지만, 에도시대에는 조슈번[長州藩]을 다스리는 번청이 있던 곳이다. 그리고 그 하기에 이곳 조슈를 지배하던 다이묘가 거주하던 성이 하나 있는데, 바로 하기성[萩城]이다.

필자가 야마구치에 갔을 때, 보쵸 버스[防長バス]가 다니고 있었고, 또 시내 여기 저기에서 보쵸[防長]라는 글자가 적힌 간판도 눈에 띄었다. 보쵸라는 말이 궁금해서 찾아보니, 옛날 이 지역에 있던 스오[周防]와 나가토[長門]라는 두 개의 쿠니[国] 이름의 합성어였다. 여기서 말하는 쿠니[国]는 옛날 일본에서 사용하던 행정단위[行政単位]로서, 나라가 아니라 군이나

하기성의 모습. 메이지시대 초기의 폐성령廢城令에 따라 파기되기 이전의 하기성과 폐성 이후 현재 모습.

면과 같은 것이다. 그러니까 지금의 야마구치현은 폐번치현[廢藩置縣] 이전의 에도시대에는 조슈번이었고, 이 조슈번은 다시 스오노쿠니[周防国]와 나가토노쿠니[長門国]라는 2개의 쿠니[国]로 이루어져 있었다.

　우리나라 사람들에게 일본의 하기라는 도시를 아느냐고 물어보면 열에 아홉은 그게 어디있는 도시냐고 되물을 것이다. 한국에서 하기로 접근하기가 어려워 그럴 것이다. 그렇지만, 일본은 물론이고 한국의 근대를 논할 때도 이곳은 그냥 지나칠 수 없는 핵심적인 지역이다. 하기는 메이지 유신의 본거지였다. 이곳 출신 지사들이 메이지 유신을 달성하는 데 지대한 공을 세웠고, 그 뒤 일본제국의 발전에 중추적인 역할을 한 걸출한 인물들을 배출한 곳이었으며, 한국에서 본다면 침략의 원흉들이 대거 몰려 있는 곳

모리 데루모토[毛利輝元]의 좌상.

이 이곳이다.

하기성[萩城]은 하기시의 북쪽 끝 바닷가에 있는데, 지금은 성의 건물들은 없고 성터만 덩그러니 남아 있다. 메이지 유신이 이루어지면서 야마구치시가 정치·경제·사회·문화·행정 등의 모든 부문에서 지역중심지로 발전하여 갔던 것과 달리, 메이지 유신의 발상지라고 해도 좋을 이 도시는 거꾸로 쇠락의 길을 걸었다는 것도 참으로 아이러니하다.

아무튼 이 하기성 입구에는 자성대 공원 안내판에서 이름을 보았던 바로 그 모리 데루모토[毛利輝元]의 좌상이 있다. 좌상 옆의 안내판에는 이렇게 적혀 있었다.

모리 데루모토[毛利輝元]는 1533년 모리 다카모토[毛利隆元]의 장남으로서 아키국 요시다고리 야마시로(安芸圀 吉田郡 山城, 현재 広島県安芸高田市)에서 태어났다. 센고쿠[戰国] 시대 주고쿠[中国] 지방의 패자로 되었던 모리 모토나리[毛利元就]의 손자였다. 1563년 부친 다카모토[毛利隆元]가 사망함에 따라 가독家督을 이어받았고, 조부 모토나리에 따라 양육되었다. 오다 노부나가[織田信長]나 도요토미 히데요시[豊臣秀吉]와 패권 다툼을 벌여, 주고쿠[中国] 지방의 8개 쿠니[国] 112만 석을 영유하는 큰 다이묘[大大名]로 성장하였고, 1589년 히로시마에 거성居城을 축성하였다. 도요토미 정권 아래서는 오대로五大老의 한 사람이 되어 권세를 과시했지만, 1600년 세키가하라[関ヶ原] 전투에서 패배하여, 스오[周防]·나가토[長門] 2개 쿠니[国] 36만 9천 석으로 삭봉削封되었다. 1604년 거성을 하기[萩]로 선정하여 같은 해 11월 11일 하기성[萩城]에 입성하였다.

이 안내판에서 볼 수 있듯이, 하기성을 만든 모리 데루모토는

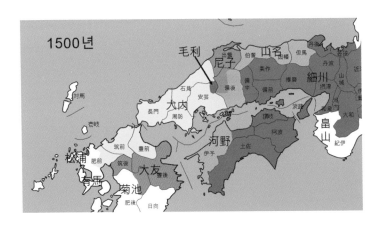

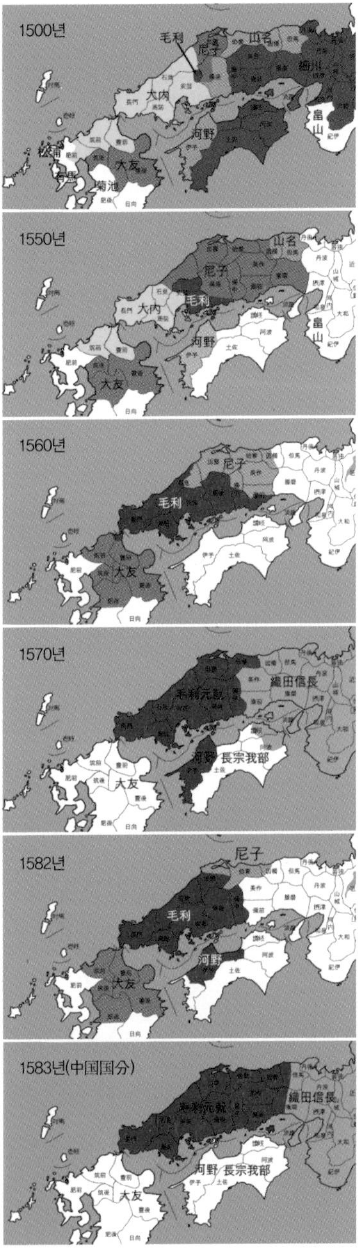

모리가 지배 영역의 변화.

1500년

1550년

1560년

1570년

1582년

1583년(中国国分)

본래 지금의 야마구치현이 아니라 히로시마현에 있던 아키국[安芸国] 출신이었다. 그의 할아버지인 모리 모토나리[毛利元就]는 모리가[毛利家]의 제9대 당주 모리 히로모토[毛利弘元]의 차남으로 태어났다. 형인 오키모토[毛利興元, 제10대]가 요절하여 그의 아들 고마쓰마루[毛利幸松丸, 제11대]가 2살에 가독을 이어받았지만, 그 역시 9살에 또 요절함에 따라, 모토나리가 제12대 당주로 되었다. 요절이 잦으면 요술이 있었을 것으로 짐작되는데, 어쨌거나 모토나리는 그렇게 하여 제12대 당주가 되었던 것이다.

모리 모토나리가 가독을 이어받아 제12대 당주가 되었을 무렵의 모리가는 위의 지도에서 볼 수 있듯이, 아직 아키국[安芸国] 지역에 있던 일개 호족豪族에 지나지 아니하였다. 그러나 모토나리는 자식들을 양자로 보내거나 정략 결혼으로 주변 세력을 흡수하는 한편, 암살이나 매수 등의 다양한 권모술수를 구사하여 영지를 크게 넓혔다.

모리 모토나리는 슬하에 9명의 아들을 두었는데, 맏아들 다카모토[毛利隆元]는 그를 이어 모리가의 제13대 당주로 되었고, 나머지 8명의 아들은 모두 다른 가문에 양자로 들어가 각기 그 가문의 후계자로 됨으로써 모리가가 세력을 넓히는데 이바지하였다. 특히 둘째 아들은 깃카와[吉川] 가문으로 양자로 가서 깃카와 모토하루[吉川元春]가 되었고, 셋째 아들은 고바야카와[小早川] 가문에 양자로 가서 고바야카와 다카카게[小早川隆景]가 되었다. 이 세 아들을 합해 흔히 모리료센[毛利兩兩川]이라고 하는데, 깃카와[吉川]와 고바야카와[小早川]에 모두 '천川'이라는 글자가 들어 있어서 료센[兩川]이라 불렀던 것이다. 이들 모리료센은 모리가를 떠받드는 큰 기둥들이었다.

하기성 앞의 좌상의 주인인 모리 데루모토는 모리 다카모토의 아들이고, 깃카와 모토하루와 고바야카와 다카카게의 조카였다. 이 데루모토의 시기에 모리가는 위의 지도에서 볼 수 있는 아마고 츠네히사[尼子経久] 가문을 격파하여 세력을 넓혔고, 히로시마 성을 축조하였다(1589~1599). 또 오우치 요시타카[大内義隆]가 지배하던 영토도 대부분 차지함으로써 자기 당대에 주고쿠[中国] 지방 거의 대부분을 장악하는 다이다이묘[大大名]로 되었다. 나아가 모리가는 이요국으로도 세력을 확대했을 뿐만 아니라 구루시마 무라카미[來島村上] 수군을 비롯한 이요국의 해적떼[海賊衆]도 손아귀에 두었다. 이리하여 1576년이 되면 데루모토는 나가토[長門], 스오[周防], 이와미[石見], 아키[安芸], 이즈모[出雲], 비젠[備前], 빗추[備中], 빈고[備後], 미마사카[美作], 이나바[因幡], 호키[伯耆], 오키[隠岐]와 사누키[讃岐], 다지마[但馬], 하리마[播磨]와 부젠[豊前]의 일부를 지배함으로써, 할아버지인 모토나리 시대보다 훨씬 넓은 영역을 차지하게 되었다.

이렇게 데루모토가 주고쿠[中国] 지방에서 세력을 넓혀가고 있을 무렵, 그 동쪽에서는 오다 노부나가[織田信長]의 세력이 점점 커지고 있었다. 노부나가는 도쿠가와 이에야쓰와 연합하여 1575년 나가시노[長篠] 전투에서 다케다 가쓰요리[武田勝頼]의 기마군단을 격파하였다. 마방책[馬防柵] 뒤에 숨어서 3열이 돌아가면서 사격을 가하는 노부나가군의 철포삼단총격[鉄砲三段撃ち] 앞에서 천하무적이라던 다케다의 기마군단도 추풍낙엽처럼 쓰러졌다. 그리고 이 전투를 계기로 그토록 강성했던 다케다 가문도 마침내 몰락하였다.

동쪽을 평정한 오다 노부나가는 방향을 돌려 서쪽에 있는 주고쿠와 시코쿠[四国] 정벌에 나섰다. 주고쿠 정벌에서는 노부나가의 가신인 하시바 히데요시[羽柴秀吉=도요토미 히데요시]가 빗추[備

〈나가시노 전투[長篠の戦い]〉 그림의 일부.

그림의 왼쪽에는 말의 접근을 막으려고 세워 놓은 말뚝인 마방책이 있고, 노부나가군은 그 뒤에 숨어서 말을 타고 달려오는 다케다군을 향해 화승총을 쏘았다. 당시 화승총은 한발을 쏘는데 20초가 걸렸기 때문에 이 약점을 보완하기 위해 이른바 철포삼단사격[鉄砲三段撃ち]의 방식으로 철포를 쏘았다고 한다. 다만, 종래에는 1,000자루씩 3단으로 늘어서서 1,000자루씩 차례대로 일제히 발사했다는 주장이 통설이었지만, 최근에는 철포 아시가루[鐵砲足輕] 세 사람이 한 조가 되어 가장 앞의 아시가루가 총을 쏘는 사이에 두 번째 아시가루가 대기하고 3번째 아시가루는 화약이나 총알을 장진하는 방식이었다고 한다. 이 전투에서 다케다군 1만 5천 명 가운데서 살아남은 사람은 겨우 2천 명이었다고 한다.(長浜城歷史博物館 소장.)

中]에 있던 모리가의 다카마쓰성[高松城]을 공격하여 함락 직전까지 몰고 갔다. 그런데 느닷없이 혼노지의 변[本能寺の変]이 일어났다(1582년). 교토의 혼노지라는 절에 머물고 있던 오다 노부나가를 가신인 아케치 미쓰히데[明智光秀]가 습격하여 자결토록 한 사건이었다.

그 소식을 들은 히데요시는 급히 회군하여 야마자키 전투[山崎
の戦い]에서 아케치 미쓰히데를 격파하였다. 히데요시는 그 뒤 노
부나가의 후계 자리를 둘러싼 몇 개의 전투에서 승리함으로써,
그동안 노부나가가 이루어 놓았던 모든 것들을 물려받을 수 있
었다. 그리고 새로운 세상의 거점으로 오사카 성[大阪城]을 축조
하였다(1583~1598년).

노부나가의 권력을 이어받은 히데요시는 다시 돌아와 모리 데
루모토에게 복속을 요구하였다. 데루모토도 이번에는 맞서지 않
았다. 자신의 숙부인 고바야카와 모토후사[小早川元総]와 사촌인
깃카와 히로이에[吉川広家]를 인질로 보내는 대신 호키[伯耆] 서부
및 빗추[備中] 다카하시가와[高梁川] 서쪽을 모리의 영토로 인정받
는 조건으로 신종[臣従]하기로 하였다(1583년). 이에 따라 히데요시
는 주고쿠 지방의 영주들에 대한 새로운 영토배분을 행하였는데,
이것을 주고쿠 쿠니와케[中国国分]라고 한다. 이 쿠니와케에 따
라 데루모토는 아키[安芸], 빈고[備後], 스오[周防], 나가토[長門], 이
와미[石見], 이즈모[出雲], 오키[隠岐]와 빗추[備中]·호키[伯耆]의 서
부 지역을 영지로 갖게 되었다. 1576년의 최대 영지에 견주면 조
금 줄어들었지만, 종전의 지배영역을 거의 대부분 인정받았기 때
문에 큰 불만은 없었다. 히데요시의 입장에서도 껄끄러운 상대였
던 데루모토의 세력을 무혈 복속시켰을 뿐만 아니라, 장차 시코

쿠와 규슈의 정벌에 나설 때 모리가의 군사력을 활용할 수 있게 되었다. 실제로 데루모토는 히데요시의 시코쿠 정벌(1585년) 및 규슈 정벌(1586년)에 선봉으로 출진하여 히데요시의 일본 통일에 크게 기여하였다.

또 모리가는 히데요시와 양자 관계를 통해 인적관계를 강화하였다. 먼저 고바야카와 다카카게[小早川隆景]는 히데요시의 양자인 하시바 히데토시[羽柴秀俊]를 자신의 두 번째 양자로 맞아들였고, 하시바 히데토시는 고바야카와 히데아키[小早川秀秋]로 개명하였다. 히데토시는 원래 기노시타 이에사다[木下家定]의 아들로서 어릴 때 이름은 기노시타 다쓰노스케[木下辰之助]였지만, 성인이 되면서 기노시타 히데토시[木下秀俊]로 새로 이름을 지었다. 하시바 히데요시(즉 토요토미 히데요시)가 처삼촌[義叔父]이었는데, 히데요시의 양자가 되면서 하시바 히데토시[羽柴秀俊]로 개명하였다(1585년). 그런데 도요토미 히데요시에게 히데요리[豊臣秀頼]라는 친자가 태어난 뒤, 히데요시의 명에 따라 고바야카와 다카카게[小早川隆景]의 양자로 들어가면서 고바야카와 히데아키[小早川秀秋]로 개명하였다(1594년). 그는 히데요리가 태어나기 전까지 히데요시가 가장 아끼는 양자였다. 이런 이유로 정유재란 때는 젊은 나이에도 불구하고 일본군 총대장이 되었다.

이리하여 모리 데루모토는 도요토미 히데요시 정권의 핵심적인 위치로 올라서게 되었고, 나중에 오대로五大老 가운데 한 사람으로 되었다. '대로大老'란 히데요시 정권과 에도 막부시대에 쇼군을 보좌하기 위해 설치한 최고위직을 말하는데, 데루모토가 오대로로 되었다는 것은 그가 히데요시 정권 아래 두어졌던 5명의 대로 가운데 1명이 되었다는 말이다.

이렇게 모리 데루모토가 도요토미 히데요시 정권에서 핵심적인 역할을 했기 때문에, 임진왜란 때에도 조선에 가장 많은 군사를 파병하였으며, 또 바로 그런 연유로 부산의 자성대의 안내판에도 그의 이름이 올라가게 된 것이었다.

2. 임진왜란과 모리가[毛利家]

　부산은 지리적으로 일본과 가장 가까운 곳이다. 부산의 태종
대에서는 대마도가 보이고, 또 대마도 북쪽의 오우라[大浦] 인근
에 있는 한국전망대에서는 부산이 보인다. 날씨만 맑으면 부산에
서 대마도가 보이고, 대마도에서 부산이 보일 정도로 두 지역은
가깝다.

　나침반과 해도에 따라 항해하는 근대적 항법이 발달하기 이전
에는 눈으로 육지의 어떤 목표물을 정하여 항해할 수밖에 없었
다. 일본에서는 이러한 항해법을 지노리[地乘り] 항법이라고 하였
다. 일본에서는 18세기 후반이 되어야 해도나 나침반을 이용하는
오키노리[沖乘り] 항법이 사용되었다고 하니, 그 이전에는 지노리
항법이 일반적인 항법이었다.

　이 지노리[地乘り] 항법 시대의 한·일 두 나라 사이의 최상의 항
로는 부산과 일본 규슈 북쪽의 가라쓰[唐津]를 잇는 항로였다. 부
산과 가라쓰 사이에는 대마도와 이키[壱岐]라는 두 섬이 마치 징
검다리 같은 모습을 하고 있어, 눈으로 위치를 확인하면서 항해
할 수 있었고, 그런 의미에서 더할 나위 없이 좋은 항해 루트였
다. 그래서 임진년에도 왜적들은 이 항로를 따라 조선을 침략하
였다.

홍미로운 점은 이 뱃길의 일본 쪽 해안에 있는 '가라쓰[からつ]'라는 도시의 명칭이다. '가라쓰'는 '가라[から]'라는 말과 '쓰[つ]'라는 말의 합성어인데, 여기서 '쓰[つ]'는 나루[津]를 의미한다. 즉 '가라쓰'는 '가라 나루'라는 의미이다. 그렇다면 '가라'는 무엇인가?

일본어 사전에서 '가라[から]'라는 단어를 찾아보면, 가라伽羅, 당唐, 한漢, 한韓, 공空 등의 한자어가 나온다. 현재 가라쓰는 한자로 '唐津'이라고 쓴다. '唐(당)'은 중국의 당나라를 의미하는 한자이지만, 반드시 당나라만을 의미하는 것은 아니다. 17세기 이래 나가사키에는 도진야시키[唐人屋敷]라는 일종의 차이나타운이 있었다. 도진야시키가 만들어진 때는 명나라 때였으니 당나라와는 아무런 관련이 없다. 그

렇지만 일본에서는 도진야시키라고 부른다. 이 예에서 보면, '唐'이라는 한자는 당나라를 의미하는 것이 아니라 중국이라는 의미로 쓰인 것임을 알 수 있다.

그런데 앞의 지도를 다시 들여다보면, 한국쪽 해안에는 부산이 있고, 부산 옆에는 옛날에 김해가야가 자리잡고 있던 김해가 있다. 가야(伽倻, 加耶, 伽耶)는 가라(加羅, 伽羅, 迦羅, 柯羅) 또는 가락(駕洛, 迦落) 등의 여러 명칭으로 표기되었으니, '가라쓰'의 '가라'는 가락국을 의미하는 것으로 볼 수도 있다. 즉 한반도 남부의 가야와 일본의 북부를 이어주는 관문이었던 '가라쓰'는 원래 '가라 나루'였지만, 가라(가락국)가 멸망하고 난 뒤에는 가라쓰가 '당진唐津'으로 표기되기 시작했을 것이다.

고대로부터 한반도와 일본 열도 사이의 주요한 교통로였던 이 뱃길은 1592년에는 일본이 조선을 침략하는 루트로도 사용되었다. 도요토미 히데요시[豊臣秀吉]는 규슈정벌(1586년 7월~1587년 4월)이 끝나갈 무렵부터 일본 바깥으로 침략의 눈을 돌렸다. 1588년에는 오키나와[琉球]에게 조공할 것(복속입공服属入貢)을 요구하였다. 1590년 관동지방을 정벌함으로써 일본 전국을 통일하자 곧바로 조선에 대해 명나라를 치러 갈테니 입조入朝하라고 요구하였다. 여기서 '입조'란 복속하여 일본 조정에 들어와 천황을 배알하라는 의미이다. 1591년에는 포르투갈령 인도[Goa]와 스페인령 필리핀에게도 복속을 요구하였고, 1593년에는 고산국(高山國,

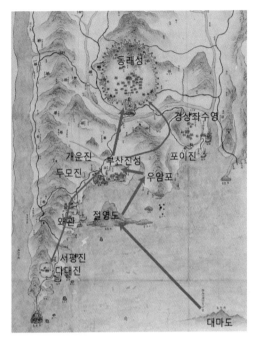

대만)에 대해서도 복속을 요구하였다. 그의 구상은 첫 출전지인 조선에서 저지되었기 때문에 더 이상 확대되지 않았지만, 만약 그때 조선이 패배하였다면 태평양 전쟁은 400년 전에 일어났을지도 모르겠다.

아무튼 조선을 침략하기로 작정한 히데요시는 1591년 1월 20일, 조선침략에 필요한 선박을 준비하기 위한 명령을 내렸고, 3월 15일에는 군사들을 동원하기 위한 「군역령軍役令」을 내렸다. 그리고 조선침략을 위한 전진 기지로서 1591년 8월 가라쓰의 서북쪽에 있는 하도미사키[波戸岬]에 나고야성[名護屋城]을 축성하기 시작하였다. 현재 나고야시[名古屋市]에 있는 나고야성[名古屋城]과 다른 성이다. 한자가 서로 다르다. 나고야성[名護屋城]은 1592년 3월에 완공되었고, 때를 맞추어 동원령을 받은 각 다이묘들의 군대도 속속 나고야성으로 모여들었다.

도요토미 히데요시의 가장 중요한 가신으로 되었던 모리가는 제7번대[第7番隊] 모리 데루모토[毛利輝元] 3만 명, 제6번대 고바야카와 다카카게[小早川隆景] 1만 명, 합계 4만 명의 병사를 출전시켰다. 일본 육군참모본부의 자료에 따르면, 조선침략군의

동래부 순절도.

수가 158,700명이었다고 하니, 모리가의 군사는 일본군 전체의 대략 1/4 정도를 차지할 정도로 그 수가 많았다.

《선조수정실록》, 《일본전사-조선역[日本戰史-朝鮮役]》(일본육군참모본부), 《대일본해군전사담[大日本海軍戰史談]》(三笠保存會) 등의 자료를 토대로 일본이 조선을 처음 침공하던 무렵의 일들을 요약해 두자. 다만, 아래의 날짜는 모두 음력이다.

1592년 3월 초순에 나고야성을 출발한 일본군은 이키를 거쳐 3월 12일에 대마도에 도착하였다. 대마도에서 한번 더 조선에 가 도정명假道征明을 요구했지만 거부됨에 따라 조선침략이 시작되었다.

1592년 4월 12일 아침 8시에 고니시 유키나가[小西行長] 등이 이끄는 일본군 선발대 18,700여 명은 병선 7백여 척에 분승하여 대마도의 오우라[大浦]를 출발하여 오후 5시경에 부산의 절영도에 도착하여 가박假泊하였다. 이튿날 동틀 무렵, 일본군은 새벽 안개를 타고 우암포(현재의 우암동)로 상륙한 후, 곧 부산진성을 포위하여 오전 6시부터 공격을 시작하였다. 부산진성은 공격 개시 이후 겨우 두 시간만인 8시경에 함락되어 버렸다. 부산진성의 함락 소식을 들은 경상좌수영의 경상좌도수군절도사 박홍朴泓은 좌수영의 모든 군선들을 자침自沈 시키고 식량창고에 불을 지른 뒤 그대로 도망쳤다.

일본군이 군대를 나누어 서생포와 다대포를 함락시키자 바닷가의 다른 군현과 진보鎭堡들은 그 소문을 듣고 모두 도망하여 흩어졌다.

부산진성을 함락시킨 일본군은 곧바로 북쪽으로 8㎞쯤 떨어진 동래성을 포위하였다. 그리고 동래성을 지키는 동래부사 송상현에게 "싸울 테면 싸우고, 싸우지 않으려면 길을 열어라"(戰則戰矣

不戰則假道)라는 최후 통첩을 보냈다. 이에 송상현은 "싸워 죽기는 쉽지만, 길을 내어 주기는 어렵다"(戰死易 假道難)면서 결사항전을 택하였다. 결과는 전멸이었고, 송상현은 참으로 의롭게 죽었다. 이로써 1592년 4월 13일 단 하루만에 동래부 전체가 함락되어 버렸고, 일본군은 조선침략을 위한 교두보를 확보하게 되었다.

경상우도수군절도사 원균의 경우, 경상우수영 소속 수군이 4월 가운데 적선 10여 척을 격침했다는 기록도 있고, 군선을 자침自沈 시키고 화포와 군기軍器를 바다에 던져버리고 도망쳤다는 기록도 있다. 일본측 기록에 따르면, 일본 수군이 진해만, 거제도, 가덕도, 울산만 등을 수색하여 70여 척의 조선 군선을 나포했다는 기록도 있어, 경상좌수영과 우수영 소속 군선들이 전부 자침된 것 같지는 않다. 아마 군선들이 각지에 분산 배치되어 있었기 때문에 한꺼번에 자침시키기는 쉽지 않았을 것이다. 그러나 경상우수영 소속의 군선과 수군들이 제대로 힘 한번 써 보지도 못하고 개전 초기에 붕괴된 것은 확실하다.

아무튼 조선의 경상 좌우수영이 궤멸됨으로써, 일본 수군은 부산과 웅천[지금의 진해] 및 낙동강 하구에 대한 지배력을 공고히 할 수 있게 되었다. 그 뒤, 일본 수군을 더 이상 서진西進시키지 않았고, 부산과 대마도 사이 교통로의 안전 확보에만 주력하였다.

3. 신립 장군의 배수진

  동래를 함락시킨 일본군은 빠른 속도로 북진하였다. 그러나 당시 조선이 채택하고 있었던 제승방략制勝方略이라는 방어전략은 여러 가지 허점을 노출함으로써 일본군의 북진을 저지하는 데 실패하였다. 그 방략이란 대규모 전란이 발생하면 각 지역의 군사를 요충지에 집결시킨 다음, 중앙에서 파견한 장수가 이를 통솔하도록 하는 방법을 말한다. 《선조실록》에서는 이렇게 쓰고 있다.

  처음 경상감사 김수가 적변을 듣고는 제승방략制勝方略에 의거하여 군대를 분배시킨 뒤 여러 고을에 이문하여 각각 소속 군사를 거느리고, 약속된 장소에 진을 쳤다. 이 때문에 조령 밑 문경 이하 수령들이 모두 군사를 거느리고, 대구로 달려와 들에서 노숙하였는데, 전혀 통제가 되지 않은 채 순변사가 오기만을 기다렸다. 그때 적의 군대가 갑자기 들이닥치자, 많은 군사가 동요하여 밤중에 진이 저절로 무너졌다. 수령들은 단기單騎로 도망하였다.

  지휘관도 없고, 훈련도 안 되었으며, 전의조차 없는 오합지졸들로 어찌 싸움으로 잔뼈가 굳은 일본군을 상대할 수 있었겠는가. 겁에 질린 고을의 수령들과 군사들은 도망치기 바빴다. 순변사 이일이 상주에서 저항해 보았지만, 그 역시 맥없이 무너졌다. 그리하여 개전 열흘만에 경상도 전체가 일본군의 수중에 들어갔다.

놀란 조정에서는 북방의 맹장 신립申砬을 충주로 파견하여 일본군을 저지하려고 하였다. 《선조실록》(1592년 4월 17일)을 보면, 임금이 신립을 삼도순변사三道巡邊使에 제수하고, 친림하여 전송하면서 보검寶劍 한 자루를 하사하고 이르기를, "이일李鎰 이하 그 누구든지 명을 듣지 않는 자는 경이 모두 처단하라. 중외中外의 정병을 모두 동원하고 자문감紫門監의 군기軍器를 있는 대로 사용하라."고 하였다 한다. 출정 준비를 마친 신립은 4월 21일 한양을 떠났다. "도성 사람들이 모두 저자를 파하고 나와서 구경하였다."라고 한다.

《선조실록》에서는 이렇게 하여 모집된 군인이 10만 정예병이라고 하였고, 《난중잡록》에서는 6만 대군이라고 하였고, 《징비록》에는 8천 명 정도로 기록하고 있다. 일본측 기록에서는 1만 6천이라고 한다. 어쨌거나 그 무렵 조선에서 동원할 수 있는 최대한의 군사력이었고, 용맹한 신립 장군이 지휘하였기 때문에 모두들 신립군에게 큰 희망을 걸었다. 그러나 안타깝게도 신립 장군 역시 일본군을 대적하기에 적합한 인물이 아니었다. 그 또한 용장이었지 지장은 아니었다.

신립이 충주에 도착한 때는 4월 26일이었다. 고니시가 상주를 출발한 날이다. 상주와 충주 사이에는 새재[鳥嶺]라는 군사적 요충지가 있었다. 조령은 흔히 '새재'라고도 하는데, '새도 날아 넘기 힘든 고개'라는 뜻이라고 한다. 그래서 쳐들어오는 적을 맞이하기에 더 없이 좋은 군사적 요충지였던 것이다. 《선조수정실록》에 따르면 일본군이 조령을 넘어 단월역에 이른 때는 4월 28일이라고 하였으니, 신립이 충주에 도착한 4월 26일에는 아직 일본군이 조령에 이르지 못하였다는 말이 된다. 일본 측의 기록을 보면 4월 28일 새벽에 출발해서 오전에 조령을 통과, 오후에 탄금대로 돌입하였다고 한다. 《선조수정실록》(1592년 4월 14일)에는 이렇게 쓰여 있다.

처음에 신립이 군사를 단월역에 주둔시키고 몇 사람만 데리고 조령에 달려가서 형세를 살펴보았다. …… 김여물이 말하기를, "저들은 수가 많고 우리는 적으니, 그 예봉과 직접 맞부딪칠 수는 없습니다. 이곳의 험준한 요새를 지키면서 방어하는 것이 적합합니다" 하고, 또 높은 언덕을 점거하여 역습으로 공격하자고 하였지만, 신립이 모두 거절하면서 말하기를, "이 지역은 기병을 사용할 수 없으니, 들판에서 한바탕 싸우는 것이 적합하다" 하였다. 마침내 군사를 인솔하여 다시 충주성으로 들어갔다. …… 그리고 장계를 올려 적이 상주를 아직 떠나지 않았다고 하고, 군사를 인솔하여 탄금대에 나가 주둔하여 배수진을 쳤는데, 앞에 논이 많아 실제로 말을 달리기에는 불편하였다.

신립은 새재를 지키
는 대신 일본군을 평야
지대로 끌어 들여 자신
의 장기인 기병으로 맞
서는 방법을 택하였다.
그렇게 그는 기병을 주
축으로 달천 평야에서
남한강을 등지는 배수
진으로 일본군 보병 앞
을 막아섰던 것이다.

신립의 기병전술은

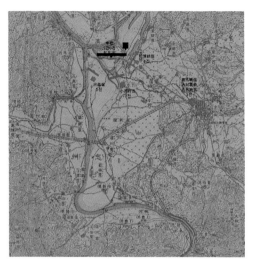

충주 탄금대 전투. 1592년 4월 27일(參謀本部 編纂,
《日本戰史. 朝鮮役(経過表·附表附図)》, 1924, 부도제4.)

북방의 여진족에게는
잘 통하였지만 이번에
는 달랐다. 조총으로
무장한 일본군들은 기마군단을 격퇴하는 법을 너무나 잘 알고
있었던 것이다. 오다 노부나가가 마방책과 철포를 사용하여 다케
다 가쓰요리[武田勝頼]의 천하무적 기마군단을 격파하였던 바로
그 나가시노[長篠] 전투 이래, 일본에서는 기병을 상대하는 보병
전술에 이미 통달하고 있었던 것이다. 더구나 전장터로 되었던 달
천 평야의 저습지는 말이 달리기에 적합한 곳도 아니었다. 결과는
참혹한 패배일 수밖에 없었다.

이제 일본군의 진공을 막을 어떤 장애도 없어지게 되었다. 일본군은 달리듯이 한양으로 밀려들었다. 한양의 민심은 흉흉해지고 조정은 혼란스러워졌다. 선조는 수도인 한양을 버리고 북쪽으로 도망가기로 재빨리 결정하였다.

충주(탄금대) 전투의 참패는 훗날의 명량해전과 극명하게 대비된다. 이순신이 삼도수군통제사에서 파직되자(1597년 2월 25일) 원균이 그 자리를 이어받았다. 한양으로 끌려간 이순신을 치죄하기 위해 국청鞫廳이 열렸는데, 임금은 이순신을 죽이고 싶어 하였고, 그것을 아는 신하들도 모두 함께 이순신을 죽이자고 외쳤다. 이순신을 죽여야 한다고 외친 사람 가운데는 개전 초기 경상좌수영의 모든 배들을 자침시키고 후퇴하였던 경상좌수사 박홍도 있었다. 이순신을 전라좌수사로 천거하였던 류성룡조차 '공은 공이고 사는 사'라며 임금의 편을 들었다. 이순신은 살아남기 어려웠다.

2백여 명의 신하들이 모두 이순신을 죽여야 한다고 외치는 가운데 딱 두 사람이 반대하였다. 도체찰사 이원익李元翼은 아무런 말도 하지 않고 버텼고, 우의정 정탁鄭琢은 이순신을 죽여서는 안된다는 상소문을 읽고 또 읽었다. 전시 중이라 이순신을 처벌할 수 있는 최종 권한은 왕이 아니라 도체찰사에게 있었기 때문에 이원익이 끝까지 버텨 줌으로써 이순신은 살아남을 수 있었다.

이원익은 누구인가? 60년 동안 관직에 있었는데, 그 가운데 40년 동안 재상을 지냈고, 또 그동안 영의정만 여섯 차례 역임했으며, 도체찰사도 네 차례나 지낸 인물이다. 사망하기 3년 전까지도 재상이었지만, 사망할 때는 관을 살 돈이 없어 나라에서 장례를 치러 주었을 정도로 청렴한 재상이었다. 결국 임금은 물러섰고 이순신은 죽음을 면하고 백의종군하게 되었다. 하늘이 아직 조선을 버리지 않았던 것이다. 명량해전의 천행天幸 못지않은 천행이 이미 있었던 것이다.

그런데 임금이 이순신 장군을 죽이려 국청을 열었던 날로부터 기껏 다섯 달 뒤인 1597년 7월 16일에, 원균이 이끄는 조선수군은 칠천량해전에서 사실상 전멸하였다. 그동안 이순신 장군의 지휘 하에 훈련과 전투를 거듭하면서 백전백승의 강력한 군대로 단련되었던 수군의 장졸들도 모두 죽거나 흩어져 버렸으며, 거북선을 비롯한 수많은 군선이 침몰하였다. 이때 살아남은 조선의 전선戰船은 배설裵楔의 휘하에 있던 12척이 전부였다.

엿새 뒤인 7월 22일에 임금은 어쩔 수 없이 백의종군 중이던 이순신을 다시 삼도수군통제사로 임명하였다. 자기가 죽이려고 안달이 났던 이순신에게 다시 나라의 위급함을 구해달라고 부탁해야 하는 임금의 심중인들 오죽했겠는가! 그래서 임명교서 마지막에 "내 무슨 할 말이 있겠는가, 내 무슨 할 말이 있겠는가"라고 두 번이나 되뇌었다.

생각하건데, 그대는 일찍 수사 책임을 맡았던 그날부터 이름이 드러났고 또 임진년 승첩이 있은 뒤로 업적이 크게 떨쳐, 변방 군사들이 만리장성처럼 든든히 믿었건만, 지난번에 그대의 직함을 갈고 그대로 하여금 백의종군토록 한 것은 역시 사람의 생각이 어질지 못함에서 생긴 일이었거니, 오늘 이 같은 패전의 욕됨을 만나게 된 것이니 무슨 할 말이 있겠는가. 무슨 할 말이 있겠는가.

惟卿聲名早著於超授閫寄之日。功業再振於壬辰大捷之後。邊上軍情。恃爲長城之固。而頃者遞卿之職。俾從戴罪之律者。亦出於人謀不臧。而致今日敗衂之辱也。尙何言哉。尙何言哉。

《난중일기》에 따르면 이순신이 선전관 양호로부터 임명장을 전달받은 것은 열흘쯤 뒤인 8월 3일이었다. 명량해전이 9월 16일이었으니, 한 달 보름 전에 임명장을 전달받은 것이었다.

선조는 이순신 장군을 다시 삼도수군통제사로 임명하였지만, 그 알량한 교서 한장 말고는 더이상 내어 줄 것이 없었다. 군영도 없고, 장수도 없으며, 군인도 없고, 전선과 병기도 없었으며, 군량미도 없었다.

그러나 이순신 장군에게는 다른 장수들에게는 없는 것이 딱 하나 있었다. 맹목에 가까울 정도의 신망이었다. 그가 백의종군 하며 고을을 지날 때면 지방 수령들은 은근히 예를 다해 그를 접대하였고, 촌로들은 장군에게 술 한 병을 바치려고 목이 빠져라 기다리고 있었다. 그가 다시 삼도수군통제사로 제수되자 백성들은 "이젠 우리 살았다."라고 하였다. 임금이 이순신을 두려워하고 죽여야겠다고 마음먹게 한 까닭이 바로 거기에 있었던 것이다. 그는 전라도 각지를 돌며 재빠르게 흩어진 군량미와 병장기를 수습하고 병력을 모으기 시작했다. 하지만 급히 수습한 전선이라고는 칠천량 해전 때 배설裵楔이 가까스로 보전하였던 12척이 모두였다. 그 후 명량해전 때는 전라우수사 김억추金億秋가 끌고 온 한 척이 더 추가되어 모두 13척의 전선이 투입되었다.

일본 수군은 이순신 장군이 다시 자리를 잡기 전에 싹부터 잘라버려야 한다고 생각하여 서둘러 총공격을 가해 왔다. 《난중일기》를 보면, 이미 9월 9일에 일본 수군의 정탐선이 어란포로 들어오더니 9월 14일에는 "적선 이백여 척 가운데 쉰다섯 척이 이미 어란 앞바다에 들어왔다."는 보고가 있었다. 시시각각 결전의 때가 다가오고 있었다.

9월 15일, 명량해전이 있기 바로 전날, 이순신 장군은 휘하의 장수들을 모아 놓고 말하였다. "병법에 반드시 죽고자 하면 살고, 살려고만 하면 죽는다(必死則生 必生則死)고 했으며, 또 이르기를 한 사람이 길목을 지키면, 천 사람이라도 두렵게 한다(一夫當逕 足懼千夫)고 했음은 지금 우리를 두고 한 말이다."라고 하였다.

결전의 날인 9월 16일. 그 날의 《난중일기》에는 이렇게 적혀 있다. "적선이 헤아릴 수 없을 만큼 많이 울돌목을 거쳐 바로 [우리가] 진 치고 있는 곳으로 곧장 온다고 했다. 곧 여러 배에 명령하여 닻을 올리고 바다로 나가니, 적선 133척이 우리의 여러 배를 에워쌌다". "배마다 사람들이 서로 돌아보며 얼굴빛을 잃었다". 이런 상황에 처하면 누군들 파랗게 질리지 않겠는가?

그날 이순신 장군은 소수의 군선으로 수많은 일본군선 앞에 일자진一字陣을 펼쳐 필사必死적으로 울돌목을 지켰다(一夫當逕). 그리고 압도적으로 많은 일본군을 무찔러(足懼千夫), 단 한 척의 전선도 잃지 않는 대승을 거두면서 살아 남았다(則生). 인류 역사에서 수많은 전쟁이 있었지만 이런 승리는 없었다. 이순신 장군도 그날 《난중일기》에서 "이것은 참으로 천행이다(此實天幸)"라고 하였다. 천행도 그런 천행이 없었다. 그러나 그것은 천행만은 아니었다. 물 때라는 천문과 울돌목이라는 지리를 교묘하게 활용한 전술이 있어 천행도 일어날 수 있었던 것이다. 그는 손자병법에서 말하는 용장이자, 지장이요, 덕장이었다.

신립 장군이 문경새재라는 길목을 지키지 않고 남한강을 등에 지고 넓은 개활지에서 일본군과 대적한 것 역시 필사적必死的인 것이었다. 그의 최후는 참으로 비장했다. "신립은 김여물과 말을 달리면서 활을 쏘아 적 수십 명을 죽인 뒤에 모두 물에 뛰어들어 죽었다". 그는 끝까지 용감하였다. 그러나 그는 문경새재가 아니라 달천평야에서 배수진을 펼침으로써, 결과적으로 조선 육군의 주력을 한순간에 허무하게 궤멸시키는 잘못을 범했던 것이다. 그는 충성스러운 용장이었다.

4. 필사必死

조선의 뛰어난 봉수체계와 역참제도 덕분에, 신립의 패전 소식
은 빛처럼 재빨리 한양으로 전해졌다. 마지막 희망마저 잃은 조
정은 극도의 혼란에 빠졌다. 일부는 한양에 남아 끝까지 싸우자
고 했고, 또 일부는 도망가야(파천해야) 한다고 주장했다. 임금은
신립이 패전한 바로 다음 날인 4월 29일 재빨리 파천을 결정했
고, 이튿날 4월 30일 어가는 한양을 떠났다. 패배도 파천도 모두
전광석화 같았다.

임금이 도성을 버리고 떠나자 민심이 들끓어 올랐다. 성난 백성
들은 크게 동요하였다. 이윽고 장례원과 형조 그리고 창고가 불
탔다. 그야말로 왕이 떠난 한양은 혼란의 도가니였다. 몽진을 떠
나는 임금 앞에는 백성들이 엎드려 피눈물을 쏟으며 울부짖었다.

임금은 떠나면서 도원수 김명원金命元에게 한양의 수비를 맡겼
다. 그러나 1천 명의 군사로 4만 명의 일본군을 감당하기란 쉽지
않았다. 김명원이 전열을 재정비하기 위해 병력을 양주로 뒤로 물
리는 바로 그 순간 조선군은 그대로 와해되어 버렸다. 한가지 희
망은 그 와중에 부원수 신각申恪이 해유령蟹踰嶺(현 양주시 백석읍)
에서 가토 기요마사[加藤淸正]의 선발대를 습격하여 70명을 사살
한 것이었다. 패전만 거듭하던 조선군이 육전에서 처음으로 거둔

값진 승리였지만, 정작 신각은 적을 보고 도망친 놈으로 오해받아 참형을 당해 버렸다. 이 얼마나 애통한 일인가.

이리하여 임금이 한양을 떠난 지 사흘 뒤인 5월 2일, 한양 또한 속절없이 일본군의 수중에 떨어졌다. 부산진성과 동래성이 함락된 4월 13일로부터 겨우 19일째 되는 날이었다.

일본군 선봉이 한양을 점령했지만 조선 국왕을 사로잡는데 실패했다는 보고는 나고야성에 머물고 있던 도요토미 히데요시에게도 전해졌다. 조선 국왕을 생포하는데 실패했기 때문에 전쟁이 장기화 될 수도 있다고 생각한 그는 각 장수들을 도별로 담당시키고, 각 도를 통치하여 조세를 거두고 양식을 비축하도록 지시하였다. 장기전을 염두에 둔 전략의 변경이었다.

이에 따라 1번대 고니시[小西行長] 등은 평안도를, 2번대 가토[加藤淸正] 등은 함경도를, 3번대 구로다[黑田長政] 등은 황해도를, 4번대 모리[毛利勝信] 등은 강원도를, 5번대 후쿠시마[福島正則] 등은 충청도를, 6번대 고바야카와[小早川隆景] 등은 전라도를, 7번대 모리[毛利輝元] 및 9번대 하시바[羽柴秀勝] 등은 경상도를, 8번대 우키다[宇喜多秀家]는 경기도를 각각 맡게 되었다. 또 도요토미 히데요시가 조선으로 건너와 명나라로 갈 때를 대비하여 명나라로 가는 길목에 연계성連繫城을 축성하여 수비병을 배치토록 하였다. 6번대 코바야카와 다카카게[小早川隆景]가 모리 모토나리[毛利元就]의 3남이자 7번대 모리 데루모토[毛利輝元]의 숙부라는 사실을 기억하는가? 만약 임진왜란이 일본의 승리로 끝났다면, 경상도와 전라도는 그때 모리가의 영지로 되었을른지 모른다.

경기도를 담당한 우키다 히데이에[宇喜多秀家]는 히데요시의 명령에 따라 1593년 2월 남산에 새로운 성을 쌓았다. 한양을 둘러싸고 있는 기존 성곽은 외곽 방어선으로 삼고, 만약 그것이 무너졌을 때를 대비하여 내부에 또 하나의 성곽을 쌓은 것이니, 이것이 한양의 왜성倭城이다. 러일 전쟁 이후 일본인들은 이 왜성이 있던 곳을 중심으로 한양에 파고들었다. 왜성대가 있던 곳은 왜성대정倭城臺町으로 되었고, 통감부 건물과 조선주차군사령부가 들어섰으며, 가장 많은 일본인이 거주하는 곳으로 되었다.

한양을 떠난 임금은 북으로 북으로 달아났다. 한양이 함락되던 5월 2일에 임금은 개성을 떠나 5월 7일 평양에 도착했다. 한달 남짓 평양에 머물던 임금은 6월 11일 다시 평양을 떠나 영변에 도착하였고, 박천에 이르러 평양성이 함락되었다는 소식을 들었다. 임금의 어가는 정주를 거쳐 마침내 조선과 명나라의 국경인 의주에 도착했다. 고니시가 이끄는 선발대가 절영도에 상륙한 4월 12일부터 겨우 두 달 남짓한 기간에 임금은 국경까지 도망쳤고, 다시 명나라로 도망칠 준비를 하고 있었다. 한 나라의 군주이기를 포기한 참으로 나약하고 무책임하기 짝이 없는 임금이었다.

한양의 함락 소식은 5월 19일에 북경에도 전해졌다. 일본군의 칼끝이 명나라를 겨누고 있다는 것이 명백해졌기 때문에 명나라도 더이상 출병을 늦출 수 없었다. 명나라 조정은 이미 요진遼鎭에 명하여 임기병臨機兵을 출동시킨 바 있었다. 5월 16일 유격遊擊 사유史儒와 참장參將 재조변載朝弁의 병사 1천 명이, 17일에는 유격遊擊 왕수관王守官과 참장參將 곽몽징郭夢徵의 병사 1천 명이 출발하여 5월 19일 선천에서 선조를 만났다. 그러나 명의 원군은 일본군의 수에 견주어 턱없이 적었기 때문에 의주에 머물고 전진하려고 하지 않았다. 뒤이어 7월 초순에는 부총병副總兵 조승훈祖承訓이 3천 명의 병사를 데리고 요양을 출발하여 의주에 도착하였다. 그러나 명나라 원군 본진이 조선에 도착한 것은 훨씬 나중이었다. 본진의 선발대가 의주에 들어온 때는 12월 1일이었고, 이여송李如松이 이끄는 본진이 도착한 때는 임진년도 다 저물어가는 12월 23일이었다. 명나라 원군은 1592년 5월 이후 차례차례 조선에 도착하였지만, 본진이 도착하는 12월 23일 이전에는 참전이 매우 제한적이었다.

그러나 조선의 반격은 개전 한 달 뒤인 5월부터 이미 시작되고 있었다. 한양이 함락된 이틀 뒤인 1592년 5월 4일부터 이순신 장군의 출전이 시작되었다. 7월 8일의 한산대첩 이후 남해의 제해권은 완전히 조선 수군에게 돌아왔다. 또 때를 같이 하여 조선 각지에서 의병들도 들불처럼 일어났다. 그들은 단독으로 혹은 관군과 합세하여 의미 있는 승리를 거두었다. 의령의 홍의장군 곽재우는 의병과 패주한 관군 등 천여 명을 이끌고 남강을 따라 진주방면으로 진출하려던 일본군 제6군의 선봉대 2천여 명을 정암진(경남 의령부근)의 갈대밭에서 매복 기습하여 패배시킴으로써 일본군의 전라 남부 지방 진출을 저지시켰다.

일본군 제6군은 모리 모토나리[毛利元就]의 3남이자 모리 데루모토[毛利輝元]의 숙부인 고바야카와 다카카게[小早川隆景]가 이끄는 군대였다. 의령에 침입한 선봉대는 안코쿠지 에케이[安国寺恵瓊]가 이끌었는데, 이 사람은 모리가의 가신으로서 임진왜란 때에는 고바야카와 다카카게 휘하에 있었다.

그 뒤 도요토미 히데요시의 6월 3일의 전략수정 지시에 따라 전라도 지역을 담당하게 된 고바야카와의 제6군은 전라도 지방을 장악하기 위해 본격적으로 침공을 개시하였다. 고바야카와의 제6군은 한양을 출발하여 충청도를 거쳐 전라도 금산 방면으로 들어왔고, 그의 부장인 안코쿠지 에케이는 경상도 성주 방면에서 우회하여 금산으로 집결하였다. 6월 17일 무주 경계에 출현한 고바야카와 군은 6월 22일 금산에 도달해 조선군과 교전하였는데, 이때 금산 군수 권종이 전사하는 등 조선군은 패배하여 고산현으로 퇴각함으로써 6월 23일 금산성이 일본군에게 함락되었다.

금산성을 점령한 고바야카와 군은 다시 두 대로 나뉘어 전주방면으로 침공하여 들어왔다. 7월 7일 안코쿠지 에케이가 3천명의 군사를 거느리고 웅치熊峙를 공격하였다. 1천 명 남짓한 조선군은 분전하여 하루 종일 교전한 뒤 후퇴하여 안덕원에 방어선을 쳤다. 7월 8일 황진의 군사가 합류하여 다시 교전하였고 간신히 일본군을 막았다. 왜군은 진안에 머물다 7월 17일 금산으로 철수했다.

한편 전주의 북쪽에서는 7월 8일 고바야카와 다카카게가 1만 명의 군사를 이끌고 권율의 조선군 1,500명이 지키는 이치梨峙를 공격해 왔다. 치열한 전투 끝에 권율의 조선군이 크게 승리함으로써 일본군의 전라도 진출을 저지할 수 있었다.

임진년 7월 7, 8일의 웅치 전투와 이치 전투, 그리고 7월 8일의 한산도 해전의 결과 일본군은 바다에서뿐만 아니라 육지에서도 대패함으로써 전라도 진출이 좌절되었고, 이로써 조선의 곡창인 전라도 지방은 굳게 지킬 수 있었다.

결과론이지만, 임금이 도성을 버리고 도망친 것은 참으로 다행이었다. 중국의 '병법삼십육계'에 따르면 제일 마지막 제36계는 '주위상走爲上' 즉 줄행랑이다. 승산이 없다면 싸우지 않고 전력을 다해 도망쳐 손해를 피하는 것도 좋은 계책이라고 하였다. 전제군주제 아래서는 임금이 곧 국가였기 때문에, 임금이 도성을 사수하다가 죽거나 사로잡힌다는 것은 곧 국가가 붕괴된다는 것을 의미한다. 신립의 패전 직후의 전황을 보았을 때, 그 무렵의 조선군은 일본군들과 싸워 이길 가능성은 거의 없었고, '도성 사수론'은 조선 왕조를 거기서 끝장내자는 말과 다를 바 없었다. 신립의 필사가 있고 이순신의 필사가 있듯이, 임금에게도 필사가 있었는데, 임금의 필사는 '제삼십육계'였다. 만약 임금이 포로로 되었다면, 당초 도요토미 히데요시가 구상했던 대로, 조선은 명나라를 정벌하러 가는(征明) 히데요시 군대의 길잡이(嚮導)가 되었을 것이다. 원나라에 패배한 고려가 일본을 정벌하러 가는(征倭) 원나라 군대의 길잡이가 되었던 것과 다를 바 없었을 것이다.

조선은 일본군의 느닷없는 기습에 처음 한 달은 황망하여 어쩔 줄 몰라 했지만, 그 뒤 빠르게 반격의 자세를 가다듬었다. 남해안에서는 조선 수군이 연전연승하면서 제해권을 장악하였다. 각지에서 의병이 들불처럼 일어났으며, 관군도 점차 재건되었다. 여기에 덧붙여 1593년부터는 명나라의 원군도 전투에 투입되면서 전황은 또다시 달라지게 되었다. 조선은 처절하게 저항하였다.

"미스터 션샤인"이라는 드라마 대사 가운데는 미국의 기록에서 가져온 것 같은 다음과 같은 신미양요 당시의 귀절이 나온다.

아군(미군)이 압도적인 전력으로 몰아붙임에도 불구하고
적군(조선군)은 장군의 깃발 수자기帥字旗 아래, 일어서고 또 일어선다.
창과 칼이 부러진 자는 돌을 던지거나 흙을 뿌려 저항한다.
이토록 처참하고, 무섭도록 구슬픈 전투는 처음이다.

임진왜란 때도 그러하였다. 조선인들은 일어서고 또 일어섰다. 그리하여 바람 앞의 촛불 같았던 조선도 다시 일어설 수 있었다.

5. 이순신 장군의 반격과 왜성의 축조

광화문 초입에는 이순신 장군 동상이 늠름한 모습으로 우뚝 서 있다. 서울의 가장 대표적인 조형물의 하나이다. 클로즈업하여 찍은 사진을 보면 눈매가 몹시 날카롭고 카리스마가 넘쳐 흐른다. 수군 장수가 바닷가가 아니라 땅 한가운데 서 있는 것이 어울리지 않을 법하지만 아무도 그렇게 생각하지 않는다. 국난 극복의 아이콘이기 때문이다. 그래서 날카로운 눈매에도 불구하고 보는 이에게 한없이 미덥고 푸근한 느낌을 준다.

그러나 임진년의 《난중일기》를 보면 그렇지 않았다. 그는 몸도 마음도 그야말로 만신창이었다. 1592년 5월 29일자 일기를 보면, 장군은 왼쪽 어깨를 관통당하는 큰 부상을 입었다고 하였다. 그런데 거의 열 달 뒤인 1593년 3월 20일 자 일기를 보면, 그때 입은 부상으로 여전히 고통받고 있었다.

접전할 적에 조심하지 않아 적탄을 맞았으나 죽음에 이를 만큼 다치지는 않았습니다. 연일 갑옷을 입고 있는 데다 다친 구멍이 넓게 헐어 궂은 물이 줄줄 흘러 아직도 옷을 입을 수 없으며, 밤낮을 잊고서 혹 뽕나무 잿물로 혹 바닷물로 씻어 보지만, 아직 별로 차도가 없으니 민망합니다.

여기서 접전이란 1592년 5월 29일의 사천해전을 말한다. 사천 해전 때 부상 당한 뒤 거의 열 달이 흘렀건만 여전히 총상에 시달리고 있었던 셈이다. 잠인들 제대로 잘 수 있었겠는가. 임진년의 《난중일기》를 보면, 장군께서 고통으로 밤새 뒤척이다가 새벽녘에 잠시 눈을 부치는 날이 허다했던 까닭 가운데 하나였다.

이순신은 임진년(1592년)에 모두 4차례의 출전을 하였다. 5월 4일~8일의 제1차 출전(옥포·합포·적진포해전), 5월 29일~6월 7일의 제2차 출전(사천·당포·당항포·율포해전), 7월 8일~10일의 제3차 출전(한산도·안골포해전), 8월 29일~9월 1일의 제4차 출전(장림포·화준구미·다대포·서평포·절영포·초량목·부산포해전) 등이 그것이다. 이들 4차례의 출전에서 조선 수군은 삼도수군 연합함대를 구성하여 전력을 집중시켜 출전한 반면, 왜 수군은 각지에 분산되어 있었기 때문에 조선 수군은 수적으로 늘 우세하였다.

조선 수군은 첫 출전부터 압승을 거둔 반면, 전투에서 입은 피해는 워낙 경미했기 때문에 전투를 거듭할수록 조선 수군의 사기도 높아져만 갔다. 선박이나 무기도 일본 수군에 견주어 우월했고, 지리 사정이나 물 때를 잘 아는 촌로들이 도왔으며, 무엇보다 뛰어난 장수의 지휘를 받고 있었다.

승리할 수밖에 없는 조건 속에서 전투를 치렀으니 네 차례에 걸친 출전은 언제나 조선 수군의 일방적인 승리로 끝났다. 제1차 및 제2차의 두 차례의 출전 동안, 조선군의 피해는 부상 4명뿐이었고 단 한 척의 군선도 잃지 않았다. 그러나 일본 수군의 피해는 막심하였다. 109척의 군선이 격침되었고, 알려진 전사자만 거의 1만 명에 달하였다.

1592년 7월 8일~7월 10일의 제3차 출전에서는 저 유명한 한산도 해전과 안골포 해전이 있었다. 한산도 해전은 와키자카 야스하루[脇坂安治]의 함대를 넓은 바다로 유인하여 학익진으로 쳐부신 것으로 유명하며, 적선 73척 가운데 47척을 격침하고 12척을 나포하였다. 적장 와키자카 야스하루를 비롯한 2백여 명의 일본 수군들은 무인도로 도망쳐 13일간 미역을 뜯어 먹으며 연명하다 겨우 뗏목으로 탈출했다.

이어진 안골포 해전에서는 일본 수군 총대장인 구키 요시타카[九鬼嘉隆]를 비롯하여 도도 다카토라[藤堂高虎], 가토 요시아키[加藤嘉明] 등의 주요 장수들이 참전했지만, 전선 42척을 모두 잃고 뭍으로 도망쳤다. 이 해전에서 조선 수군도 처음으로 3명의 사망자와 열 명이나 되는 부상자가 나왔지만, 그 피해는 일본 수군과는 비교조차 민망할 정도로 경미하였다.

이상 세 차례의 출진으로, 일본의 모든 수군 장수는 이순신 장군에게 패배당하는 경험을 갖게 되었다. 사천해전에서 부상당하여 '다친 구멍이 넓게 헐어 궂은 물이 줄줄' 흐르는 그런 몸으로 그는 연전연승을 거두었던 것이다. 그는 명량해전과 같은 특별한 경우를 제외하면 언제나 이길 수 있는 조건을 갖추어 전투했고, 그래서 불패의 신화를 써 나갈 수 있었으며, 마침내 영웅이 되었다.

일본 수군의 연이은 패전 소식은 큐슈의 나고야성에 머물고 있던 도요토미 히데요시의 귀에도 들어갔다. 1592년 7월 14일 히데요시는 한산도 해전에서 패전한 와키자카 야스하루[脇坂安治]의 경거망동을 질책하였다. 그리고 거제도에 성을 만들고 구키 요시타카[九鬼嘉隆], 가토 요시아키[加藤嘉明] 등과 상의하여 굳게 지키도록 하였다.

16일 또다시 도도 다카토라[藤堂高虎]에게 명령을 내려 대총大銃 399자루와 탄약 약간을 보내면서, 거제도 및 요충의 해구海口에 성새城塞를 만들어 대총을 배치하고, 하시바 히데가쓰[羽柴秀勝]의 병사로 하여금 육상으로부터 응원케 하고, 구키[九鬼嘉隆], 와키자카[脇坂安治], 가토[加藤嘉明], 칸[菅達長], 구루지마[來島通総] 및 기주[紀州=紀伊]의 수군을 각 성새에 주둔시키고, 규슈·시코쿠·주고쿠의 함선들은 서로 연락을 취하면서 조선 수군에 대비할 것이며, 함부로 조선 수군과 바다에서 싸우지 말도록 지시하였다. 수군에게 바다에서 싸우지 말도록 지시하였다는 것은 곧 일본 수군이 조선 수군의 상대가 되지 못한다는 것을 자인한 것이었다.

이후 일본 수군은 오로지 이 방략方略에 따라 여러 해구海口의 방비를 엄하게 할 뿐 나아가 싸우려 하지 않았다. 그리고 이 히데요시의 명령에 따라 거제도와 그 동쪽 해안의 군사 요충지에

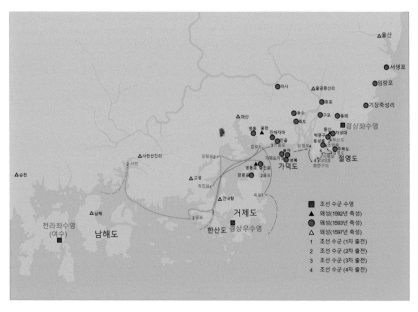

임진년[1592년]의 해전과 남해안의 왜성.

1 가덕도 성북왜성, 2 가덕도 왜성[지성], 3 가덕도 왜성[눌차왜성], 4 구포왜성, 5 기장 죽성리왜성, 6 다대포성, 7 동래왜성, 8 마사왜성, 9 명동왜성, 10 부산 죽도 왜성, 11 부산진지성[자성대], 12 서생포왜성, 13 송진포왜성, 14 영등포왜성, 15 웅천 안골왜성, 16 임랑포왜성, 17 장문포왜성, 18 증산왜성, 19 지세포진성, 20 진해 자마왜성, 21 진해 제포왜성, 22 창원 웅천왜성, 23 토성동성, 24 동삼동왜성[추목도왜성], 25 중앙동왜성[박문구왜성], 26 호포왜성, 27 농소왜성[신답왜성], 28 견내량왜성, 29 고성왜성, 30 남해왜성, 31 마산 일본성[창원왜성], 32 물금 증산리왜성, 33 사천 선진리왜성[곤양왜성], 34 순천왜성[광양왜성], 35 울산왜성 (경남발전연구원 역사문화센터, 《경남연구》제9집, 2013, 16쪽 등을 참고하여 작성하였다.)

는 대대적인 축성이 이루어졌다. 일본식 축성법에 따라 축조된 이런 성들을 왜성倭城이라고 하는데, 전라도 순천에서 경상도 울산에 이르는 남해안 곳곳에는 지금도 임진왜란과 정유재란 때 축조된 많은 왜성의 흔적을 찾아볼 수 있다. 현재 확인되는 32개의 왜성의 축조연도를 보면, 1592년에 축조된 것이 3개이고, 1597년에 축조된 것도 8개나 있지만, 그 나머지 21개는 모두 1593년에 축조되었다. 축조연도가 1593년에 몰려 있는 것이나, 이때 축조된 왜성의 대부분이 부산을 중심으로 하는 해안 요충지에 몰려 있는 것을 보면, 현존하는 왜성의 대부분은 히데요시의 이 새로운 방략에 따라 축조된 것임을 알 수 있다.

세 차례의 출전에서 자신감을 갖게 된 조선 수군은 1592년 8월 29일에서 9월 1일의 제4차 출전에 나섰다. 일본군의 본거지인 부산포를 공격하기 위함이었다.

조선 수군은 장림포에서 시작하여, 화준구미, 다대포, 서평포, 절영포, 초량목에서 일본 수군을 소탕하고 부산포까지 진출하였다. 《난중일기》 1592년 9월 1일자에는 이렇게 썼다.

부산성 동쪽 한 산에서 오리쯤 되는 언덕 밑 세 곳에 둔박한 왜선이 모두 사백 일흔 여 척이었는데, 우리의 위세를 바라보고 두려워서 감히 나오지 못하고 있으므로 여러 전선이 곧장 그 앞으로 돌진하자, 배 안과 성 안, 산 위, 굴 속에 있던 적들이 총통과 활을 갖고 거

의 다 산으로 올라 여섯 곳에 나누어 머물며 내려다보면서 철환과 화
살을 빗발처럼 우레처럼 쏘는 것이었다. 그런데 편전을 쏘는 것은 우
리나라 사람들과 같았으며, 혹 대철환을 쏘기도 하는데 그 크기가 모
과만 하며, 혹 수마석을 쏘기도 하는데, 크기가 주발덩이 만한 것이
우리 배에 많이 떨어지곤 했다. 그러나 여러 장수들은 한층 더 분개
하여 죽음을 무릅쓰고 다투어 돌진하면서, 천자, 지자 총통에다 장
군전, 피령전, 장전과 편전, 철환 등을 일시에 일제히 쏘며, 하루 종일
교전하니 적의 기세는 크게 꺾이었다. 그래서 적선 백여 척을. … 쳐
부순 뒤에. … 날도 저물어 …. 배를 돌려 한밤중에 가덕도로 돌아와
서 밤을 지냈다.

이 기록을 보면 해안의 일본군들이 대철환을 쏜 것이 확인된
다. 히데요시의 7월 16일 자 명령에 따라 부산포에도 대총大銃이
배치되어 방어에 활용되고 있었음을 말하는 것이다. 일본군의 격
렬한 저항 때문에 조선 수군도 이 부산포 해전에서 사망 6명, 부
상 25명이라는 큰 피해를 입었지만, 장사진으로 부산포 앞바다
를 휘젓고 다니면서 적에게 큰 타격을 주었던 만큼 일본군이 입
은 피해와는 비교할 바가 못 된다.

1593년 4월 22일, 도요토미 히데요시는 모리 데루모토에게 "부
산포는 아국 유일의 연락 거점"이라고 하면서 "엄히 부산만의 입
구를 방비"해야 할 것이라고 지시한 것에서도 알 수 있듯이, 1593
년이 되면 부산포와 그 인근의 해안은 도요토미 히데요시의 새로
운 부산 방어전략에 따라 많은 성채와 보루로 촘촘하고 견고하
게 방어망이 짜여 졌다. 따라서 부산포 해전을 마지막으로 조선
수군도 더이상 부산포로 들어가는 일이 없어지게 되었고, 일본 수
군과의 전투는 대부분 이 방어망 경계 부근에서 이루어졌다.

정유재란이 일어날 무렵, 조정에서는 이순신에게 부산포를 공
격하라는 명령을 내렸지만, 일본군의 전략을 꿰뚫고 있던 이순신
으로서는 쉽게 명령을 따를 수 없었다. 결국 그것이 사단이 되고
부산포왜영방화사건에 연루되면서 삼도수군통제사에서 파직되
었다. 삼도수군통제사를 이어받은 원균 역시 쉽게 부산포로 진격
해 들어갈 수 없었다. 원균뿐만 아니라 각 수영의 장수들도 한결

같이 반대하였다. 거듭된 부산 공격 명령에도 통제사 원균이 주저하자 권율은 불러 곤장을 쳤다. 어쩔 수 없이 공격에 나섰지만 힘 한번 써 보지 못하고 칠천량에서 조선 수군 전체가 궤멸되어 버렸다. 이유야 어쨌거나 원균은 개전 초기에 경상 우수영의 함대를 궤멸한 데 이어, 이번에는 삼도 수군 전체 함대를 전멸시켜버린 장군으로 되었다.

그런데 일본군에게 부산포는 중요한 연락 거점이었기 때문에, 특별히 그 방어에 힘쓸 필요가 있었다. 이에 히데요시는 모리 데루모토에게 축성을 명령하여 1592년에 부산성이 완성되었다. 《일본전사日本戰史》에서는 이 성에 대해 이렇게 썼다.

부산성은 동래부 부산진의 산 쪽과 해안에 각각 성이 있어, 산 쪽은 본성本城이라 부르고 해안쪽은 마루야마성[丸山の城]이라고 부른다. 본성은 좌천동의 북방 고지에 있는데 혼마루[本丸]는 해발 120여 미터, 니노마루[二の丸], 산노마루[三の丸] 그 밖의 여러 구루와[曲輪]가 이를 둘러싸며 점차 내려가 대체로 계단 모양을 이루고 있다. 조선인들은 이 성을 범천증산성凡川甑山城이라고 부르고 일본인들은 고바야카와성[小早川城]이라고 부른다. 마루야마성은 본성의 동방 약 1천 미터, 부산만의 최북단에 임해 있는데, 작은 언덕에 아성牙城을 두었고, 석축으로 된 외곽과 14간 폭의 호수를 세 방면에 두르고 있다. 조선인들은 이 아성을 자성대子城臺 혹은 만공대萬公臺라고 불렀고, 일본인들은 고니시성[小西城]이라고 불렀다.

부산진성. (1928년 지형도 위에 작성하였다.)

이 설명에 따르면 본성인 증산왜성과 별도로 자성대 인근의 해안 쪽에 마루야마성이 있었는데, 그 아성[牙城]이 현재 자성대라고 부르는 성이다.

1928년에 제작된 지형도를 보면, 현재의 증산공원과 자성대공원에 옛 성의 흔적이 남아 있다. 이 지도에서 증산공원에 있는 성은 《일본전사》에서 범천증산성 혹은 고바야카와성[小早川城]이라고 불렀다는 부산진성의 본성[本城]이다. 위치가 산 쪽에 있는 것이나, 자성대로부터 서쪽으로 1천 미터 정도 떨어져 있는 것, 그리고 구글어스로 고도를 구해 보면 대체로 120여 미터에 가까운 것 등이 《일본전사》의 본성에 대한 여러 설명과 합치한다. 지도에서는 그 성을 고니시성지[小西城趾]라고 표기하고 있지만, 《일본전사》에서는 고바야카와성이라고 부르고 있다.

현재의 자성대공원에 있는 성은 그간의 매립으로 말미암아 지금은 바닷가에서 조금 떨어진 내륙 속으로 들어와 있지만 1928년까지만 해도 여전히 바닷가에 있었다. 《일본전사》에서 자성대, 만공대 혹은 고니시성[小西城]이라고 불렀던 성이다.

《난중일기》 1592년 9월 1일자에는, 장군이 부산포를 공격하면서 배 위에서 보았을 것으로 짐작되는 부산성에 대한 묘사가 나온다. 일기에 따르면 "부산성 안의 관사는 모두 철거하고 흙을 쌓아서 집을 만들어 이미 소굴을 만든 것이 백여 호 이상이나 되며, 성 밖의 동서쪽 산기슭에 여염집이 즐비하게 있는 것도 거의 삼백여 호이며, 이것이 모두 왜놈들이 스스로 지은 집인데, 그 가운데의 큰 집은 층계와 희게 단장한 벽이 마치 불당(절간)과도 비슷한 바, 그 소행을 따져보면 매우 분통하다."라고 하였다. 이 기록은 장군이 부산 앞바다에서 본 것이기 때문에, 여기에서 말하는 부산성이란 해안의 성인 마루노야마성[자성대]을 의미할 것이다. 1928년에 제작된 부산 지형도에서 자성대를 보면, 일본성의 특징인 혼마루[本丸], 니노마루[二の丸], 산노마루[三の丸] 등의 구루와[曲輪]가 뚜렷이 보인다. 《난중일기》에서 층계를 보았다고 하였는데, 그 층계는 구루와였을 것이고, 희게 단장한 벽이 마치 불당과도 비슷하다고 한 것은 혼마루의 천수각이었을 것이다. 지도에서 보여지는 정보와 《난중일기》의 묘사를 종합해 보면, 장군이 부산포를 치러 간 9월 1일에 자성대라는 왜성은 이미 존재하고 있었던 것 같다.

길게 돌아왔지만, 자성대 공원의 안내판에서 보았던 모리 데루모토라는 이름은 이런 이유로 안내판에 들어가게 되었던 것이다.

6. 세키가하라의 전투와 조슈번의 시작

7년에 걸친 일본의 조선침략은 1598년 그 전쟁을 계획하고 밀어붙였던 도요토미 히데요시가 죽으면서 끝났다. 이렇게 조선에서는 전쟁은 끝났지만, 일본에서는 아직 전쟁이 끝나지 않았다. 절대 권력자였던 도요토미 히데요시의 후계자 자리를 차지하기 위한 또 한 차례의 내부 전쟁이 필요했던 것이다.

일본 천하를 호령했던 히데요시였지만 아들 복은 없었다. 1573년 히데요시는 이시마쓰 마루[石松丸]라는 첫아들을 얻었지만, 겨우 3살의 어린 나이로 사망하였다. 그 뒤 히데요시는 몇 명의 양자를 맞아들였다. 1584년에는 인질로 붙잡아 두고 있던 도쿠가와 이에야스의 넷째 아들을 양자로 받아들여, 이름을 하시바 히데야스[羽柴秀康]로 개명하였다. 또 1585년에는 정실正室 고다이인[高台院]의 조카(木下秀俊=羽柴秀俊=小早川秀秋)와 동복 누나인 닛슈의 차남(豊臣秀勝)도 양자로 받아들였다.

그런데 1589년 히데요시의 나이 53세 때 측실인 요도도노[淀殿]가 쓰루마쓰[豊臣鶴松]를 낳았다. 히데요시는 자신의 대를 이을 아들이 태어나자 크게 기뻐하여 생후 4개월이 되자 바로 후계자로 지명하였다. 그리고 양자로 받아들였던 히데야스[秀康]를 유키 하루토모[結城晴朝]에게 다시 양자로 보냈다. 그렇지만 그토록 아끼던 쓰루마쓰마저도 1591년 겨우 3세의 나이로 병사하였고, 양자인 히데카쓰[秀勝]도 임진왜란에 참전하였다가 거제도에서 병사하였다.

이시마쓰 마루가 죽은지 3달 뒤인 1591년 11월에 자기 동복누나인 닛슈[日秀]의 장남 미요시 노부요시(三好信吉=羽柴信吉=羽柴秀次=도요토미 히데쓰구 豊臣秀次)를 양자로 삼았다. 12월에는 히데쓰구에게 간바쿠[關白] 자리를 물려주었다. 간바쿠는 천황을 보좌하여 정무를 총괄하는 일본 최고위 관직을 말한다. 이렇게 히데쓰구에게 간바쿠를 물려준 히데요시는 그에게 일본 국내의 통치를 맡기고 자신은 조선 및 명나라 원정에 몰두하였다.

그런데 1593년 히데요시의 나이 57세 때 또다시 요도도노와의 사이에서 친아들 히데요리[秀頼]가 태어났다. 히데요시는 양아들인 히데토시[秀俊]를 고바야카와 다카카게[小早川隆景]에게 양자로 보내고, 자기의 후계자로 지명되어 간바쿠를 맡고 있던 히데쓰구[豊臣秀次]는 모반 혐의를 씌워 할복자살을 하게 만들었다. 그리하여 히데요리가 자기 뒤를 잇는데 걸림돌이 될 다른 모든 양자들을 제거하였다.

동시에 히데요시는 「온오키테[御掟] 5개조」와 「온오키테 추가追加 9개 조」라는 것을 발령하였다. 「온오키테 5개조」 가운데서 첫번째는 모든 다이묘는 히데요시나 히데요리의 허가 없이 결혼해서는 안 된다는 것이고, 두 번째는 다이묘[大名]나 쇼묘[小名] 가릴 것 없이 맹서의 문서를 교환하는 것을 금한다는 것이었다. 요컨대 혼인이나 동맹 체결을 통해 히데요시나 히데요리 이외의 다른 사람에게 충성을 맹서하거나 모반의 맹약을 체결하는 것 등을 원천 봉쇄함으로써 정권의 안정을 유지하려던 것이었다. 히데요시는 이 온오키테 5개조를 당시 가장 유력한 6명의 다이묘들이 연서하여 오사카 성벽에 게시하게 함으로써 그 맹약을 더욱 확고하게 만들었다. 이때 온오키테에 연명으로 이름을 올린 다이묘는 도쿠가와 이에야스[德川家康], 모리 데루모토[毛利輝元], 우에스기 가게카쓰[上杉景勝], 마에다 도시이에[前田利家], 우키타 히데이에[宇喜多秀家], 고바야카와 다카카게[小早川隆景] 등의 6명이었고, 이들 유력 다이묘를 다이로[大老]라고 하였다.

1598년, 히데요시는 임종에 앞서 히데요리가 성인이 될 때까지는 간바쿠제[關白制] 대신에 다이로[大老]들과 이시다 미쓰나리[石田三成] 등의 가신들(五奉行)에 따른 합의제로 국정을 운영하도록 유언하였다. 이 당시 6명의 다이로 가운데서 고바야카와 다카카게가 사망함에 따라 남은 다섯 명의 다이로를 고다이로[五大老]라고 하였다. 그리고 이시다 미쓰나리[石田三成] 행정담당, 아사노 나가마사[浅野長政] 사법담당, 마에다 겐이[前田玄以] 종교담당, 마시타 나가모리[增田長盛] 토목담당, 나쓰카 마사이에[長束正家] 재정담당 등 5명의 실무 담당 가신을 고부교[五奉行]라고 하였다.

센고쿠 시대 말기의 세 명의 영걸 즉 오다 노부나가, 도요토미 히데요시, 도쿠가와 이에야스의 성격을 울지 않는 두견새를 처리하는 방법의 차이로 비유한 유명한 일본의 시(川柳)가 있다. 출처는 에도시대 후기 히라도[平戶] 번주 마쓰라 기요시(松浦清, 1760~1841)가 쓴 수필집 《갓시야와[甲子夜話]》인데, 그 내용은 다음과 같다.

울지 않으면 죽여버릴 터이니 시조야 – 오다 우후
(なかぬなら 殺してしまへ 時鳥 - 織田右府)

울지 않으면 울려 보이마 두견새야 – 호타이코
(鳴かずとも なかして見せふ 杜鵑 - 豊太閤)

울지 않으면 울 때까지 기다리마 곽공이여 – 다이곤겐사마
(なかぬなら 鳴まで待よ 郭公 - 大權現樣)

여기서 시조時鳥, 두견杜鵑, 곽공郭公은 모두 두견새의 서로 다른 이름이고, 오다 우후는 오다 노부나가, 호타이코는 토요토미 히데요시, 다이곤겐사마는 도쿠가와 이에야스를 각각 의미한다. 도쿠가와 이에야스는 도요토미 히데요시에게 신종하였고, 아들을 인질로 보내기도 했다. 히데요시가 일본을 통일한 이후에는 이에야스를 가급적 교토에서 멀리 떨어지게 하기 위해 오랫동안 도쿠가와 가문의 본거지였던 지역(三河国을 비롯한 駿河国·遠江国·甲斐国·信濃国 등의 5개국)을 거두어 들이는 대신, 이전에 호조[北

条]의 영지(武蔵国・伊豆国・相模国・上野国・上総国・下総国・下野国)였던 간핫슈[関八州]로 이봉移封시켜도 받아 들였다. 충성을 맹세하는 온오키테에 서명하라고 해서 서명도 했다. 모든 것을 참고 따랐다. 오랜 세월 참고 기다리는 사이에 노부나가도 죽고, 히데요시도 죽었다. 이제 센고쿠(戦国. 전국) 시대의 영웅들 가운데서 오직 그 홀로 살아남게 되었으니, 바야흐로 그의 세상이 온 것이다. "울지 않으면 울 때까지 기다리마 곽공이여"라는 시귀는 바로 이를 이름이리라.

도쿠가와 이에야스는 온오키테에 서명함으로써 도요토미 히데요시에게 맹세하였고, 그 맹세문을 오사카 성벽에 내 걸어 널리 만천하에 공고하였음에도 불구하고, 그 맹세를 하나씩 어겨가면서 세력을 키워 나갔다. 그리하여 일본은 다시 이시다 미쓰나리를 중심으로 하는 히데요리 지지파와 도쿠가와 이에야스 지지파로 나뉘어져 최고 권력을 차지하기 위한 치열한 경쟁에 돌입하게 되었다. '세키가하라의 전투[関ヶ原の戦い]'가 그 종결판이었다.

1600년 9월 15일. 비와호[琵琶湖]와 나고야[名古屋] 사이에 있는 세키가하라[関ヶ原]라는 골짜기에서 히데요리를 지지하는 서군西軍과 이에야스를 지지하는 동군東軍 사이의 최후의 결전이 벌어졌다. 세키[関]는 좁은 길목을 의미한다. 신립장군의 충주 전투에서 새재[鳥嶺]가 그런 곳이었다. '소 잃고 외양간 고치기'라고 했던가. 임진왜란이 끝난 뒤, 이 조령에는 3개의 관문이 세워졌다. 제1

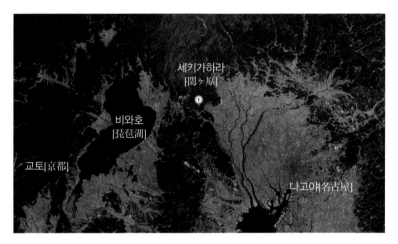

세키가하라의 위치.

관문 주흘관主屹關, 제2 관문 조곡관鳥谷關, 제3 관문 조령관鳥嶺關이 그것이다. 이처럼 육지에서 골짜기 사이의 좁은 길을 관關이라고 한다. 세키가하라 역시 그런 골짜기의 좁은 길이었다. 앞의 지도에서 ①이라는 표시가 있는 곳이 세키가하라이다. 그리고 그곳을 조금 자세히 들여다본 지도는 다음과 같다.

1600년 9월 15일 새벽 1시, 서군은 세키가하라의 요충지를 선점하고 포진하였다. 텐만산[天滿山] 전방에는 이시다 미쓰나리 등(石田三成, 島津義弘, 小西行長, 宇喜多秀家, 平塚為広, 大谷吉継)이 포진했고, 남쪽의 마쓰오야마[松尾山]에는 고바야카와 히데아키 등

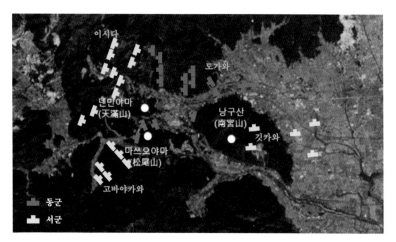

세키가하라 부근의 지형과 동서 양군의 배치.

(小早川秀秋、赤座直保、小川祐忠、朽木元綱、脇坂安治)이 포진했다. 동쪽의 낭구산[南宮山]에는 깃카와 히로이에 등(吉川広家、毛利秀元、安国寺恵瓊、長宗我部盛親、長束正家)이 배치를 완료하였다.

동군은 서군보다 늦은 새벽 3시부터 진군을 개시하였다. 앞이 잘 보이지 않는 짙은 안개를 뚫고 후쿠시마 마사노리[福島正則]를 필두로 동군의 여러 장수들(黒田長政、細川忠興、田中吉政、藤堂高虎、京極高知、寺沢広高、松平忠吉、筒井定次、井伊直政、加藤嘉明、生駒一正、金森長近、織田長益、古田重勝、本多忠勝、山内一豊、池田輝政、浅野幸長)이 잇달아 세키가하라로 진입하였다. 도쿠가와의 본진은 조금 떨어진 모모쿠바리산[挑配山]에 주둔하였다. 배치를 완료한 동군의 수는 82,000명이었고, 서군의 수는 104,000명이었다. 모두 합해 18만이 넘는 군인들이 이 좁은 골짜기에 배치되었다.

오전 6시, 양군의 포진이 완료되었지만, 짙은 안개 때문에 전투는 개시되지 않았다. 포진 상태만 놓고 보면 서군 진영이 압도적으로 유리했다. 동군은 골짜기 안에 갇힌 형국이었다.

오전 8시, 아직 안개가 다 걷히지는 않았지만 전투가 개시되었다. 그리고 어느 쪽이 유리하달 것 없는 일진일퇴의 공방이 이어졌다.

오전 10시, 드디어 모모쿠바리산에 있던 도쿠가와의 본진이 움직이기 시작했다. 낭구산에 배치되어 있던 모리가를 주축으로 하는 서군도 움직이려고 하였으나 선봉을 맡고 있던 깃가와[吉川広家]가 갖가지 구실로 움직이지 않아 출전이 저지되었다. 깃가와는 모리가가 도쿠가와와 맞서는 것이 옳지 않다고 생각하고 있었다. 그래서 세키가하라의 전투가 있기 이전에 도쿠가와측과 미리 내통하여 모리가의 영지를 보존해 주는 대신 전투에 참여하지 않기로 미리 약속하고 있었다.

한편 마쓰오야마에 포진하고 있던 고바야카와[小早川秀秋]군은 전장이 훤히 내려다 보이는 곳에서 계속 전투를 관망하다가 느닷없이 아군인 서군을 공격하기 시작하였다. 눈치를 보면서 마쓰오야마에 포진하고 있던 서군의 다른 부대들도 차례로 아군인 서군

공격에 가담했다. 전투 이전의 포진에서 보면 동군이 독 안에 든 쥐 같았지만, 전투가 시작된 이후에는 고바야카와와 깃카와의 배신으로 거꾸로 서군이 독 안의 쥐 신세가 되어 버렸다. 전황은 급속히 동군으로 기울었고, 오후 3시경 마침내 서군의 참패로 전투가 종료되었다.

고바야카와 히데아키는 복잡한 양자 전력을 가진 사람이었다. 도요토미 히데요시의 정실인 고다이인의 조카였는데, 히데요시의 양자로 들어갔다가 히데요시에게 친자인 히데요리[秀頼]가 태어나자 고바야카와 다카카게[小早川隆景]에게 양자로 보내졌다. 1595년 양아버지인 다카카게가 은거하게 됨에 따라 지쿠젠[筑前]과 지쿠고[筑後] 및 히젠[肥前] 일대에 있었던 30만 석의 영지를 물려받았다.

세키가하라의 전투가 발발하기 전에 도쿠가와 측과 내통한 것은 사실인데, 그 사실을 서군 측에서 알고 있었는지에 대해서는 의견이 분분하다. 아무튼 그는 모리가의 일부였음에도 불구하고 모리 데루모토가 총대장으로 있는 서군을 공격하였다. 세키가하라 전투 이후, 그는 또 이시다 미쓰나리의 아버지인 이시다 마사쓰구가 지키는 사와야마성을 공격하여 함락시켰다. 이런 공로를 인정받아, 세키가하라 전투에 따른 논공행상에서 우키다 히데이에의 영지였던 비젠[備前]과 미마사카[美作]로 이봉되어 55만 석으로 가증되었다.

깃카와 히로이에는 모리 데루모토와 사촌지간이었다. 그의 아버지 깃카와 모토하루[吉川元春]는 모리가의 제12대 당주였던 모리 모토나리의 둘째 아들이었고, 셋째 아들인 고바야카와 다카카게[小早川隆景]와 더불어 모리료센[毛利兩川]이라고 부를 정도로 모리가를 떠받치는 두 기둥이었다. 그럼에도 불구하고 깃카와 히로이에도 세키가하라의 전투 이전에 도쿠가와 측과 내통하여 낭구산에 포진하고 있던 모리가의 군사들이 그 전투에 참가하지 못하도록 훼방을 놓았던 것이다.

세키가하라의 전투가 끝난 뒤, 이런 복잡한 이유로 서군의 총대장이었던 모리 데루모토는 죽음은 면하게 되었지만, 주고쿠 지방을 거의 석권하였던 120만 석의 다이다이묘[大大名]에서 지금의 야마구치현에 있었던 나가토[長門]와 스오[周防]라는 두 쿠니[国] 37만 석의 작은 영지를 갖는 다이묘로 쇠락하게 되었다. 나아가 도쿠가와 이에야스로부터 은거隱居 명령을 받아 가독을 아들인 모리 히데나리[毛利秀就]에게 물려주어야 했다. 이에 따라, 명목상으로는 모리 히데나리가 조슈번[長州藩]의 초대 번주로 되었다.

한편 노량해전에서 이순신 장군과 격돌한 사쓰마[薩摩]의 시마즈 요시히로[島津義弘]는 1,500명의 병사를 이끌고 모리 데루모토의 서군에 가담했다. 그러나 모리가의 깃카와 히로이에와 고바야카와 히데아키 등의 배반으로 서군이 한꺼번에 무너지자, 요시히로의 군사들은 동군에 포위되어 퇴로마저 차단 당하는 절망적인

1600년

出雲　石見　伯耆　因幡　但馬　丹後　若狭
美作　播磨　丹波　山城
毛利　備中　備前　摂津　河内　和泉　大和
長門・周防　安芸　備後　淡路
対馬
壱岐　讃岐　阿波　紀伊
筑前　豊前　伊予　土佐
肥前　筑後
豊後
肥後

모리가 영지와 조슈번[長州藩]의 시작. 세키가하라 전투 이후, 나가토[長門]와 스오[周防] 2개 쿠니로 줄어들었다.

상황에 빠져 버렸다. 이에 요시히로는 남은 500여 명의 군사를 이끌고 동군의 본진을 정면으로 돌파하여 탈출하기로 작정하였다.

요시히로의 철수 전술은 '스테가마리[捨て奸]'라는 전술이었다. 사쓰마는 일찍이 서양의 화승총을 도입하여 총을 가진 군인들이 많았다. 또한 주군과 깊은 신뢰관계를 갖고 있어 죽음을 두려워하지 않고 주군을 보호하려는 용맹한 무사들도 많았다. 요시히로군은 비록 소수이기는 해도 최후까지 저항하다가 죽어가는 이들 용맹한 전사들로 후미를 편성하여 추격을 저지하다가, 이들

후미가 무너지면 다시 후미를 재편하는 방법으로 동군의 본진을 돌파하여 포위망을 벗어나는데 성공했다. 1,500명의 병사 가운데 살아서 사쓰마로 돌아간 사람은 겨우 80여 명에 지나지 않았으니, 이것이 시마즈 요시히로의 필사즉생必死則生이었다. 그 뒤 도쿠가와 이에야스는 여러 번 사쓰마에 토벌군을 보냈지만 죽기를 각오하고 싸우는 사쓰마군은 쉽게 정벌할 수 없었다. 마침내 1602년 시마즈 요시히로는 도쿠가와에게 아들 다다쓰네[島津忠恒]를 인질로 보내는 조건으로 신하를 자처함으로써 자신의 영지를 보전할 수 있었다.

이처럼 세키가하라의 전투 이후 모리[毛利]의 조슈번[長州藩]이나 시마즈[島津]의 사쓰마번[薩摩藩]처럼 어쩔 수 없이 도쿠가와의 에도 막부에게 신종하게 된 다이묘들을 도자마 다이묘[外樣大名]라고 하는데, 2백 수십 년이 지나 이 도자마 다이묘의 지사들이 주축이 되어 에도 막부는 타도되었다. 그것이 메이지 유신이었다.

7. 에도시대의 막부

세키가하라 전투에 의해 도쿠가와 이에야스의 도쿠가와가[德川家]가 일본을 평정하였고, 1603년 이에야스가 세이이타이쇼군(征夷大將軍, 정리대장군)으로 임명되면서 도쿠가와 쇼군가에 따른 일본 지배가 시작되었다. 이에야스는 자신의 본거지인 에도(江戶, 현 도쿄)에 바쿠후[幕府]를 개창하는 한편, 자기 자손들에 따라 일본이 계속적으로 지배될 수 있는 체제를 만드는 작업에 착수하였다.

첫째로 이에야스는 쇼군이 된 지 기껏 2년 뒤인 1605년에, 자신의 쇼군직을 셋째 아들인 히데타다[秀忠]에게 물려주고 자신은 오고쇼[大御所]가 되어 슨푸[駿府]라는 곳으로 물러나 앉았다. 막부의 실권은 이에야스가 사망할 때까지 여전히 그가 장악하고 있었다는 점에서 보면, 자신이 건재할 때 아들에게 쇼군직을 물려줌으로써 도쿠가와 가문에 의해 쇼군직의 세습을 굳건히 하려고 했던 것이다. 히데타다도 자신이 건재할 때 자기 아들에게 쇼군직을 물려주었는데, 이 역시 쇼군직 세습의 안정화라는 같은 맥락에서 이해될 수 있다.

둘째로 이에야스는 도요토미 히데요시의 잔존 세력들을 척결함으로써 이들이 반란을 일으킬 여지를 제거하였다. 그 하이라이트는 도요토미 히데요시의 아들이었던 히데요리의 제거였다. 이에야스는 히데요리가 주도하여 만든 호코지[方廣寺]라는 절의 범종梵鐘에 새겨진 명문銘文 가운데서 '국가안강國家安康'과 '군신풍락君臣豊樂'이라는 구절을 트집 잡았다. '國家安康'은 이에야스의 이름인 '家康' 사이에 '安' 자를 집어넣어 '家'와 '康'을 분리하였는데, 이것은 이에야스의 머리와 몸통을 분리하는 것을 의미한다고 해석하였다. 또 '君臣豊樂·子孫殷昌'이란 구절도 도요토미가[豊臣家]의 번영을 기원하는 것이라고 해석하였다. 이런 억지스러운 해석을 구실삼아 도쿠가와는 1615년 여름에 오사카성의 도요토미 히데요리[豊臣秀賴]를 공격하여 마침내 토요토미 가문을 멸망시켰다.

셋째로 천황을 정치로부터 배제하고 막부에 따른 지배를 확고하게 했다. 이에야스는 1615년 「긴츄우 및 구게 제법도[禁中並公家諸法度]」라는 법률을 제정하였다. 여기서 긴츄우[禁中]란 천황이 거주하는 고쇼[御所], 즉 황족을 의미하고, 구게[公家]는 교토에 있던 천황 조정의 신하들인 귀족을 말한다. 그러니까 이 법률[諸法度]은 황족 및 귀족에 관한 법률인데, 그 핵심은 "황족과 귀족은 학문과 문화의 전승에 전념하고, 정치에 관여해서는 안 된다."는 내용이었다.

한편 도쿠가와 이에야스는 긴리고료[禁裏御料]라는 황실 소유 토지의 면적을 1만 석으로 정하였다. 긴리고료는 그 뒤 제2대 쇼군이었던 히데타다[德川秀忠]와 제5대 쇼군이었던 쓰나요시[德川綱吉]에 따라 각각 1만 석이 추가되어 3만 석으로 늘어났다. 〈규다카 큐료 토리시라베쵸[旧高旧領取調帳]〉라는 자료에서 계산한 결과에 따르면 에도 막부 말기의 황실령皇室領은 47,186석 정도였다. 황실 수입은 이 밖에도 교토[京都]나 우지[宇治]의 차茶에 대한 과세 등이 있었다. 그러나 이 모든 것을 합하더라도 황실의 경제규모는 일반적인 다이묘들보다 특별히 더 크다고 하기 어려웠다. 조정에 출사한 구게[公家], 즉 황실 조정의 신하들에게도 구게령[公家領]이 주어졌는데, 모두 합해 약 10만 석 정도였다. 그러니까 황실령과 구게령을 모두 합치더라도 13만 석 정도에 지나지 아니하였다. 이와 달리 막부가 소유하는 토지의 면적은 대략 2,750만 석으로 황실령과 구게령을 합한 면적의 200배 이상이었다. 에도시대에 천황이라는 존재가 정치적으로는 말할 것 없고 경제적으로도 참으로 허울뿐이었음을 알 수 있다.

넷째로 이에야스는 도쿠가와 막부에 맞설 수 있는 다이묘 세력의 형성을 막기 위한 각종 조치와 제도를 마련하였다. 1615년「일국일성령一國一城令」을 발령하여, 본성本城 이외의 모든 성을 파기할 것을 명령하였다. 그리하여 약 400개의 성이 파괴되었다.

이에야스는 또「무가제법도武家諸法度」를 제정하여 다이묘에 대한 통제를 제도화하였다. 1615년에 만들어진 이 법도는 당시 연호를 따서「겐나령[元和令]」이라고 하는데, 그 핵심은 다이묘들 사이의 동맹이나 혼인을 금지하고, 허락 없이 성을 수리하거나 신축하는 것을 금지하였다. 이 법도에 따라 막부는 다이묘들을 파편화시키고, 그들이 연합하여 큰 세력을 형성하는 것을 막으려고 하였다.

「간에이령[寬永令]」이라고 부르는 1635년의 「무가제법도」에서는 산킨코타이[參勤交代]가 제도화되었다. 산킨코타이란 에도시대에 각 번의 번주[藩主]들로 하여금 1년씩 교대로 에도와 자기 영지에서 살도록 한 제도를 말한다. 에도로 가는 것을 산킨[參勤]이라 하고, 자기 영지로 돌아가는 것을 코타이[交代]라고 하였다. 또 각 번의 다이묘들은 에도에 번저[藩邸]를 두어 본처와 번의 후계자가 에도에 살도록 하였는데 일종의 인질제도였다. 이 때문에 각 번의 번주들은 2년에 한 번은 자기 영지와 에도를 오가야 했는데, 그 비용이 만만찮게 들었다.

현재의 이시카와현에 있었던 가가번[加賀藩]의 산킨코타이의 경우, 1808년에 그 비용이 은 332관 466돈 정도였고, 금으로 환산하면 5,541량이었다. 이것을 현재 화폐가치로 환산하면 약 4억 3천만 엔으로 되고, 노임 등의 비용을 포함하면 약 6억 9천만 엔으로까지 늘어난다고 한다(忠田忠雄, 《參勤交代道中記》). 결국 이 산킨코타이 제도는 각 번의 재정에 큰 부담을 줌으로써, 막부에 대한 모반을 어렵게 만드는 작용을 하였다.

참고로 에도시대에 부게[武家]는 고쿠다카[石高] 1만 석을 기준으로 그 이상은 다이묘[大名], 그 이하는 지키산[直參]으로 구분하였다. 그리고 다이묘는 다시 신판[親藩], 후다이[譜代], 도자마[外樣]의 셋으로 구분되었다.

신판 다이묘[親藩大名]는 도쿠가와 이에야스의 아들을 시조로 하는 다이묘들이다. 그 가운데 고산케[御三家]와 고산쿄[御三卿]는 도쿠가와[德川]라는 성을 사용하고, 만약 쇼군에게 후사가 없는 경우에는 이 고산케에서 다음 쇼군을 선택하도록 되어 있었다. 그 밖의 다른 신판 다이묘들은 도쿠가와[德川]로 바꾸기 이전의 원래의 성인 마쓰다이라[松平]를 사용하였다.

후다이 다이묘[譜代大名]는 대대로 도쿠가와 가문을 섬겨온 가신[家臣] 출신 다이묘를 말한다. 로쥬[老中]나 와카토시요리[若年寄] 같은 막부의 주요 직책은 모두 이 후다이 다이묘들이 맡았다. 이들 후다이 다이묘 역시 도쿠가와 막부의 든든한 지원자라고 할 수 있다.

이와 달리 도자마 다이묘[外樣大名]는 세키가하라 전투 이후 도쿠가와 가문의 힘에 밀려 어쩔 수 없이 복속한 다이묘들이다. 앞에서 보았던 조슈번이나 사쓰마번이 여기에 해당한다. 도쿠가와 막부의 처지에서는 가장 신뢰하기 어려운 다이묘들이다. 그래서 막부 내에서 중요한 직책은 맡지 못하였고, 막부가 있던 에도로부터 멀리 떨어진 지역에 주로 자리잡고 있었다.

한편 쇼군 직속 무사들인 고쿠다카[石高] 1만 석 미만의 지키산

[直參]은 쇼군을 직접 배알할 수 있는가를 기준으로 하타모토[旗本]와 고케닌[御家人]으로 구분되었다. 지키산은 쇼군의 직속 무사들이었기 때문에 쇼군에 대한 충성심이 높고 반란의 가능성이 낮은 집단이었다.

에도 말기인 1863년을 기준으로 이들 다이묘 등의 경제력 규모를 대략적으로 파악해 보면 다음 표와 같다. 일본 전체 토지 가운데서 황실과 관련된 토지는 0.1퍼센트에 지나지 아니하였다. 막부직할령과 막부직속 무사들이 소유하는 토지는 합하여 전국 경지면적의 약 1/4에 해당하는 24.7퍼센트였고, 나머지 3/4은 다이묘들의 영지였다. 토지소유라는 측면에서 황실은 무의미하였지만, 막부도 그렇게 크다고 볼 수 없다. 3/4의 토지를 다이묘들이 갖고 있기 때문이다. 그러나 다이묘들은 그 수가 대단히 많기 때문에 개별적으로 보면 경제적으로 막부에 맞설 만큼 큰 영지를 가진 다이묘는 존재하지 않았다. 또 다이묘들이 가진 토지 가

소유지 종류별 고쿠다카(1842년)

소유지 종류	고쿠다카[石高]	비율(%)
황실소유지[禁裏御料]	40,247	0.1
막부직할령[天領]	4,191,123	13.7
막부직속무사소유지[旗本知行所](1만석 이하)	3,354,077	11.0
다이묘영지[大名領地](1만석 이상)	22,499,497	73.6
기타	473,973	1.6
일본 전국 합계	30,558,917	100.0

운데서도 대략 절반은 친 막부세력인 신판 다이묘[親藩大名]와 후다이 다이묘[譜代大名]가 갖고 있었고, 그 나머지를 도자마 다이묘가 가지고 있었다.

이처럼 도쿠가와 막부는 자신에 맞설 수 있는 세력들을 정치적으로는 물론이고 경제적으로도 모두 억눌러 버렸기 때문에, 에도 시대는 일본 역사에서 드물게 보는 평화로운 시대가 지속될 수 있었다. 그러나 막부 말기에 가면, 그토록 경계하였던 도자마 다이묘[外樣大名]들로부터 막부를 타도하는 세력이 형성되고 있었다. 그 가운데 가장 대표적인 세력이 흔히 삿쵸토히[薩長土肥] 즉 사쓰마[薩摩], 조슈[長州], 토사[土佐], 히젠[肥前] 등의 4개의 번이었다. 이들 네개의 번은 동맹이라는 연합을 결성하여 막부에 대항하게 되고, 마침내 반석 같았던 에도 막부도 와해되어 메이지라는 새로운 시대가 열리게 되었다.

8. 에도시대 일본의 쇄국

조선이 건국된 해는 1392년이다. 그로부터 꼭 100년 후인 1492년에 콜럼버스의 제1차 서인도제도 탐험이 시작되었고, 다시 100년이 흐른 1592년에 조총으로 무장한 일본의 조선침략이 시작되었다. 일본의 조선침략은 조선 전토를 쑥대밭으로 만들었을 뿐만 아니라, 명나라를 망하게 만든 주요 원인의 하나가 되었다. 조총이 서양에서 전래된 총이라는 점에서 본다면, 서양의 대항해 시대는 알게 모르게 지구 반대편에 있는 동아시아에까지 그 영향을 끼치게 되었다.

서양의 아시아 진출은 콜럼버스의 제1차 서인도제도 탐험이 시작된 지 5년 뒤인 1497년에 시작되었다. 포르투갈의 항해자 바스코 다 가마(Vasco da Gama)가 인도로 항해하면서 시작되었다고 한다. 그런데 이 보다 반 세기 전인 명나라의 영락제永樂帝 시대에 정화鄭和의 남해파견南海派遣(1405~1430년)이 있었다. 모두 7차례에 걸친 정화의 원정대는 중동의 홍해 깊숙이 그리고 동아프리카 케냐의 말린디까지 항해하였다. 함대의 규모도 바스코 다 가마와 비교할 수 없을 정도로 컸다. 정화의 원정은 서양보다 반세기 앞섰고 함대의 규모도 훨씬 컸지만, 일시적인 이벤트에 지나지 않았고 서양의 대항해 시대처럼 세상을 바꾸지는 못했다. 정화 함대의 원정과 명나라의 해금정책海禁政策은 서로 어울리지 않는 한 쌍이었는데, 실제로 그 둘은 동전의 앞뒷면처럼 같이 시행되었다.

일본에 처음으로 서양인이 발을 디딘 때는 1543년 8월 또는 9월이었다. 1542년이라는 기록도 있다. 동물가죽[피혁]을 싣고 사이암[태국]에서 중국의 닝보[寧波]로 가던 배가 태풍으로 항로를 이탈하여 일본 규슈 남쪽의 다네가시마[種子島]에 표착하였다. 이 배에는 100여 명의 중국인과 더불어 3명의 포르투갈인도 타고 있었다. 이들 포르투갈인은 이름이 안토니오 다 모타(Antonio da Mota), 프란시스코 제이모토(Francisco Zeimoto), 그리고 안토니오 펙소토(Antonio Peixoto)라고 알려져 있다. 일본인들이 이 사람들을 처음 보았을 때, 몸은 더러웠고 수염이 덥수룩하여 마치 야만인 같았다. 그래서 일본인들은 이들 포르투갈 사람들을 남쪽에서 온 오랑캐 즉 남만인南蠻人이라고 불렀다.

그런데 다네가시마의 도주島主였던 다네가시마 도키타카[種子島時堯]는 이들 남만인이 가져온 철포鐵砲의 시범 사격을 보고 그 위력에 깜짝 놀라 2자루를 구입하였다. 철포란 화승총(matchlock guns)을 말하는 것이었다.

전해오는 말에 따르면, 도키타카는 자기의 가신家臣인 시노가와 코시로[篠川小四郎]에게 화약 제조법을 배우도록 하는 한편, 구입한 철포 가운데 1자루를 주물사鑄物師인 야이타킨베[八板金兵衛]에게 주어 복제하도록 명령했다. 야이타킨베는 포르투갈인 선

철포전래지도. 세 명의 포르투갈인이 다네가시마 도키타카[種子島時堯] 앞에서 철포[鐵砲]의 사격 시범을 보여주고 있다. 이 철포는 다네가시마총[種子島銃]이라고 부르기도 하는데, 임진왜란 때 일본군이 사용한 조총도 이와 다르지 않다.

장에게 자기 딸 와카사[若狹]를 인신어공人身御供으로 헌상하면서까지 결국 이 제조법을 배웠다고 한다.

다네가시마 총은 센고쿠 다이묘[戰國大名]들 사이에서 신예 무기로서 큰 인기를 끌었고, 이윽고 이즈미[和泉]의 사카이[堺], 기이[紀伊]의 네고로[根来], 오미[近江]의 쿠니토모[国友] 등지에서 대량생산되기에 이르렀다. 이에 따라 경보병[輕步兵]인 아시가루[足輕]가 철포로 무장하면서 '아시가루 철포대[足輕鐵砲隊]'가 등장하게 되었고, 사무라이의 기마전을 중심으로 하던 전법을 완전히 바꾸어 버렸다. 성의 구조도 철포전鐵砲戰에 견딜 수 있도록 변화되었다.

이 철포의 전래를 계기로 포르투갈인들은 그 뒤 중국과 규슈의 여러 항구를 오가며 무역을 행하게 되었다. 가문의 흥망을 건 전투로 나날을 지새던 센고쿠[戰国] 시대의 다이묘들에게 화승총

같은 무기는 반드시 입수하고 싶은 교역품이었고, 또 당시 일본 상류층에게는 중국의 비단이라는 것 역시 매우 인기 있는 상품이었으니, 포르투갈 상인들은 이 교역을 통해 막대한 이익을 올릴 수 있었다. 포르투갈 상인 즉 남만인이 중국과 일본 사이에서 벌인 이 중계 무역을 남만무역南蠻貿易이라고 한다.

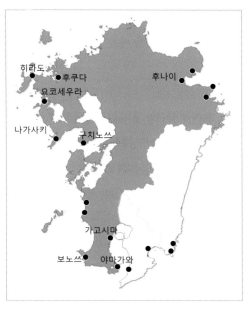

규슈의 포르투갈 상선 주요 기항지 및 그리스도교 선교지.(청색지역)

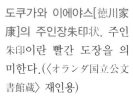

도쿠가와 이에야스[德川家康]의 주인장朱印状. 주인朱印이란 빨간 도장을 의미한다.(〈オランダ国立公文書館蔵〉 재인용)

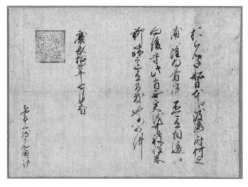

남만무역은 1542년에 조선에서 회취법灰吹法(cupellation)이라는 은銀 제련법이 전래되면서 일본의 은 생산량이 비약적으로 증가한 것과, 1557년에 중국의 마카오에 포르투갈인들의 거류가 허용되면서 한층 더 발달하게 되었다.

이리하여 일본 내에서도 남만선南蠻船이 오가는 항구가 발달하였다. 히젠[肥前]의 마쓰라[松浦]·오무라[大村]·아리마씨[有馬氏], 분고[豊後]의 오토모씨[大友氏], 사쓰마의 시마즈씨[島津氏]의 영내에서 남만무역이 이루어졌다. 각 영지별로 주요한 무역항을 보면, 마쓰라령에서는 히라도[平戸], 오무라령에서는 요코세우라[橫瀬浦]·후쿠다[福田]·나가사키[長崎], 아리마령에서는 구치노쓰[口之津], 오토모령에서는 후나이[府内], 시마즈령에서는 가고시마[鹿児島]·야마가와[山川]·보노쓰[坊津] 등이 있었다. 그 가운데 특히 히라도[平戸], 나가사키[長崎], 후나이[府内] 등의 항구에는 멀리 교토[京都]나 사카이[堺, 지금의 오사카]에서 상인들이 올 정도로 교역이 활발하였다.

센고쿠[戰国] 시대처럼 일본이 다이묘들 사이의 전쟁으로 분열되어 있을 때는 밀무역이나 해적[倭寇] 활동이 활발해질 여지가 컸다. 그러나 도요토미 히데요시가 일본을 통일하면서 1592년에는 왜구 활동이 금지되었고, 또 이때부터 주인장朱印狀이라는 도항허가증渡航許可證을 소지한 일본 상인만 외국무역에 종사할 수 있게 허용하는 주인선 제도朱印船制度가 시행되었다.

주인선 제도는 당시 중국의 해금정책海禁政策과 관련이 있었다. 특히 명나라는 왜구 때문에 골머리를 앓고 있다가 임진왜란 이후 일본과 관계가 한층 악화되어 적대국으로 되어 버렸다. 당연히 모든 일본 선박은 중국에 입항할 수 없었다. 이런 이유로 중국과 일본 사이에는 밀무역이 이루어지고 있었지만, 밀무역만으로는 중국제품에 대한 수요를 충족시키기 어려웠다. 그래서 생각해 낸 방법이 중국 상인들이 중국 제품을 동남아시아로 가져가면, 일본상인들이 동남아로 진출하여 거기에서 중국제품을 구입하여 일본으로 가져가는 방법이었다. 이렇게 하여 일본 상인들이 동남아시아로 진출하게 됨에 따라, 동남아 각지에는 일본인마을 [日本町]과 일본인 주재지駐在地가 만들어졌고, 가까운 곳에 화교 華僑 활동지活動地도 형성되었다.

도쿠가와의 에도시대에 들어서면 주인선 제도는 한층 더 발전한다. 도쿠가와 이에야스는 1600년 분고국[豊後國]에 표착한 네덜란드 상선 리프데호(De Liefde)의 영국인 선원 윌리암 아담스 (William Adams, 일본명 三浦按針)와 네덜란드인 선원 얀 요스텐(Jan Joosten van Lodensteyn, 일본명 耶楊子)을 외교고문으로 임명하고, 안남, 스페인령 마닐라, 캄보디아, 샴, 파타니 등의 동남아시아 여러 나라에 사신을 파견하여 외교 관계를 수립하였다. 이 외교 관계 위에서 1604년부터 주인선 제도朱印船制度를 다시 실시하였 으며, 1635년까지 대략 350척의 주인선이 동남아시아로 도항하 였다고 한다. 또 도쿠가와 이에야스는 센다이번[仙台藩]의 초대번 주인 다테 마사무네[伊達政宗]에게 갈레온선(galleon)을 건조하여 스페인에 일본사절[慶長遣歐使節]로 가도록 허용하였다. 마사무네 는 산 후안 보티스타(San Juan Bautista)라는 겔리온선을 만들어 1613년 10월 28일 일본을 출항하여 아카풀코, 멕시코시티, 아바 나를 거쳐 1614년 12월 20일 스페인의 수도 마드리드에 도착하 여 국왕 펠리페 3세(Felipe III)를 알현하고, 세례를 받은 뒤 귀국하 였다. 도쿠가와 이에야스는 될 수 있는 한 많은 국가들과 국교를 트려고 노력하였다.

이처럼 에도시대 초기에는 남만인들에 따른 남만무역과 일본 상인들에 따른 주인선무역에 따라 중국과 일본 사이의 간접무역 이 활발하였다. 그러나 남만무역과 주인선무역의 발달은 그리스 도교의 전파와 밀접한 관련을 갖고 있었다. 그 때문에 에도 막부 는 그리스도교의 선교에 더 적극적인 남만인(南蠻人, 포르투갈인 및

〈나가사키항도[長崎港図]〉. (가와하라 케이가[川原慶賀])

스페인인)들 대신에 종교와 무역의 분리를 표방한 홍모인(紅毛人, 영국인 및 네덜란드인)을 교역 상대로 삼고, 일본 안에서 여러 곳으로 흩어져 있던 무역항을 나가사키 한 곳으로 통합하여 통제를 용이하게 하려고 하였다.

이 그림은 가와하라 케이가[川原慶賀]가 19세기 초에 그린 나가사키[長崎] 항도港圖인데, ⓐ의 부채꼴 모양의 섬이 데지마[出島]이고, 그 왼쪽의 ⓑ부분이 중국인 주거지역인 도진야시키[唐人屋敷]이다. 1635년부터 중국 상선의 입항은 나가사키 항구로 제한하였지만, 중국인은 나가사키 시내에 잡거雜居하는 것이 허용되었다. ⑧에서 섬처럼 되어 있는 부분은 도진야시키의 창고구역으로서 1688년에 새로 만들어진 것이다.

1636년에 준공된 데지마[出島]는 막부가 외국인들의 유입을 방지하기 위해 많은 돈을 들여 축조한 부채꼴 모양의 인공섬이었다. 준공 이래 포르투갈 상인들을 이곳으로 이주시켰다. 그런데 1638년에 그리스도교도들이 주동한 '시마바라의 난[島原の乱]'이 일어남에 따라, 일본은 1639년 카톨릭 국가인 포르투갈과의 무역관계를 단절함으로써 데지마는 그 뒤 잠시 빈 섬으로 남아 있었다.

포르투갈이 물러난 빈자리를 메운 것이 네덜란드(오란다)였다. 네덜란드는 1641년 히라도[平戸]에 있던 네덜란드 동인도회사의 상관商館을 데지마로 옮겼고, 페리에 따라 일본이 개항될 때까지 이 데지마가 일종의 개항장 구실을 하였다. 데지마의 네덜란드 상관장商館長을 카피탄[カピタン, Capitão]이라고 하였는데, 그는 매년 《오란다 풍설서[オランダ風說書]》라는 해외 정보서를 막부에 제출하였다. 일본인의 해외도항이 금지되어 있었기 때문에 이 《오란다 풍설서》는 일본이 최신의 세계 정세를 알 수 있는 유일한 정보원이었다. 한편 오란다의 처지에서도 다른 경쟁국들을 제치고 계속해서 일본 무역을 독점하기 위해 일본의 요구에 응할 필요가 있었다.

이처럼 도쿠가와 이에야스는 남만무역이나 주인선무역에 적극적이었던 것과 마찬가지로 조선과의 국교 재개에도 적극적이었다. 일본을 다시 통일한 지 얼마되지 않았기 때문에, 국내정세가 어수선했고, 그런 국내 정세의 안정을 위해서도 조선과의 관계 정상화가 필요했다. 이에 일본은 수차례에 걸쳐 조선에 화의를 요청하였다. 조선 역시 명의 세력 약화와 만주 여진족의 발호라는 위협에 직면하고 있었기 때문에, 일본과의 평화체제의 구축이 중요하였다.

그리하여 왜란 동안 일본이 저지른 만행으로 일본은 불구대천의 원수였고, 일본에 대한 적개심이 여전히 하늘을 찌를 때였음에도 불구하고, 새로 등극한 쇼군인 도쿠가와 이에야스가 조선침략의 원흉인 도요토미 히데요시를 타도하여 원수를 갚아 주었다는 명분과 조선인 포로의 송환을 조건으로 1609년에 기유약조己酉約條를 체결하고 일본과 국교를 정상화하였다. 국교 재개 이후 조선은 1607~1811년 동안 모두 12회의 조선통신사를 파견하는 등 각종 사절단의 교류를 통해 정치 외교적 관계를 회복하였고, 왜관의 부활을 통해 양국의 통상도 재개하었다.

다만 왜관은 왜란 이전에는 부산포, 제포, 염포 등의 삼포였다가 왜란 후에는 부산포 하나만 남게 되었다. 이 왜관은 1877년에 일본인의 전관거류지專管居留地로 전환되기 이전까지 한 번도 폐쇄되지 않고 운영되었다. 에도 막부의 대외정책이 기본적으로

변화보다는 안정을 추구하는 것이었음을 조선과 일본 사이의 선린 교류 관계에서 확인할 수 있다.

도쿄 북쪽의 닛코[日光]라는 곳에 도쿠가와 이에야스의 무덤이 있는 도쇼구[東照宮]라는 신사가 있다. 세마리의 현명한 원숭이로도 유명한 곳이다. 눈을 가린 원숭이 미자루[見ざる], 귀를 가린 원숭이 키카자루[聞かざる], 입을 가린 원숭이 이와자루[言わざる]가 그것이다. 일본어로 "자루[ざる]"는 '하지 않다'라는 의미이지만, 니고리를 빼면 원숭이를 의미하는 말인 사루[さる]가 된다. 교묘한 언어의 배치이다.

이 세마리의 원숭이에 대해서는 공자의 논어에 나오는 구절과 연결지어 그 의미를 해석하기도 한다. 공자의 논어 안연편顔淵篇을 보면 안연이 공자에게 인仁이 무엇인지 묻자, 공자는 "예가 아니면 보지 말며, 예가 아니면 듣지 말며, 예가 아니면 말하지 말며, 예가 아니면 움직이지 말아야 한다(非禮勿視 非禮勿聽 非禮勿言 非禮勿動)."라고 대답한 부분이 그것이다. 옛 성현의 가르침에 따라 해석한다면 참으로 좋은 의미를 담고 있다고 볼 수 있다. 그러나 예가 아닌 것(非禮)인 것은 물론이고 예인 것[禮]인 것마저도 보지도, 듣지도, 말하지도 않는 오늘날의 일본인들의 세태를 떠올리면 어쩐지 씁쓸한 느낌이 든다.

도쇼구[東照宮]에는 또 하나 흥미로운 유물이 있다.《인조실록》을 보면 1642년(인조 20년 2월 18일)에 다음과 같은 기사가 있다.

> 일본국의 일광산日光山 사당社堂이 준공되자, 왜차倭差가 와서 편액扁額과 시문詩文을 청하므로 조정이 허락하였다. 전에 도주島主 평의성平義成이 평행성平幸成을 보내 … 종鍾과 서명序銘을 구하였는데 … 의창군義昌君 이광李珖에게 일광정계日光淨界라는 큰 네 글자의 편액을 쓰게 하고 또 종을 주조하여 보내게 하였는데, 이명한李明漢이 서序를 짓고 이식李植이 명銘을 짓고 오준吳竣이 글씨를 썼다. 또 시문을 제술할 사람을 뽑았는데, 김류金瑬·최명길崔鳴吉·이식·홍서봉洪瑞鳳·이명한·이성구李聖求·이경전李慶全·신익성申翊聖·심기원沈器遠·김시국金蓍國 등이 참여하였다. 임금이 대제학 이명한으로 하여금 먼저 칠언율七言律 한 수를 짓고 뽑힌 신하들에게 그에 화답하게 하였으며, 또 명한에게 오언배율五言排律을 더 지어 이웃 나라로서 영광으로 생각하는 소지로 삼게 하였다. 김류는 그의 아버지 김여물金汝岉이 임진왜란 때 죽었기 때문에 사양하고 짓지 않았다.

닛코[日光]에 도쿠가와 이에야스의 사당이 준공되자 일본은 조선에게 편액, 시문, 종, 서명 등을 보내 주기를 요청하였고, 조선에서는 그 요구를 받아들여 당시 대제학이었던 택당 이식이 글을 짓고 1644년(인조 22년) 제5차 조선통신사를 파견할 때 범종을 주조하여 가져갔다. 이식은 덕수 이씨로서 이순신과 한 집안이었고, 북인北人인 기자헌奇自獻·이이첨李爾瞻 등이 중심이 되어 편찬했다는 《선조실록宣祖實錄》을 불신하면서, 선조 당시 서인들의 입장을 대변하려 한 《선조수정실록》을 찬술하였다. 그만큼 당대 명문장가로 통했던 사람이었다. 이순신 집안사람으로 원균을 무척 적대시하였던 인물이 정작 도쿠가와를 위한 명문을 작성했다는 것은 아이러니였지만 그만큼 일본과 평화관계를 만드는 것이 인조정권의 중차대한 과제였다는 것은 자명하였다.

지금 닛코의 도쇼구[東照宮]에 가면 볼 수 있는 조선 범종이 바로 그것이다. 이 범종에 새겨진 글을 보면, "일광산日光山의 도량은 도쇼다이곤겐[東照大權現]을 위해 세워졌는데, 다이곤겐[大權現]은 끝없는 공덕功德이 있어서 끝없이 섬기려는 것이다. … (日光道場 爲東照大權現設也 大權現有 無量功德 合有無量崇奉…)"라는 말로 시작된다. 여기서 다이곤겐은 도쿠가와 이에야스가 죽은 뒤 추증된 시호諡號이다. 앞의 두견새에 대한 이야기에서, 제일 마지막 인물인 다이곤겐사마[大權現樣]를 이에야스라고 해석한 까닭도 다이곤겐[大權現]이 그의 시호였기 때문이다.

조선의 조정에서 이런 논의가 이루어지고 있을 때는 왜란이 끝난 지 한 세대가 조금 지난 시점이기 때문에, 전쟁의 상흔이 여전히 남아 있을 수밖에 없었다. 앞에서 인용한 《인조실록》의 마지막 부분을 보면, 시문詩文을 제술할 사람을 뽑았는데, 그 가운데 김류金瑬가 포함되어 있었다. 김류가 누구인가? 그는 탄금대에서 신립과 함께 최후까지 용전분투

일본 니코[日光] 도쇼구[東照宮]의 조선 범종. (작성자 lgyxm에서 인용)

하다가 남한강에 투신하여 순국한 바로 그 김여물金汝岉의 아들 이었다. 그런 내력을 가진 김류가 어찌 자신의 손으로 일본의 쇼군을 칭송하는 글을 지을 수 있었겠는가? 그래서 김여물은 빠지게 되었다.

　이처럼 일본의 조선침략의 상흔이 여전히 아물지 못한 상황이었음에도 불구하고, 범종의 명문에서는 다음과 같은 시로 이에야스를 칭송하였다.

　　　　훌륭한 공적이 크게 드러내서　　　　　不顯英烈

　　　　비로소 영진靈眞(수양하여 득도함)하였네　　　　肇闢靈眞

　　　　사당을 세우고　　　　　玄都式廓

보배로운 종을 설치하네	寶鍾斯陳
공양하는 일에 참여하여	參修勝緣
명복冥福을 비네.	資薦冥福
고래처럼 소리치고 사자처럼 포효하여	鯨音獅吼
어리석은 자 깨우치고 마귀 도망가네	昏覺魔伏
종은 중기重器(중요한 보물)가 아니라	非器之重
오직 효자의 모범이 되네.	唯孝之則
용천天龍(불법의 수호신)이 보호하니	龍天是護
큰 복福을 받으리라.	鴻祚偕極

왜란 이후의 조선과 일본의 관계 정상화는 이런 복잡한 감정들 위에 이루어진 것이었고, 그러한 교린 체제가 부활함으로서 비로소 에도시대 조선과 일본 사이의 장기간에 걸친 평화가 유지될 수 있었다. 에도시대의 일본의 대외관계를 보면, 중국이나 네덜란드처럼 경제적 교역만 허용하는 이른바 통상국通商國은 여럿 있었지만, 정치적인 교류까지 행하고 있는 통신국通信國은 조선이 유일하였다.

이런 까닭으로 에도시대에 조선과의 외교 관계는 일본에게도 매우 중요하였고, 따라서 엄청난 비용지출에도 불구하고 오랜 기간에 걸쳐 조선통신사가 일본에 갈 수 있었다.

일본사에서는 에도 막부시대 초기의 일본의 대외관계를 4개의

창구[四つの口]로 요약한다. 즉 나가사키[長崎], 쓰시마[對馬], 사쓰마[薩摩], 마쓰마에[松前] 등 4곳을 통해 서양·중국, 조선, 류큐[琉球国], 에조[蝦夷, 아이누]와 대외관계를 맺고 있었다는 것이다. 쓰시마가 조선과의 대외교섭 창구였던 것처럼, 서양과의 관계는 주로 나가사키를 통해 이루어졌다.

그런데 앞에서 살펴보았던 남만무역과 주인선무역은 그리스도교 포교와 밀접한 관계를 가졌다. 일본에서의 그리스도교 포교의 효시는 1549년에 예수회[耶蘇會] 선교사인 프란치스코 하비에르(Francisco de Xavier)와 코시모 데 토히스(Cosme de Torres)가 가고시마[鹿兒島]에 도착하면서 시작되었다. 뒤이어 가스파르 빌렐라(Gaspar Vilela, 1556년), 루이 프로이스(Luís Frόis, 1563년), 오르간티노(Organtino Gnecchi Soldo, 1570년) 등의 선교사들과 몇몇 프란시스코회 및 도미니코회 소속 선교사들이 일본에서 포교활동에 나서면서 규슈[九州]를 중심으로 긴키[近畿] 쥬고쿠[中国] 지방까지 그리스도교가 보급되었다.

일본에서는 이들 선교사들을 통해 서양의 학문과 기술을 접할 수 있을 뿐만 아니라 놀라운 성능을 가진 서양의 무기와 탄약 등을 획득할 수 있었기 때문에, 선교사들을 보호하고 포교를 허용하였다. 이에 따라 그리스도교 신자 수는 급속히 증가하여 1582년 무렵에는 히젠[肥前], 히고[肥後], 이키[壱岐] 등에서 11만 5천 명, 붕고[豊後]에서 1만 명, 기나이[畿内] 등에서 2만 5천 명에 달

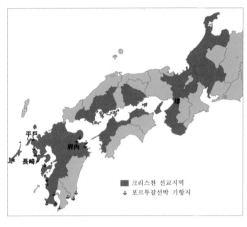

크리스천 선교지역과 포르투갈 선박 기항지.

■ 크리스찬 선교지역
↓ 포르투갈선박 기항지

했다고 한다. 심지어 다이묘 가운데도 세례를 받고 신자로 된 이른바 '기리시탄(cristão)' 다이묘들도 출현하였다. 기리시탄 다이묘는 임진왜란 당시 조선침략의 선봉장이었던 고니시 유키나가[小西行長]를 비롯하여 오무라 스미타다[大村純忠], 아리마 하루노부[有馬晴信], 오토모 소린[大友宗麟], 오다 히데노부[織田秀信], 구로다 요시타카[黑田孝高], 다카야마 우콘[高山右近], 나이토 조안[內藤如安], 가모 우지사토[蒲生氏郷], 쓰츠이 사다츠구[筒井定次] 등 모두 10명이나 되었다. 특히 오무라 스미타다[大村純忠, 세례명 바르톨로메오]는 일본 최초의 기리시탄 다이묘가 되어 주민 대부분을 기리시탄으로 개종시켰고, 1580년에는 나가사키[長崎]와 모기[茂木]를 교회 땅으로 삼아 예수회에 기증하였다. 또 이들 기리시탄 다이묘들에 의해 신사神社나 사찰이 파괴되기도 하였다.

도요토미 히데요시는 처음에는 오다 노부나가와 마찬가지로 선교사들에 따른 포교 활동을 허용했다. 1586년에는 오사카성에서 예수회 일본 선교의 총책임자였던 선교사 가스파르 코엘료를 접견하고, 포교 허가증을 발급해 주기도 하였다. 이때 히데요시는 코엘료에게 규슈정벌 이후에 조선을 거쳐 명나라로 침공해 들어갈 계획이 있다고 털어 놓았고, 이 계획이 성공하면 중국 각지에 교회를 지을 수 있게 해 줄 테니 협조해 달라는 요청도 했다.

그런데 규슈정벌을 마치고 지쿠젠[筑前]의 하코자키[箱崎]에 체제하고 있던 히데요시는 오무라 스미타다[大村純忠]가 나가사키를 예수회에 기증하였다는 사실과, 이들 기리시탄에 따라 신사와 사찰이 파괴되었다는 것을 알게 되었다. 더 놀라운 것은 이들 선교사들의 세력이 자기에게 위협이 될 정도로 강했다는 점이다. 이런 이유로 히데요시는 1587년에 〈덴쇼 15년 6월 18일 각서[天正十五年六月十八日付覚]〉를 작성하고, 그 이튿날 포르투갈 측에 선교사 퇴거와 그리스도교 포교의 제한을 표명하였다. 이것을 「1587년의 금교령禁敎令」 혹은 「바테렌 추방령[伴天連追放令]」이라고 한다. 여기서 바테렌[伴天連]이란 포르투갈어 빠드르(padre)에서 유래하는 말로써 신부神父를 의미한다. 그리고 이 금지령 이후, 히데요시는 예수회로부터 나가사키를 몰수하여 막부의 직할령인 천령天領으로 삼았다.

그러나 「금교령」과 나가사키 몰수 등의 조치에도 불구하고 예수회가 반발하지 않고, 자숙하여 히데요시에게 복종하는 태도를 보임에 따라, 그리스도교에 대한 탄압은 일단 수면 아래로 가라앉았다. 선교사들은 여러 가지 이유로 실제로는 추방되지 않았고 또 별다른 위협을 받지 않으면서 종교 활동에 종사할 수 있었다. 일반 백성들은 자기 뜻대로 그리스도교를 믿을 수도 있었고, 다이묘들도 히데요시의 허가를 받으면 신자가 될 수 있었다.

히데요시가 임진년에 조선을 침략하였을 때, 주로 규슈와 주코쿠 등 서일본 지역에서 가장 많은 병력들이 차출되었다. 서일본 지역은 일본에서 가장 먼저 그리고 가장 광범하게 그리스도교가 보급된 지역이었고 기리시탄 다이묘의 대부분은 이 지역에 있었다. 따라서 조선에 출전한 다이묘들 가운데 상당수가 기리시탄 다이묘였는데, 고니시 유키나가는 그 가운데 한사람이었다.

히데요시의 그리스도교에 대한 두 번째 탄압은 1596년에 일어난 산 펠리페호 사건(San Felipe incident)으로 촉발되었다. 스페인의 산 펠리페호는 필리핀의 마닐라를 출항하여 멕시코의 아카풀코로 가던 배였다. 그런데 도중에 몇 개의 태풍을 만나 일본의 도사[土佐]에 표착하였다. 문제는 이 배를 조사하면서 산 펠리페호의 선원 가운데 한 사람이 "스페인 국왕은 선교사를 세계로 파견하여 포교와 함께 정복 사업을 하고 있다. 처음에는 원주민을 교화하고, 그 뒤 그 신도들과 내응하여 병력으로써 병탄한다."고 진술한 것에서 시작되었다.

이 보고를 받은 히데요시는 다시 「금교령」을 발령하고, 교토와 오사카의 프란시스코회의 선교사 3명과 수도사 3명, 일본인 신자

20명을 체포하여 나가사키로 보내 처형하였다. 도쿠가와 이에야스의 에도시대에도 일본은 서양과 무역 및 외교 관계를 유지하고 싶어하였다. 하지만 무역의 확대에 따른 그리스도교 세력의 확대가 늘 골칫거리였다. 그래서 이에야스는 1612년 새로운 「기리시탄 금교령[キリシタン禁教令]」을 발포하여 서양과는 오로지 무역으로만 관계를 맺고자 하였다.

한편 1623년 동남아시아의 향료무역의 주도권을 둘러싸고 인도네시아의 암보이나(Amboyna)라는 섬에서 네덜란드가 영국 상관商館을 습격하여 영국인들을 살해하는 사건이 발생하였다. 이 사건을 계기로 영국은 동남아시아 향신료 무역에서 손을 떼고 네덜란드가 그것을 독점하게 된다. 영국의 히라도[平戶]의 상관도 폐쇄되었다.

또 에도 막부는 기리시탄에 대한 박해를 점차 강화하여, 1623년에는 나가사키의 니시자카[西坂]에서 카톨릭 교도 55명을 화형하거나 참수한 '겐나의 대순교[元和の大殉教]'도 발생하였다. 그러면서 1624년에는 스페인 선박의 내항을 금지하고, 히라도의 스페인 상관도 폐쇄했다.

1631년에는 봉서선 제도奉書船制度를 개시하여 일본 상인의 출입을 강하게 규제하였다. 즉 종래 일본 상인들이 무역을 위해 도항하는 경우 주인선 제도朱印船制度에서는 주인장朱印狀이 필요했는데, 봉서선 제도에서는 이 주인장에 덧붙여 로쥬[老中]가 발행하는 봉서奉書를 추가하도록 했다. 그래서 1633년 이후 봉서선 이외의 다른 선박들의 해외 도항을 금지하고, 해외에서 5년 이상 거류한 일본인들의 귀국도 금지했다. 이것을 「제1차 쇄국령第1次鎖國令」이라고 한다. 「금교령」 강화로 선교사들의 일본 내 포교 활동이 어려워지자, 남만인 선교사들은 동남아시아에 거주하는 일본인들에게 포교하여, 그 일본인들을 일본으로 돌려보내 포교하기 시작했다. 「제1차 쇄국령」은 이런 배경 아래 이루어진 것이었다.

1634년에는 「제2차 쇄국령第2次鎖國令」을 발령하여 「제1차 쇄국령」을 다시 한번 확인하는 한편, 나가사키에 데지마를 건설하기 시작하였다. 1635년에는 「제3차 쇄국령第3次鎖國令」을 발령하여, 중국과 네덜란드 등의 외국 선박의 입항은 오로지 나가사키에 국한하였다. 동남아시아 방면으로 일본인이 도항하거나 귀국하는 것도 금지하였다. 이는 곧 주인선 및 봉서선의 출입조차 금지한 것을 의미하였다. 그 뒤에도 제4차 및 제5차 「쇄국령」이 공포되었고, 쇄국이에도 막부의 기본적인 대외관계의 틀을 형성하고 있었다.

제2장 에도 막부 말기의 일본

1. 검은 화륜선의 충격

도쿠가와 이에야스는 무력으로 일본을 통일했지만, 그로부터 시작된 에도 막부시대는 전쟁이나 큰 내란이 없었던 아주 평화로운 시대였다. 일본 역사에서 드물게 보는 이 평화는 거의 260년 동안이나 지속되었다. 에도 막부가 정치적으로나 경제적으로 너무 강력하여, 일본 국내에는 감히 거기 맞설 만한 세력이 존재하지 않았기 때문이었다.

그러나 에도시대의 평화와 안정은 1853년에 에도(현재의 도쿄)

우라가[浦賀] 앞 바다의 컬럼부스호(U.S.S.Columbus). 우라가 앞 바다에 도착한 미국의 배는 컬럼버스호(USS Columbus)와 빈센스호(USS Vincennes) 등 2 척이었다. 이 그림에서는 그중 컬럼버스호를 클로즈업하여 발췌하였다. 조그만 일본 배들로 둘러 싸여 있는 큰 배가 전열함 컬럼버스호이다. 1819년 건조되어 1848년 임무해제되었는데, 3층함으로서 32파운드포(칼레노이드포) 68문과 42 파운드포 24문 등 모두 92문의 대포를 장착하고 있었다.
(Rosser, S. F., Lithographs of the U.S.S. Columbus and U.S.S. Vincennes in Japanese waters, 1846 (Yale University Library, Digital Collections에서 인용)

앞바다에 4척의 검은 배(구로후네黑船)가 들어와 개항을 요구하면서 급작스럽게 무너지기 시작하였다. 이들 선박은 미국의 페리대장(Commodore Matthew C. Perry)이 이끄는 이른바 '페리 원정대'였다.

사실 미국은 페리 원정대 이전에도 일본의 개항을 시도한 적이 있었다. 1846년 7월에 미국 동인도함대 사령관 제임스 비들(James Biddle)이 전열함 컬럼버스호(USS Columbus)와 전투용 범주 슬루프(Sloop-of-war) 빈센스호(USS Vincennes)를 끌고 우라가[浦賀]에 와서 통상을 요구한 적이 있었다. 그러나 당시 막부의 로쥬[老中]였던 아베 마사히로[阿部正弘]는 쇄국을 이유로 거절하였다. 비들은 미국에 대한 적개심이나 불신감을 불러일으키고 싶지 않았기 때문에 더이상 교섭을 요구하지 않고 물러났다.

그러나 1853년 계축년[癸丑年]에 일본에 온 페리 원정대는 달랐다. 그 당시 일본에서는 '계축 이래[癸丑以來]'라는 말이 널리 쓰였을 정도로 페리 원정대의 내항은 일본 역사에 엄청난 충격을 준 사건이었다. 그래서 일본 역사에서는 에도 막부시대의 말기[幕末]가 이 흑선 도래로부터 시작된다고 보고 있다.

페리 원정대, 좀 더 엄밀히 말하자면 페리를 태운 미시시피호(USS Mississippi)가 미국을 떠난 것은 1852년이었다. 이 무렵의 미국은 로키산맥을 넘어 태평양쪽으로 맹렬히 영토를 확장하고 있었다. 1845년에는 텍사스 공화국(Republic of Texas, ①)을 합병하였으며, 1846년에는 영국과의 조약에 의해 오리건 지역(Oregon territory, ②)을 획득하였고, 1848년에는 멕시코와의 전쟁에서 승리하여 멕시코의 일부 지역(③)을 미국령으로 편입하였다. 이들 세 지역은 모두 1845~1848년 3년 사이에 미국에 편입된 지역이었는

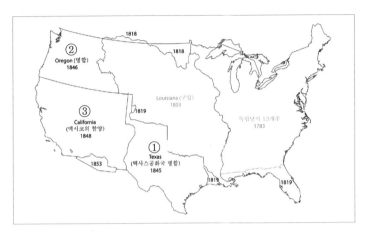

미국의 영토 확장.

데, 현재의 미국 영토의 1/3 이상에 해당하는 광대한 영역이었다.

이렇게 미국이 서부로 영토를 확장하고 있었던 바로 그 무렵, 사람들을 서부로 불러들인 또 하나의 큰 사건이 일어났다. 1848년 1월에 캘리포니아의 새크라멘토(Sacramento) 인근 강에서 금덩어리가 발견된 것이다. 그래서 황금에 눈이 먼 인간들이 캘리포니아로, 캘리포니아로 구름처럼 몰려들었다. 1848년까지만 해도 겨우 1만 5천 명 정도에 지나지 아니하던 캘리포니아 인구는 1850년에는 92,597명으로 증가하였고, 1860년에 379,994명, 1870년에 560,247명으로 늘어났다. 인구가 폭발적으로 증가한 것이었다.

미국 노래 가운데 한국인들에게 매우 친숙한 '클레멘타인'이라는 노래가 있다. 1919년에 박태원이 번안하여 우리나라에서도 부르기 시작했던 이 노래의 첫 소절은 아래와 같다.

넓고 넓은 바닷가에
오막살이 집 한 채
고기 잡는 아버지와
철 모르는 딸 있네

그런데 원래 노래(원곡)의 가사는 이와 좀 다르다.

어느 골짜기의 한 동굴에
광물을 캐던
포티나이너라는 광부와
그의 딸 클레멘타인이 살았다네
In a cavern, in a canyon
Excavating for a mine
Dwelt a miner, forty-niner
And his daughter Clementine
※ 한글부분은 필자의 직역이다.

원곡이든 번안곡이든 아버지가 일찍 죽은 딸을 애달파 하고 있다는 점은 마찬가지이다. 하지만 번안곡에서는 딸을 바다에서 잃은 것으로 되어 있는 반면, 원곡에서는 골짜기의 강에 빠져 죽은 것으로 되어 있어 제법 다르다. 그렇지만 자식 잃은 애비의 애절함이 마디마디 배어 나오는 그 가사와 멜로디가 나라 잃은 조선인들의 마음 같아서일까, 이 노래는 3.1운동 이후 우리나라에서도 널리 애창되었다고 한다.

원곡의 가사 가운데서 'forty-niner'라는 단어가 재미있다. 49라는 숫자에 사람을 뜻하는 접미사 '-er'을 붙여 만든 단어이니, '49년 사람'이라는 의미로 된다. 이 노래가 처음 불린 때가 19세기였으니 'forty-niner'는 '1849년 사람'인 것이다.

미국 캘리포니아에서 금덩어리가 발견된 때는 1848년 1월이었지만, 당시 미국 서부는 교통사정이 그다지 좋지 못했다. 그래서 대규모 금광발견이라는 빅뉴스가 퍼지고 그래서 사람들이 몰려오게 되는데는 다소 시간이 걸렸다. 대부분의 사람들은 1849년이 되어서야 그 곳에 도착할 수 있었다. 그래서 1849년에 황금에 눈이 뒤짚혀 일확천금의 꿈을 품고 캘리포니아로 몰려온 사람들을 가리켜 '49er(forty-niner)'라고 하였다.

그 후 10년 동안 캘리포니아에서는 5억 5천만 달러어치의 금이 채굴되었고, 수 십만의 사람들이 캘리포니아로 몰려왔다. 이렇게 미국의 국경이 태평양 연안에 도달하면서, 자연히 태평양 건너편에 있는 아시아 특히 중국에 대한 관심도 높아졌다. 동시에 중국으로 가는 중간 기착지로서 또 포경선의 기항지로서 일본의 필요성이 점점 더 커지게 되었다. 이런 경제적 발전을 배경으로 캘리포니아는 1850년에 미국의 31번째 주가 되었다. 이 모두 페리의 일본원정대가 미국을 떠나기 직전에 일어난 일들이었다.

미국의 국기를 성조기星條旗(Stars and Stripes)라고 부른다. 별(星, stars)과 띠(條, strips)로 이루어져 있어 그렇게 부른다. 미국 국가 1절의 마지막 소절에서는 "오, 성조기는 지금도 휘날리고 있는가/ 자유의 땅과 용자들의 고향에서!(O say, does that star-spangled banner yet wave/ O'er the land of the free and the home of the brave?)"라고 하여 성조기를 'star-spangled banner'라고 부르고 있다.

현재의 미국의 국기 (A)를 보면, 50개의 별과 13개의 띠로 이루어져 있다. 13개의 띠는 미국이 처음 독립할 때 합중국(United States)에 가입한 주의 갯수를 의미하며, 50개의 별은 현재 미합중국에 소속된 주의 갯수를 의미한다. 그러니 성조기에서 줄의 개수는 13개로 언제나 일정할 수밖에 없지만, 미합중국을 구성하는 주의 개수가 늘어나면 별의 개수는 늘어나게 된다.

페리가 일본으로 출발하기 직전인 1850년 9월 9일에 캘리포니아가 미국의 31번째 주로 되었다. 캘리포니아 바로 전에 위스콘신이 30번째 주로 편입되었는데, 이때의 성조기는 (B)처럼 기하학

(A) 현재의 성조기
(별이 50개)

(B) 1848년의 성조기
(별이 30개)

(C) 1851년의 성조기
(별이 31개)

적으로 매우 깔끔한 모양이었다. 즉 6×5로 30개의 별을 모두 깔끔하게 그려 넣을 수 있기 때문이다.

그런데 캘리포니아가 편입되면서 사각형 안에 31개의 별을 그려 넣는 것이 쉽지 않았다. 31이라는 숫자는 두 개의 자연수를 곱하여 만들 수 없는 소수素數였던 것이다. 그래서 캘리포니아의 편입 이후 1851년 7월 4일부터 사용되기 시작한 성조기는 (C)와 같았다. 그런데 페리원정대가 달고 온 군함기는 이것과도 달랐다. 아래 그림처럼 제일 오른쪽 열에 별을 한 개 더 우겨 넣어 6개이고, 나머지 열은 모두 5개씩이다. 별의 배치가 매우 어색하기 때문에 한눈에 알아볼 수 있다.

페리 군함기.

이 특이한 성조기는 1945년 9월 2일. 도쿄만의 요코하마에 정박 중이던 미국의 전함 미주리호(USS Missouri)의 벽에 다시 걸렸다. 천황과 일본정부의 명에 따라' 외무대신 시게미쓰 마모루

[重光葵]가, 그리고 '일본대본영의 명에 따라' 일본 육군참모총장 우메즈 요시지로[梅津美治郞]가 일본측을 대표하여 항복문서에 서명하였다. 사진에서 시게미쓰 외무대신은 지팡이를 짚고 있어 쉽게 알아볼 수 있다. 그는 1932

미주리함에서 연설하는 맥아더 장군. 뒤쪽으로 별 31개 페리 군함기가 벽에 걸려 있다. 니미츠 제독이 박물관에서 빌려와 걸어 놓은 것이다. 실크햇을 쓰고 지팡이를 짚고 있는 사람이 일본 외무대신 시게미쓰 마모루[重光葵]이다.

년 4월 29일, 상하이 홍커우 공원[虹口公園]에서 개최되었던 천장절[天長節], 즉 일본 천황의 탄신일 축하 기념식 및 제1차 상하이사변(第一次上海事變 = 一·二八事變) 승전 축하식에서 윤봉길의사가 투척한 폭탄에 맞아 오른쪽 다리를 잃고 지팡이를 짚게 되었다.

윤의사가 폭탄을 투척하였을 무렵, 중국인들의 일본에 대한 감정은 최악으로 치닫고 있었다. 일본은 '만주사변(1931년 9월 18일~1932년 2월 18일)'을 도발하여 만주를 점령하였고, 1932년 1월 28일에는 '제1차 상하이 사변'이라는 것을 도발하여 상하이를 점령하였다. 이런 이유로 이 무렵 중국인들의 일본에 대한 수치와 분노는 하늘을 찌를듯하였는데, 바로 그 전승기념식을 상하이의 홍커우 공원에서 했으니 중국인들의 한맺힌 마음은 오죽했을까.

윤의사는 그 기념식에서 단상을 향해 폭탄을 투척하여 '제1차 상하이사변'을 총지휘한 상하이 파견 일본군사령관 시라카와 요시노리[白川義則] 육군대장에게 중상을 입혀 결국 사망하게 했고, 상하이일본인거류민단 행정위원장인 가와바타 테이지[河端貞次]도 그 자리에서 즉사시켰다. 제9사단장 우에다 겐키치[植田謙吉] 중장, 제3함대사령장관 노무라 기치사부로[野村吉三郎] 해군중장, 상하이총영사 무라이 구라마쓰[村井倉松], 상하이 일본인 거류민단 서기장 도모노모리[(友野盛]는 중상을 입었다. 당시 상하이 공사였던 시게미쓰 마모루[重光葵]도 바로 그 사건에서 오른쪽 다리를 잃었다. 윤봉길의사의 폭탄투척은 한국의 독립을 향한 거사였지만, 동시에 중국인들의 사무친 원한과 치욕을 씻어내는 쾌거이기도 하였다.

김학준 교수는 《매헌 윤봉길 평전》에서 장제스 총통은 매헌 윤봉길 의사가 상하이에서 일본 군부와 외교 수뇌부를 향해 폭탄을 던져 성공한 것에 크게 감동을 받았으며, 장제스는 "중국의 100만 대군이 하지 못하는 일을 조선의 한 청년이 해냈으니 참으로 놀랍다."고 한 사실을 전하였다.

장제스는 윤의사의 의거에 정말 큰 감명을 받은 것으로 보인다. 다시 김학준 교수의 말을 빌면, 당시 대한민국임시정부는 청사의 집세가 밀리기 일쑤였고, 고용원의 월급마저 지급하지 못해 중국인으로부터 소송까지 당하는 처지였다는 것이다. 더구나 만

보산 사건 등으로 대한對韓 감정도 매우 나빴다. 그리고 김구조차 스스로 임정臨政을 '거지 소굴'에 비유할 정도로 열악한 상황이었다. 일화에 따르면 당시 임정 요인들은 쓰레기통을 뒤져 얻은 배추 뿌리로 주린 배를 채우기도 했다고 한다. 그러나 윤의사의 의거 후에는 장제스의 배려로, 중국 정부는 1933년부터 중국화폐로 매달 1,500원을 대한민국임시정부에 지원했고, 1941년 12월 6만원, 1942년 이후에는 매월 20만원, 1944년에는 매월 50만원, 1945년에는 매월 300만원의 돈을 임시정부에 지원했다고 한다. 금액이 많지 않아 보이지만, 당시 300만원을 현재의 가치(2,000배)로 환산하면 60억원 이상에 달하는 거금이었다.

또 장제스는 1933년 5월에 백범 등 임정 수뇌를 초청함으로써 대한민국임시정부를 인정하였을 뿐만 아니라, 뤄양군관학교에 한국인 특별반을 설치하는 등 임시정부가 광복군을 창설하는 데도 큰 도움을 주었다. 나아가 장제스는 카이로선언과 포츠담 선언에서 한국의 독립에 관한 조항을 삽입하는 데도 결정적인 역할을 하였다.

1943년 4월, 임시정부 김구 주석과 외무부장 조소앙은 미국의 루스벨트 대통령과 영국의 이든 외상이 전후戰後 한국을 국제 공동으로 관리하기로 했다는 소식을 듣고, 1943년 7월 26일 장제스를 찾아가 카이로회담에서 한국의 독립을 주창해 달라고 건의했다. 카이로회담에서 루스벨트 대통령이 장제스 총통에게 코리아가 독립할 의지가 있는지 물었다. 윤봉길의사의 의거에 큰 감명을 받아 그 후 임시정부의 모든 활동을 적극적으로 지원해 왔던 장제스였기 때문에 그의 대답은 명백했다. 장제스는 카이로 회담에서 한국의 독립을 적극 주창하여 카이로 선언(1943년 11월 27일)에 조선의 자주 독립에 대한 약속이 포함될 수 있도록 만들었다. 즉 카이로 선언에서는 "앞의 3대국(미·영·중)은 조선인의 노예상태에 유의하여 적당한 시기에 조선을 자주 독립시킬 결의를 한다(The aforesaid three great powers, mindful of the enslavement of the people of Korea, are determined that in due course Korea shall become free and independent)."라는 조선의 독립에 관한 조항이 포함되었다.

1945년 7월 26일의 포츠담 선언에서는 제8항에서 "카이로 선언의 조항은 이행되어야 할 것이고…"라고 하여 포츠담 선언에서 천명되었던 조선의 독립이 다시 확인되고 있다. 조선이 독립할 수 있었던 이유가 윤봉길의 의거 그 하나 때문이라고만 할 수는 없겠지만, 매우 중요한 요인의 하나였던 것은 두말할 필요도 없다. 독립을 위해 자기 한 몸을 기꺼이 희생하려는 사람들이 있어 비로소 조선의 독립이 가능했던 것을 잊어서는 안 된다.

1945년 8월 15일 정오, 일본의 쇼와 천황은 떨리는 목소리로 일본제국의 무조건항복을 알리는 〈대동아전쟁 종결의 조서[大東亞戰爭終結ノ詔書]〉를 읽어 내려갔다. 일본의 무조건 항복을 촉구한 포츠담 선언을 받아들이기로 한 것이다. 그로부터 대략 보름 후인 9월 2일, 요코하마 앞바다에 정박 중인 미주리 함상에서 일본의 항복문서 서명식이 거행되었다. 일본측에서는 천황 및 대일본제국 정부를 대표하여 시게미쓰 마모루[重光葵] 외무대신이 서명했고, 대본영大本營을 대표하여 우메즈 요시지로[梅津美治郎] 참모총장이 서명했다. 연합국측에서는 미국, 중국, 영국, 소련, 호주, 캐나다, 프랑스, 네덜란드, 뉴질랜드 등의 연합국 대표가 서명하였다. 한국대표는 그 자리에 없었다. 임시정부가 정부로 인정받지 못했기 때문이다. 그러나 절뚝거리는 일본외상 시게미쓰의 다리 속에도, 또 시게미쓰가 서명하는 포츠담 선언 속에도, 일본제국을 타도하고 독립을 쟁취하려는 대한민국의 정신은 함께하고 있었다.

한편 조인 서류를 올려 놓은 테이블 앞쪽으로는 연합국측 인사가 도열하여 있었는데, 그 뒷편의 미주리함 벽에는, 니미츠제독이 이날의 조인식을 위해 페리 일본 원정대가 1854년에 달고 있던 바로 그 군함기를 걸어 놓고 있었다. 항복문서의 조인식이 개최되었던 요코하마가 미국의 페리 원정대가 1854년 〈가나가와조약[神奈川条約, 米日和親条約]〉을 체결하여 일본을 개항시켰던 바로 그 장소였다는 점을 상기시키기 위한 것이 아닐까?

그런데 당초의 일본 원정대 대장隊長은 페리가 아니라 오릭(J. H. Aulick)이었다. 오릭은 1851년 5월에 미국에 도착한 일본인 난

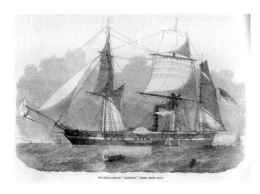

증기외륜선 미시시피호(USS Mississippi).
(paddle steamer, 1863. NAVAL-HISTORY.
NET에서 인용.)

파 선원들을 일본과 통상을 여는데 활용하자는 제안을 했다. 그리고 이 제안에 따라 그는 1851년 6월 일본과의 통상교섭이라는 임무를 띠고 서스케하나(Susquehanna), 플리머스(Plymouth), 사라토가(Saratoga) 등의 3척의 배를 이끌고 미국에서 출항하였다. 그러나 함대 지휘부 내에서 분쟁이 발생하여 오릭은 1851년 11월 홍콩에 도착한 뒤 바로 해임되었다.

1852년 1월 24일, 페리가 오릭 대신 동인도함대 사령관으로 임명되었다. 그의 주 임무는 여전히 일본의 개국을 위한 교섭이었다. 페리는 그 개국 교섭을 성사시키려면 일본에게 미국의 강한 힘을 보여줘야 한다고 생각하였다. 그래서 13척의 대함대를 편성하여 일본으로 원정을 떠날 계획을 세웠다. 그러나 원정대에 편성해 넣으려던 함정들은 대부분 수리 중이었다. 수리가 끝날 때까지 마냥 기다릴 수 없었던 페리는 1852년 11월 24일 미시시피함 단독으로 미국 버지니아주 노퍽(Norfolk) 항구를 출항하였다.

증기외륜선 미시시피호의 일본 원정 경로도.

그 당시는 아직 수에즈운하(1869년 개통)나 파나마운하(1914년 개통)가 개통되기 전이었기 때문에, 미시시피호는 미국의 노퍽①에서 아프리카 서해안의 마데이라②까지 대서양을 가로질러 항해한 다음, 아프리카 서해안을 따라 남하하여 희망봉④을 돌고, 인도양과 말라카해협을 거쳐 싱가포르⑦와 홍콩⑧에 이르는 루트를 따라 항해하였다. 페리가 홍콩에 도착한 것은 1853년 4월 7일이었으니, 노퍽에서 출항한 이래 4개월이 넘는 긴 항해였다.

홍콩에 도착한 미시시피호(Mississippi)는 거기에서 범주帆走 슬루프(sloop-of-war)인 플리머스호(Plymouth), 사라토가호(Saratoga)와 범주 보급함인 서플라이호(Supply)를 만났고, 다시 상하이에서 프리깃 증기선인 서스케하나호(Susqeuhanna)와 합류하였다. 이로

증기외륜선 서스케하나호(USS Susquehanna).
(paddle steamer, 1850, NAVAL-HISTORY.
NET에서 인용.)

써 페리 원정대에는 미시시피호, 서스케하나호, 플리머스호, 사라토가호, 서플라이호 등의 5척의 함정으로 재편되었고, 기함은 미시시피호에서 서스케하나호로 변경되었다.

5월 23일에 서스케하나호, 미시시피호, 서플라이호 3척은 상하이를 출항하여 5월 26일 류큐왕국[琉球王国]의 나하[那覇]에 도착하였다. 그 날 마카오에서 직항해 온 사라토가호도 나하에 입항하여 합류하였다. 스플라이호는 이틀 뒤인 5월 28일에 도착했다. 페리는 서스케하나호와 사라토가호를 거느리고 6월 9일 나하를 출항하여 14일부터 18일에 걸쳐 오가사와라[小笠原] 군도群島를 조사하였다. 일본과의 교섭이 순조롭게 끝나지 않을 경우, 이 오가사와라 군도에 석탄을 비롯한 각종 물자 보급기지를 건설하려는 계획이었다.

페리가 오가사와라 군도를 조사하는 동안 플리머스호도 나하에 입항하였다. 페리는 나하에 집결한 이들 5척의 군함 가운데서

페리의 1853년 제1차 일본원정대 소속 함정

서스케하나호(USS Susquehanna)

Steam paddler/Frigate
전장 : 76.20m
무장 : 10″×3, 8″×6
승조원 : 300명

미시시피호(USS Mississippi)

Steam paddler/Frigate
전장 : 67.06m
무장 : 10″×2, 8″×8
승조원 : 260명

사라토가호(USS Saratoga)

Sloop
전장 : 44.60m
무장 : 8″×4, 32lb×18
승조원 : 210명

플리머스호(USS Plymouth)

Sloop
전장 : 44.96m
무장 : 8″×4, 32lb×18
승조원 : 210명

서플라이호만 나하에 남겨 두고, 나머지 4척의 군함으로 새로 일본 원정대를 꾸렸다. 증기외륜선인 프리깃함이 2척이고, 범주형 슬루프함이 2척이었으며, 함대의 대포는 모두 63문이었고, 승조원수는 980명이었다.

1853년 7월2일 페리의 일본 원정대는 증기선인 서스케하나호와 미시시피호가 범주 슬루프인 사라토가호와 플리머스호를 각각 예항曳航하면서 나하를 출항하여 에도로 향했다. 출항한 지 사흘째 되는 7월 4일은 미국의 77번째 독립기념일이었다. 에도만으로 항해 중이었지만, 독립기념일을 축하하는 축포를 각 함정별로 17발씩 쏘았다. 그리고 7월 8일 저녁 5시 무렵 마침내 목적지인 에도만에 도착하여 우라가[浦賀] 앞바다에 닻을 내렸다.

이 4척의 선박은 선체 부식을 막기 위해 타르로 시커멓게 칠해져 있었고, 그 당시 일본인들의 표현에 따르면 '거대하고 신속한〔巨大且迅速〕' 배였다. 더구나 그 중 2척은 지금껏 일본인들이 보아 왔던 네델란드나 영국의 군함과 달리 배 한가운데 굴뚝에서 시커먼 연기를 내뿜었을 뿐만 아니라, 양 옆으로 커다란 물갈퀴가 달려 있는 참으로 기이한 배였다. 그래서 일본인들은 처음보는 이 증기선을 '흑선黑船'이라고 불렀고, 이런 배를 끌고 페리 원정대가 일본에 온 것을 '흑선내항黑船來航'이라고 하였다.

사실 에도 막부는 미국의 페리 함대가 통상조약을 체결하러 일본으로 온다는 사실을 이미 알고 있었다. 1842년에 중국에서 아

우라가에 내항한 흑선들. 우상단에는 〈아메리카 증기 군선도[亞美理駕蒸氣軍船圖]〉라는 그림의 제목이 있고, 끝 부분에 이 증기 군선이 거대하고 신속하다(巨大且迅速)라고 써 놓았다. (오사이(1862-1880경) 그림, 예일대학교)

펀전쟁이 일어난 이후, 에도 막부는 바타비야(현재의 자카르타)에 있는 네델란드 정청政廳으로부터 매년 《별단풍설서(別段風説書)》라는 일종의 정보 보고서를 받아보고 있었다. 1852년의 《별단풍설서》에서는 미국이 중국 주변에 배치되어 있는 5척의 군함과 미국 본토에서 직접 오는 4척의 군함 등 모두 9척의 군함을 일본으로 파견할 예정이며, 그 사령관은 원래 오릭이었지만 페리로 바뀌었고, 함대는 육전용 병사와 병기를 탑재하고 있으며, 4월 하순 이후 출항하게 될 것이라는 소문이 있다고 하였다. 이 별단풍설서는 비밀문서였지만, 페리 내항예고來航豫告는 시중에 누설되어 이미 많은 사람들이 알고 있었다.

그러나 막상 페리 함대가 에도만에 나타나자 그 충격은 상당히 컸다. 그때까지 일본 사람들이 보아 온 외국선박들과 달리, 이

《1857년 별단풍설서 및 첨부서(安政四年丁巳別段風説書並添書)》. 풍설서란 네델란드 상관이 도쿠가와 막부에게 제출하도록 의무지워졌던 해외정보 보고서를 말하며, 별단풍설서란 정기적인 보고서와 함께 제출된 특별한 풍설서를 말한다. 이 별단풍설서에는 유럽을 비롯하여 아시아 아메리카, 중남미 여러 나라의 정보가 기재되어 있다.(2책, 1858년. 교토외국어대학 부속도서관 전시자료)

번에는 하나의 함대를 이루어 왔을 뿐만 아니라, 포문을 열어 언제라도 싸울 준비를 한 상태로 나타났던 것이다. 새까맣고 거대한 증기선은 그 덩치만으로도 사람들을 압도해 버렸지만, 바람의 방향과 관계없이 빠른 속도로 항행하는 배는 일본인들이 일찍이 단 한 번도 본 적이 없었던 것이었다. 이 페리 원정대가 에도만에 머문 기간은 7월 8일에서 16일까지 여드레 정도였지만, 그것이 일본의 근대사에 몰고온 파장은 실로 엄청난 것이었다.

7월 8일 우라가[浦賀] 앞바다에 도착한 페리 원정대는 13일까지 그곳에 머물면서 미국의 제13대 대통령 필모어(Millard Fillmore)의 국서國書를 쇼군에게 전달하려고 하였다.

9일 아침 동틀 무렵이 되자 서스케하나호 옆으로 화공들을 실은 작은 배가 다가와서 이 낯설고 신기한 배를 열심히 스케치하

였다. 아침 7시경이 되
자 우라가의 관리[奉行]
5~6명을 실은 배가 다
가와 양국간의 교섭을
위한 준비가 시작되었
다. 그 과정에서 일본은
페리 원정대의 도항 목
적이 미국 대통령의 친
서를 전달하는 것임을
알게 되었다. 그런데 미
국측은 우라가의 관리
가 미국 대통령의 친서
를 수령하기에는 격이
너무 낮다며 친서를 인

도하지 않았고, 만약 일본측이 즉시 대답하지 않는다면 에도로
가서 쇼군에게 직접 건네겠다고 협박하였다.

그리고 미국은 일본측의 답변을 촉구하기 위해, 11일에는 측량
을 구실로 에도만을 약 20km 북상하여 에도 항구가 훤히 들여
다 보이는 스기타[杉田] 앞 바다까지 측량대를 보냈고, 무장한 미
시시피호가 엄호하였다.

또한 일본측에 미리 통고하기는 했지만, 훈련을 핑계삼아 에도

1853년 7월 11일의 미국함대의 에도만 측량. 멀리 미시시피호가 보인다.
Passing of the Rubicon, Lieut. S. Bent in the "Mississippi's" first cutter
forcing his way through a fleet of Japanese boats while surveying the
Bay of Yedo, July 11th, 1853.
(University of Virginia, Library의 Digital Copy. 원본은 Heine, Wilhelm,
et al. The Japan Expedition Under Commodore Perry, E. Brown, Jr.,
N.Y., 1855.)

만에서 수십발의 공포를 쏘기도 하였다. 사전 통고를 듣지 못한
에도 사람들은 처음에는 엄청난 대포 소리에 크게 놀랐다. 이윽고
에도는 대혼란에 빠졌다. 그러나 '곧 그것이 공포空砲라는 것을
알게 되면서, 에도 사람들은 포격음이 울릴 때마다 불꽃놀이 구경
하듯 재미있어 하였다.'고 한다. 아무튼 페리 원정대가 우라가 앞
바다에 닻을 내리고 에도만에서 활동하기 시작하자, 우라가 해변
은 이 기이한 흑선을 구경하려는 사람들로 북적거렸다. 심지어는

미군의 첫 구리하마 상륙(First Landing at Gorahama).
(University of Virginia, Library의 Digital Copy. 원본은 Heine, Wilhelm,
et al. The Japan Expedition Under Commodore Perry, E. Brown, Jr.,
N.Y., 185, 272쪽.)

조그만 배를 타고와 멋대로 배위로 올라가려는 자도 있었다.

이렇듯 미군이 실력행사에 나서자 깜짝 놀란 에도 막부는 어쩔 수 없이 정식으로 친서를 수취하기로 하였고, 14일에 구리하마[久里濱]에 미군이 상륙하는 것을 허용하였다. 막부의 신료[幕臣]인 도다 우지요시[戸田氏栄]와 이도 히로미치[井戸弘道]를 파견하여 구리하마에서 미국 대통령의 친서를 전달받는 행사를 열었다. 미국은 우라가에 정박하고 있던 함대 가운데서 증기선인 서

미국 대통령 친서 전달식.
(T. Sinclair'S Lith. Delivery of the President's letter / T. Sinclair's Lith., Philada. Japan United States, 1856. [Philada.: T. Sinclair's Lith] Photograph)

스케하나호와 미시시피호를 구리하마로 파견하였고, 페리 대장을 비롯한 약 300명의 미군이 군악대를 앞세워 구리하마에 상륙하였다.

페리는 그들에게 개국을 촉구하였고, 필모어 대통령의 친서, 제독 신임장, 각서 등을 전달했다. 대통령의 친서는 서두에 "미국은 대서양에서 태평양까지 도달했고, 오레곤 지역과 캘리포니아주는 귀 황제폐하(Imperial Majesty)의 영토와 바로 마주보는 곳에 놓여 있습니다. 증기선으로 18일안에 일본으로 갈 수 있습니다. 우리들의 위대한 캘리포니아주는 매년 약 6천만 달러어치의 금을 비롯하여, 은, 수은, 보석, 기타 많은 대단히 값진 물건들을 생산하고 있습니다."라고 하면서 미국을 자신감 넘치게 소개하였다. 대단히 부유한 나라인 미국이 일본과 아주 가까이 존재하고 있으니 서로 화친하는 것이 좋을 것이라는 은근한 권유였다.

필모어 대통령 친서의 핵심은 첫째로 미국은 일본과 통상을 하고 싶다는 것이었고, 두 번째는 증기선 연료인 석탄의 보급장소를 확보하고 싶다는 것이었으며, 세 번째는 난파한 포경선의 승조원의 보호를 위해 일본과 관계를 맺고 싶다는 것이었다.

미국의 일본에 대한 선물 전달(Delivering of the American Presents at Yokuhama). 가장 눈에 띄는 선물은 그림의 좌중앙에 보이는 모형 증기기관차였다.
(Narrative of the Expedition of an American Squadron to the China Seas and Japan, Performed in the years 1852, 1853, and 1854, ……, 357쪽)

페리는 이 친서전달과 더불어 막부에게 무기, 전신기, 망원경, 기둥시계, 증기기관차 모형, 서적, 지도류 등의 여러 물품을 선물로 증정했다. 그 가운데서도 전신기와 증기기관차는 전달식장에서 바로 실험하면서 움직이는 법을 가르쳐 주었다. 증기기관차는 모형이었지만 매우 정교하게 제작되어 어린아이를 태우고 달릴 수 있을 정도였다. 근대과학의 성과물들인 이런 미국의 선물은 일본인들을 크게 놀라게 만들었다.

이날 필모어 대통령의 친서를 인수한 에도 막부측은 지금 쇼군이 중병을 앓고 있어 즉답하기 어려우니 1년 동안 말미를 달라고 요청하였고, 그날의 행사에서는 친서 전달 이외의 다른 어떤 교섭도 없었다. 이에 페리는 1년 후에 다시 돌아올 것을 기약하면서 에도만에서 철수하였다. 그리고 철수에 앞서 7월 14일(음력 6월 9일) 오후에는 혼모쿠[本牧]에서 1리 떨어진 곳에 정박하였고, 그 중 일부가 혼모쿠 해안의 암벽에 글자를 새겨 넣기도 하였다.

15일(음력 10일) 아침에는 미군 89명이 노시마[野島]에 상륙하였으며, 그날 오후 7시경에는 화륜선 1척이 에도가 내려다 보이는 하네다[羽田] 가까이까지 북상하였다가 되돌아 가기도 하였다. 미군은 이렇게 철수에 앞서 에도만을 누비면서 무력시위를 벌인 후 7월 17일(음력 6월 12일) 마침내 에도만에서 철수하여 오키나와의 나하를 거쳐 홍콩으로 되돌아갔다.(이들 활동에 대해서는 앞의 지도를 참조하라.) 이것이 페리 원정대의 제1차 일본 내항이었다.

쇼군 도쿠가와 이에요시[德川家慶]는 페리가 철수한 열흘 후인 7월 27일 사망하였고, 도쿠가와 이에사다[德川家定]가 그 후임으로 제13대 쇼군이 되었다. 그러나 새로 쇼군이 된 이에사다 역시 너무 병약하여 거의 폐인에 가까웠고, 실제 정사는 로쥬[老中]인 아베 마사히로[阿部正弘]가 도맡았다. 1853년에 페리 원정대가 왔다간 직후에는 나가사키에 러시아의 프챠틴(Jevfimij Vasil'jevich Putjatin)이 이끄는 함대가 내항하여 통상을 요구하였다. 국난의 연속이었다.

페리가 일단 에도만에서 철퇴한 이후, 아베 마사히로는 이 국난을 극복하기 위해 조정 대신은 물론이고 도자마 다이묘[外樣大名]를 비롯한 여러 다이묘들과 관료들, 심지어는 널리 서민들에 이르기까지 의견을 구하였다. 그러나 거기에서 아무런 뾰족한 대책도 얻지 못한 반면, 공연히 다이묘들의 막부 정치 참여의 계기만 만들어 주었다.

마사히로는 페리가 떠난 일주일 후인 7월 24일에 네덜란드에 함선을 주문했다. 또 그동안 「대선건조금지령(大船建造禁止令)」으로 금지했던 대형 선박의 건조를 허용하는 한편, 각 번에 군함 건조를 장려하였고 막부 자신도 서양식 범선을 건조하였다. 또 시나가와[品川] 앞바다에는 11개소에 포대를 만들어 해안 방비를 강화하는 등 나름대로 준비태세를 갖추었다.

1854년 2월 13일, 페리는 류큐를 거쳐 다시 우라가[浦賀]에 내항했다. 제1차 일본 내항으로부터 약 7개월 후이기 때문에 당초 예정보다 5개월 정도 빠른 내항이었다. 홍콩에 머물던 페리는 쇼군 이에요시의 사망 소식과 러시아 함정의 나가사키 입항 소식을 듣고 조바심이 나서 약속했던 1년을 다 기다릴 수 없었다. 그리고 이번 원정에서는 군사적 압박을 한층 더 강화하기 위해 모두 9척의 함선을 동원하였다. 1차 원정 때 내항했던 함선도 3척이 포함되었지만, 나머지 6대는 새로 원정대에 참가한 배들이었다. 증기외륜 프리깃함으로서는 기함인 포하탄호(Pawhatan) 이외에 서스케하나호(Susquehanna), 미시시피호(Mississippi) 등이 있

증기외륜선 포하탄호(United States Steamer Powhatan).
(Narrative of the expedition of an American squadron to the China Seas and Japan, performed in the years 1852, 1853, and 1854)

없고, 나머지 6척은 전투용 범주 슬루프함(Saratoga, Macedonian, Vandalia)과 범주 보급함(Southampton, Lexington, Supply)이었다.

이들은 에도만 도착 후 기함을 서스케하나호에서 포하탄호로 바꾸었다. 막부는 예정보다 빠른 대규모 함대의 출현에 놀랐지만, 이전처럼 적대적으로 대하지는 않았다. 로쥬 아베 마사히로[阿部正弘]는 하야시 후쿠사이[林復齋]를 교섭책임자로 임명하여 미국과 협상을 시작하였다. 후쿠사이는 작금의 세계 정세에서 미루어 보았을 때 일본이 더 이상 쇄국체제를 유지하기는 어렵고, 따라서 외국 선박에게 연료와 물 및 식료품[薪水食料]의 공여 정도는 불가피하다고 판단하고 있었다. 그러니 페리 원정대와의 교섭에서도 비교적 유연하게 대처할 수 있었다. 다만 통상요구만은 아직 시기상조라고 보고 단호히 거절하였다. 오랜 협상 끝에 3월 31

일 마침내 전체 12개조로 이루어진 「미일화친조약(日米和親条約 혹은 神奈川条約)」이 체결되었고, 그 날 페리는 약 500명의 장교 및 선원들과 함께 요코하마촌[橫浜村]에 상륙하여 일본 측의 환대를 받았다.

페리의 요코하마 상륙. 바다에는 페리 원정대의 9척의 함정이 보인다.
(Landing of Commodore Perry, officers & men of the squadron …Yoku-Hama, Japan, March 8th, 1854)
(University of Virginia, Library의 Digital Copy. 원본은 Heine, Wilhelm, et al. The Japan Expedition Under Commodore Perry, E. Brown, Jr., N.Y., 1855)

일본과 미국 사이에 체결된 전문 12조의 화친조약에서 특히 주목해야 할 부분은 제2조에서 시모다[下田]는 즉시 개항하고, 하코다테[函館]는 1년 후 개항한다. 미국은 이 두 항구에서 연료와 물, 식료, 석탄 기타 필요한 물자의 공급을 받을 수 있는데, 물품 가격은 일본인 관리가 정하고, 금화나 은화로 지불한다. 제9조 일본은 미국에 대해 최혜국대우를 해준다는 것과 제11조에서 본 조약 조인 후 18개월 경과한 이후에, 미국 정부는 시모다에 영사를 둘 수 있다는 것 등이었다.

「미일화친조약」은 여전히 통상을 허용한 것이 아니라는 점에서 쇄국정책의 범위를 벗어나는 것은 아니었다. 하지만, 이 조약을 계기로 일본은 쇄국에서 개국으로 전환되기 시작한다. 그래서 일본 역사에서는 이 조약을 계기로 제3대 쇼군 도쿠가와 이에미쓰[德川家光] 이후로 200년 이상 이어온 쇄국 정책이 막을 내리게 된 것으로 평가한다.

이 무렵 영국은 적국인 러시아 군함이 나가사키에 있는지 없는지 확인하기 위해 입항했는데, 일본측에서는 이것을 미국처럼 조약을 체결하려고 온 줄 잘못 알고 미국과 같은 조약이라면 체결해도 좋다고 대답하였다. 이에 따라 「영일화친조약英日和親條約」도 체결되었다. 그러자 러시아도 다시 돌아와 「러일화친조약[露日和親條約]」을 체결했고, 네덜란드 역시 화친조약을 체결하였다.

한편 「미일화친조약」 제11조에 의거하여 미국은 1856년 해리스(Townsend Harris)를 미국총영사로 임명하여 시모다에 파견하였고, 해리스는 쇼군 면담 후 정식으로 총영사로 인정받았다. 그는 총영사로 부임하면서 통상도 가능한 통상조약의 체결을 거듭 요청하였다.

당시 청국은 제2차 아편전쟁(Second Opium War, 1856~1860년)에 휘말려 있었다. 영국은 프랑스와 연합하여 광저우를 침략하였고, 청국의 별궁인 원명원을 약탈하고 또 베이징을 점령하여 베이징조약이 체결되었다. 또 영국은 제1차 인도 독립전쟁(India's First War of Independence/Indian Rebellion, 1857~1858년)에서 인도의 독립운동을 가차없이 탄압하였다. 한마디로 영국은 강력한 무력을 배경으로 아시아의 거대한 두 제국을 떡 주무르듯이 주무르고 있었다.

주 일본 미국총영사 해리스는 영국의 다음 침략대상은 일본이 될 것이라고 경고하면서 에도 막부를 압박하였다. 만약 일본이 미리 미국과 통상조약을 체결한다면, 미국이 영국을 설득하여 영국의 일본 침략을 예방할 수 있을 것이라고 설득하였다. 이러한 해리스의 통상조약 체결 요청에 대해 막부는 미국과 통상조약을 체결하고, 개항하지 않을 수 없다는 결론에 이르렀다.

그런데 일본이 미국과 무역을 개시할 것이라는 소식이 들리자 일본 내에서 격심한 반대가 있었다. 가장 큰 문제는 고메이[孝明] 천황의 반대였다. 천황은 막부의 거듭된 설득에도 불구하고 통상조약 체결을 완강하게 거부했다. 막부의 최고직책이었던 다이로[大老] 이이 나오스케[井伊直弼]는 천황으로부터 통상조약 체결의 칙허를 얻으려고 백방으로 노력하였지만 쉽지 않자, 칙허 없이 1858년 7월 29일 조약을 체결하였다. 「미일수호통상조약美日修好通商條約」은 이렇게 체결되었던 것이다.

「미일화친조약」에도 이미 불평등조약의 성격이 내포되어 있었지만, 「미일수호통상조약」은 그 불평등성이 한층 더 강해졌다. 조약의 주요 내용은 다음과 같았다. 첫째는 5항의 개항이다. 기존의 개항장 가운데서 시모타[下田]는 폐항閉港되었지만, 하코다테

[箱館]는 유지되었으며, 새로 가나카와[神奈川], 나가사키[長崎], 니이가타[新潟], 효고[兵庫] 등의 개항이 결정되었다. 그 후 가나카와는 요코하마[横浜]로 효고[兵庫]는 고베[神戸]로 변경되었다. 또 에도[江戸]와 오사카[大阪]에도 미국인이 들어오는 것이 인정되었다(開市). 둘째로 무역은 수량 등의 제한을 설정하지 않는 자유무역으로 하였지만, 관세는 서로 합의하여 세율을 결정하는 협정관세協定關稅를 채택하였다. 관세자주권을 인정하는 것은 선진국간의 상식이기 때문에 이를 부인하는 협정관세는 그자체로 불평등 조약이었다. 셋째로 외국인이 일본에서 범죄를 저지른 것으로 의심받는 경우, 그 재판은 그 외국인의 국가 외교관이 그 국가의 룰에 따라 재판하는 영사재판권(領事裁判權)이 인정되었는데, 이 역시 대표적인 불평등조약이었다.

미국이 일본과 통상조약을 체결하자, 네덜란드·러시아·영국·프랑스도 미국과 동일한 내용의 통상조약 체결을 요구하였고, 1858년에 이들 국가들과도 통상조약이 체결되었다. 이것을 「안세이 5개국 조약(安政の五カ国条約)」이라고 한다. 막부는 그 후 1860~1869년 사이에 포르투갈, 프로이센, 스위스, 벨기에, 이탈리아, 덴마크, 스페인, 스웨덴, 노르웨이, 헝가리 등과도 비슷한 내용의 조약을 체결하게 되었다.

2. 막말의 일본, 그리고 조슈

세키가하라의 전투(1600년) 이후 오랫동안 모리가[毛利家]는 혼슈[本州]의 서쪽 끝에 있는 조슈번[長州藩]으로 쫓겨나, 2백여 년 지속된 에도 막부의 그 긴 세월을 절치부심하며 지내왔다. 그러다가 제13대 번주藩主였던 모리 다카치카[毛利敬親, 毛利慶親] 시대에 조슈번은 크게 발전하였고, 조슈출신 인물들이 에도 막부를 타도하고 메이지 유신을 성취하는데 주도적 역할을 하게 되었다.

모리 다카치카 초상화[毛利敬親肖像]. 1890, 原田直次郎筆, 山口県立山口博物館

모리 다카치카가 조슈번의 제13대 번주로 된 때는 1837년이었다. 그리고 그의 양자인 모리 모토노리[毛利元德]는 1869년에 제14대 번주로 되었다. 그런데 1871년에 번(藩)을 없애고 그 대신 현県을 두는 폐번치현廃藩置県이 실시되면서 막번체제幕藩體制가 무너졌기 때문에 모리 모토노리가 번주였던 기간은 겨우 2년이었다. 다음의 간단한 연표를 보면서

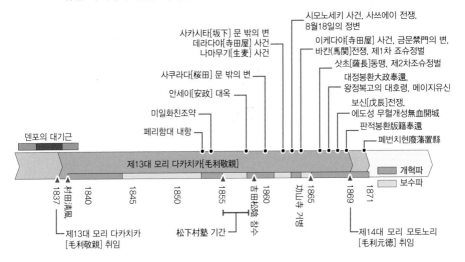

조슈번 마지막 두 번주 치세의 일본과 조슈의 역사에 관한 요약 연표

시모노세키 사건, 사쓰에이 전쟁,
8월18일의 정변

사카시타[坂下] 문 밖의 변
데라다야[寺田屋] 사건
나마무기[生麦] 사건

이케다야[寺田屋] 사건, 금문禁門의 변,
바칸(馬関)전쟁, 제1차 죠슈정벌
삿초[薩長]동맹, 제2차조슈정벌

사쿠라다[桜田] 문 밖의 변

대정봉환大政奉還,
왕정복고의 대호령, 메이지유신

안세이[安政] 대옥

보신[戊辰]전쟁,
에도성 무혈개성無血開城

미일화친조약

판적봉환版籍奉還

페리함대 내항

폐번치현廢藩置縣

덴포의 대기근

제13대 모리 다카치카[毛利敬親]

개혁파
보수파

1837
村田清風
1840
1845
1850
1855
1860
吉田松陰 절수
1865
功山寺 거병
1869
1871

제13대 모리 다카치카
[毛利敬親] 취임

松下村塾 기간

제14대 모리 모토노리
[毛利元徳] 취임

막부 말기 및 조슈번의 마지막 두 번주의 치세에 일어났던 일들을 간단히 스케치해 두기로 한다.

요약 연표에서도 볼 수 있듯이, 제13대 번주인 모리 다카치카의 치세(1837~1869년, 32년간)는 격동기 바로 그 자체였다. 다카치카가 번주로 되었던 1837년은 에도시대의 4대 기근 중 하나인 '덴포의 대기근[天保の大飢饉]'이 최고조에 달하던 때였다. 그는 번주로 있는 동안 막말幕末의 격동을 모두 다 겪었으며, 메이지시대가 시작된지 2년 후인 1869년에 번주 자리에서 물러났다.

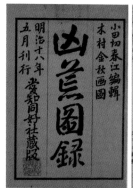

덴메이의 대기근. 에도시대는 비교적 한랭한 시대였고, 종종 냉해 등으로 흉년이 와서 대기근이 발생하곤 하였다. 에도시대에 발생한 대기근 가운데서 간에이(寛永の大飢饉)·교호(享保の大飢饉)·덴메이(天明の大飢饉)·덴포(天保の大飢饉) 대기근을 에도4대 기근(江戸四大飢饉)이라고 부른다. 이 그림은 덴메이의 대기근에 관한 것이다. (小田切春江 編, 木村金秋 画,《凶荒図録》, 愛知同好社, 1885)

    덴포의 대기근은 1833년에 시작되어 1839년까지 계속되었다. 특히 1835~1837년은 흉작이 매우 심하였다. 도처에서 굶어 죽거나 전염병으로 죽는 참상이 벌어졌는데, 사원寺院의 장부에 따르면 이와테현[岩手県]에서만 122,284명 이상이 사망하였다고 한다. 당연히 전국적으로는 이것을 훨씬 웃도는 엄청난 아사자가 있었을 것이다.

    이렇듯 연이은 흉작으로 전국의 쌀값이 폭등하였다. 대기근 이전에는 금화 1냥으로 쌀을 8말 이상을 살 수 있었지만, 1838년

오스구이코야(御救小屋)에 수용되어 보호를 받고 있는 이재민들.
(渡辺崋山画,《荒歳流民救恤図》, 国立国会図書館蔵)

에는 1말 8되밖에 살 수 없었다고 한다. 에도시대의 주요 기근의
참상을 써 놓은 《교코즈로쿠[凶荒図録]》라는 책을 보면, 일본의
동북지방에서는 1푼[文]으로 쌀 7톨밖에 못 사고, 고반(小判=1냥
짜리 금화) 1개로 주먹밥 3개를 겨우 살 수 있었다는 말도 있었다.
에도 말기가 되면 상품작물의 재배 확대로 농촌에서도 빈부 격차
가 크게 확대되었기 때문에, 대기근은 가난한 백성들에게 더 큰
타격을 줄 수밖에 없었고, 주로 이들이 굶어 죽었다.

　도쿠가와 막부는 굶주린 백성들을 구제하기 위해 에도[江戸]의

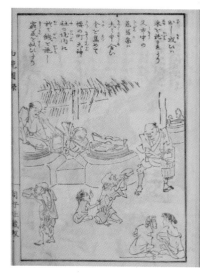

대기근이 끝난 후의 모습.
(木村金秋畫圖, 《凶荒圖錄 完》, 愛知同好社藏版, 小田切春江 編輯, 1885)

21개소에 오스구이코야[御救小屋]를 설치하여 70만명을 구제했다고 한다. 그렇지만 막부나 번에 의한 공적구제[公的救濟]에는 한계가 있어, 각지에서 여전히 많은 아사자들이 발생하였다. 이 무렵 오사카에서는 매일 150~200명이 넘는 아사자가 나왔다고 한다.

이렇게 굶어 죽는 사람들이 속출하면서, 사회가 뒤숭숭해지고 전국 각지에서 햐쿠쇼잇키[百姓一揆]나 우치코와시[打ちこわし]가 빈발하게 되었다. 잇키[一揆]는 폭동을 의미하고, 우치코와시는 뭔가 부정을 저지른 사람들의 가옥 등을 습격하여 파괴하는

것을 말한다. 예컨대 미곡상인이 쌀을 매점하여 부정하게 쌀값을 올리는 경우, 그 미곡상인을 습격하는 것이 우치코와시였다.

모리 다카치카가 번주로 된 시기는 이렇게 덴포의 대기근이 한창이어서 아사자가 속출하고, 곳곳에서 폭동이 일어나, 세상이 몹시도 뒤숭숭하던 때였다. 또 대외적으로는 중국에서 아편전쟁(1840~1842년)이 발발하여 바로 눈 앞에서 중국이 맥없이 무너지고 있을 때였다.

이와 같이 덴포의 대기근의 시기에 발발한 국내적 시련과 국외적 변화의 충격은 에도 막부는 물론이고 각 번으로 하여금 변화하지 않을 수 없게 만들었다. 그래서 덴포 대기근을 전후하여 에도 막부는 물론이고 각 번에서도 활발히 개혁이 추진되었다. 변화하지 않는자는 변화를 당하게 되는 것이 자연의 이치였다. 이 덴포 연간에 이루어진 개혁을 '덴포의 개혁[天保の改革]'이라고 하는데, 조슈번에서도 이 시기에 번정개혁藩政改革이 있었다.

일설에 따르면 모리 다카치카는 정치적 감각이 그리 뛰어난 편이 아니었다고 한다. 오히려 다소 소극적인 성격이었다고도 하는데, 다만 후덕한 인격을 가졌고 신분과 연령을 가리지 않고 널리 능력 있는 사람을 중용할 줄 아는 사람이었다. 그리고 자기 가신들을 깊이 신뢰하여, 그들을 믿고 일을 맡겼으며, 가신들의 의견에 별로 이의를 달지 않았다. 항상 '응 그렇게 해(うん、そうせい)'라고 대답했기 때문에 별명이 '그렇게 해(そうせい侯)'였다고 한다. 모

리 다카치카를 소극적인 성격이라고 보는 까닭은 아마 이런 데서 연유할 것이다.

그러나 다카치카는 결단을 내려야할 때는 결단을 내릴 줄 아는 현명한 다이묘였다는 주장도 있다. 예컨대 1864년 9월 25일, 새벽 4시부터 조슈번의 명운을 건 회의가 열렸다. 제1차 조슈정벌로 조슈를 향해 막부군이 몰려오고 있었기 때문에, 조슈번으로서는 그야말로 절체절명의 순간이었다. 번내에서는 그 대책을 둘러싸고 격론이 벌어졌다. 아침이 지나고 한낮이 되어도 논쟁은 그치지 않았다. 시동들이 식사 준비가 다 되었다고 하였지만, 가신들은 번의 운명이 걸린 이런 중요한 회의에 식사를 하고 있을 시간이 어디 있느냐며 식사마저 물리치고 회의를 계속했다. 오후 7시가 되어도 여전히 논란만 무성할 뿐 결론은 나지 않았다. 그러나 오랜 격론의 과정에서 가신들의 의견은 거의 다 드러났다. 모리 다카치카는 이때서야 비로소 입을 열어 '우리 번은 막부에 귀순한다. 그렇게 알도록'이라는 짧은 한 마디를 남기고 그 곳을 떠났다고 한다. 그 후 조슈번에서는 3명의 가로(国司親相, 益田親施, 福原元僴)의 할복, 4명의 참모(宍戸真澂, 竹内正兵衛, 中村九郎, 佐久間左兵衛)의 참수, 야마구치성의 파괴 및 막부에 공순 등으로 사태를 해결하였고, 그리하여 조슈번은 살아남을 수 있었다.

이런 다카치카가 번정개혁을 위해 처음으로 중용한 사람은 무라타 세이후[村田清風]였다. 무라타 세이후가 번정개혁의 중책을

무라타 세이후 상[村田清風像].
(山口県 立山口博物館蔵)

맡았을 무렵, 조슈번의 채무액은 은 8만관을 상회하고 있었다. 이 액수는 조슈번 연간 수입액의 약 22배에 달하는 거액이었다. 번주였던 모리 다카치카[毛利敬親]는 한편으로는 목면으로 짠 옷을 입는 등 솔선수범하여 검소한 생활을 함으로써 번의 재정지출을 최대한 줄이려고 노력하였고, 또 한편으로는 번의 재정수입을 늘리기 위한 각종 정책도 펼쳤다.

무라타는 4만석 규모의 새로운 농토(新田)를 개간하여 쌀 증산을 장려하였고, 그 밖에 약 350헥타아르의 염전을 개발하여 36만석의 소금을 생산하는 등, 소금·종이·밀납(三白)의 생산을 장려하고 그 생산물을 번에서 전매專賣함으로써 많은 이득을 올리는 정책을 펼쳤다. 나아가 시라이시 쇼이치로[白石正一郎] 등의 호상豪商을 등용하여 시모노세키[下關]에 번이 운영하는 '고시니카타[越荷方]'라는 상사商社를 설립하였다. 에도시대에는 동해(일본해) 연안의 호쿠리쿠[北陸], 오우[奧羽], 마쓰마에[松前] 지방에서 구입한 미곡·해산물을 시모노세키를 거쳐 오사카[大坂]로 운송하여 판매하고, 오사카에서 술·소금·잡화 등을 구입하여 북국北国 여러 지역에서 판매하여 큰 이익을 얻는 키타마에부네[北前船]라고

부르는 선상船商들이
있었다.

지도에서 볼 수 있듯
이, 시모노세키[下關]는
이들 기타마에부네[北前
船]가 지나가지 않으면
안 되는 지리적 요충이
었다. 당시 시모노세키
에서는 이들 기타마에
부네가 가져오는 동해
(일본해) 지방의 물산을
고시니[越荷]라고 불렀
다. 무라타 세이후가 시
모노세키에 설립한 '고

키타마에부네(北前船)의 항로와 주요 항구.

시니카타[越荷方]'라는 상사는 이 고시니를 저당으로 자금을 대부
해 주거나, 위탁판매하거나, 일시 보관해 주는 창고업을 하는 회
사였다. 매출처인 오사카에서 고시니의 시세가 별로 좋지 못할 때
는 시모노세키의 창고에 보관하고 있다가, 오사카에서 시세가 좋
아지면 판매함으로써 막대한 이익을 챙길 수 있었다. 조슈번은
이런 개혁을 통해 번의 채무를 크게 줄일 수 있어, 1842년이 되면
벌써 3만관의 부채를 갚았다고 한다.

한편 무라타는 1843년 조슈번이 가진 채무의 원리금을 매년 3퍼센트씩 37개년에 걸쳐 모두 상환하는 「37개년부개제사법[三七カ年賦皆済仕法]」이라는 정책도 실시하였다. 원금과 이자를 합하여 매년 3퍼센트씩 37년을 상환하면 원리금을 합한 총상환액은 111퍼센트가 된다. 37년 동안 갚아야 할 이자 총액은 원금의 11퍼센트로 되는 셈이다. 사실상 이자를 떼어먹겠다고 선언하는 것과 다를 바 없었다. 또 번사藩士의 채무도 번의 채무를 상환하는 것과 같은 방법으로 처리하였다. 즉 번사들의 채무도 그 원리금을 37년 동안 3퍼센트씩 상환토록 하였으니, 번사들에게도 사실상 모든 이자를 탕감을 해 준 것과 다를 바 없었다.

무라타 세이후의 번정개혁으로 조슈번은 생산력이 증대되고 재정도 충실해졌지만, 모든 것이 다 좋을 수만은 없었다. 번藩과 번사藩士들이 가진 채무는 거의 대부분 하기[萩] 상인들로부터 빌린 것이었다. 그런데 번과 번사의 이자 부담을 대폭 경감시키는 일은 곧 그만큼 상인들의 이자 수입의 감소를 의미하였다. 이에 상인들의 맹렬한 저항에 부딪혔다. 또 시모노세키에서 오사카의 시세를 보아 가면서 고시니[越荷]의 출하량을 조절하여 이익을 올리는 일은 시모노세키와 오사카 상인의 이익이 서로 충돌한다는 것을 의미하였다. 이에 오사카 상인 나아가 막부로부터도 강력한 저항에 부닥치게 되었다. 이런 저런 이유로 무라타는 1844년 63세의 나이로 번정에서 물러났다.

무라타 세이후가 사임하고 난 후, 조슈번의 권력을 둘러싸고 개혁파改革派와 보수파保守派 사이에 세력 다툼이 일어났다. 개혁파와 보수파의 또 다른 이름들과 각 파벌에 속하는 주요 인물들을 요약해 보면 다음 표와 같다. 개혁파는 존양파(존왕양이파), 도막파(막부타도파)였고 급진적인 변화를 추구하는 경우가 많다. 개혁파의 중심 인물 중 한 사람이었던 다카스기 신사쿠[高杉晋作]는 자기들이 정의라고 생각해서 '정의파'라고 불렀고, 반대로 자기들에 반대하는 사람들을 '속론파'라고 불렀다. 그러니 정의파는 개

조슈번의 개혁파와 보수파 주요 인물

개 혁 파	정의파正義派	※무라타 세이후[村田清風] 다카스기 신사쿠[高杉晋作]
	존양파尊攘派 급진파急進派 도막파倒幕派	※스후 마사노스케[周布政之助] 기도 다카요시[木戸孝允] ※구루하라 료조[来原良蔵] 이토 히로부미[伊藤博文] 요시다 쇼인[吉田松陰] 쿠사카 겐즈이[久坂玄瑞] 이노우에 가오루[井上馨]
보 수 파	속론파俗論派 중상파重商派 막부공순파幕府恭順派 좌막파佐幕派	※쓰보이 쿠에몬[坪井九右衛門] ※무쿠나시 노타[椋梨藤太] ※나가이 우타[長井雅楽]ー개국파

주요 인물의 '※'표시는 번정 책임자이다. 나머지 인물들은 모두 존왕양이 혹은 도막 활동가들이고, 당연히 개혁파에만 존재한다.

혁파이고, 속론파는 보수파로 되는 셈이고, 메이지 유신의 성공으로 개혁이 정의라는 생각도 받아들여질 수 있었을 것이다. 보수파는 무라타 세이후의 개혁파가 번정개혁과정에서 상인의 이익을 억누른 것과 달리, 상인의 이익을 존중해 주었기 때문에 '중상파'라고도 불렀고, 막부를 타도하는 것이 아니라 막부에 공순하였기 때문에 '막부공순파' 혹은 '좌막파'라고도 불렀다.

1858년, 일본은 두 가지 문제로 몹시 시끄러웠다. 하나는 미일수호통상조약(日米修好通商条約)의 체결에 관한 것이고, 또 하나는 제13대 쇼군의 후계자 책정에 관한 것이었다.

1854년 페리에 의해 체결된 「미일화친조약(日米和親条約)」 제11조 즉 "조약을 조인한 날로부터 18개월이 경과한 이후, 미국정부는 시모타[下田]에 영사를 둘 수 있다."는 조항에 의거하여 1856년 미국은 타운센드 해리스(Townsend Harris)를 주일영사로 시모타에 파견하였다. 해리스는 일본과 통상조약을 체결하는 것을 부임의 가장 큰 목적으로 삼고 있었다.

그러나 일본은 화친조약까지는 어쩔 수 없지만 통상조약은 곤란하다고 생각하고 있어, 그 체결이 쉽지 않았다. 이에 해리스는 당시 중국에서 벌어지고 있던 '애로우호 사건(1856~1860년, 제2차 아편전쟁)'으로 위협하면서 막부를 설득하였다. 만약 이 전쟁에서 영국과 프랑스가 승리한다면 그 다음 타겟은 일본이 될 것이므로, 그러한 침략을 막으려면 미국과 아편수입을 금지하는 조항을 넣은 통상조약을 미리 체결해 두는 편이 좋을 것이라고 설득하였던 것이다.

그리하여 에도 막부의 로쥬[老中]들도 영국과 프랑스 군대가 쳐들어오기 전에 하루 빨리 미국과 조약을 체결하는 편이 좋겠다는 생각을 하였다. 이에 당시 막부의 로쥬 수좌首座였던 홋타 마사요시[堀田正睦]가 고메이천황(孝明天皇)으로부터 통상조약체결의 칙허를 얻으려고 교토[京都]로 갔다.

그러나 이와쿠라 토모미[岩倉具視]를 비롯한 88명의 조정의 신하(公家)들이 조약안의 철회를 요구하며 농성하였다(廷臣八十八卿列参事件). 또 고메이천황 자신도 통상조약의 체결은 신국神國 일본을 더럽힐 것이라고 생각하고 있었기 때문에, 홋타 마사요시에게 조약체결 반대 입장을 명확히 하고 칙허를 거부하였다.

이무렵 새로 로쥬[老中]가 된 이이 나오스케(井伊直弼)는 몇 번 더 천황의 칙허를 얻으려고 노력하였지만 결국 실패하자, 열강으로부터 침략전쟁을 당하는 최악의 사태를 피하기 위해 칙허 없이 조약에 조인하고 말았다. 문제를 더욱 심각하게 만든 것은 이 통상조약이 관세자주권関税自主権도 없고, 영사재판권領事裁判権을 인정하는 불평등 조약이었다는 점이다. 양이파洋夷派들은 조정에 있는 양이파 공경公卿들과 힘을 합쳐 막부의 통상조약 체결에 반대하기 시작하였다.

1858년 무렵에 일본을 시끄럽게 한 또 하나의 문제는 쇼군 후계자 책정과 관련된 것이었다. 페리가 내항하던 해인 1853년에 제12대 쇼군 도쿠가와 이에요시[德川家慶]가 병사하였다. 이에요시는 슬하에 14남 13녀를 두었지만, 모두 요절하고 넷째 아들인 이에사다[德川家定] 한 명만 살아 남았다. 그런데 이 이에사다마저도 매우 병약하였다. 뇌성마비를 앓았다는 말도 있다. 그래서 이에요시는 자기 아들인 이에사다가 아니라 히토쓰바시가[一橋家]의 도쿠가와 요시노부[德川慶喜]를 양자로 삼아 쇼군직을 이으려고 하였다. 그러나 로쥬 아베 마사히로[阿部正弘]의 반대로 실행하지 못하고, 결국 병약한 이에사다가 제13대 쇼군이 되었다. 이에사다는 쇼군이 된 후 상태가 더욱 나빠져 폐인처럼 되었다. 그 때문에 막정幕政은 로쥬 아베 마사히로[阿部正弘]가 주도하다가, 마사히로가 죽은 후에는 로쥬 홋타 마사요시[堀田正睦]가 주도하였다.

이처럼 이에사다는 건강이 매우 좋지 않았을 뿐만 아니라 자식마저 한 명도 없었다. 그래서 쇼군 취임과 동시에 일본은 차기 쇼군 후계문제를 둘러싸고 낭키파[南紀派]와 히토쓰바시파[一橋派]라는 2개의 파벌로 나뉘어 치열하게 다투었다.

히토쓰바시파 후보자인 히토쓰바시 요시노부[一橋慶喜]는 제9대 미토번주[水戸藩主]인 도쿠가와 나리아키[德川斉昭]의 아들이었다. 원래 이름은 도쿠가와 요시노부(德川慶喜)였지만, 히토쓰바시가에 양자로 가면서 히토쓰바시 요시노부[一橋慶喜]로 바뀌어졌다. 제12대 쇼군 도쿠가와 이에요시[德川家慶]가 자기 자식인 이에

쇼군 후계를 둘러싼 낭키파와 히토쓰바시파의 주요 인물들

	낭키파[南紀派]	히토쓰바시파[一橋派]
후 보 자	도쿠가와 요시토미[德川慶福, 紀伊藩主]	히토쓰바시 요시노부[一橋慶喜, 德川慶喜]
지 지 자	이이 나오스케[井伊直弼, 彦根藩主] 마쓰다이라 가타모리[松平容保, 会津藩主] 마쓰다이라 요리타네[松平頼胤, 高松藩主]	도쿠가와 나리아키[德川斉昭, 前 水戸藩主] 도쿠가와 요시아쓰[德川慶篤, 水戸藩主] 마쓰다이라 슌가쿠[松平春嶽, 越前藩主] 도쿠가와 요시카쓰[德川慶勝, 尾張藩主] [이상 親藩大名] 시마즈 나리아키라[島津斉彬, 薩摩藩主] 다테 무네나리[伊達宗城, 宇和島藩主] 야마우치 토요시게[山內豊信, 土佐藩主] [이상 外様大名]

사다[德川家定]가 너무 병약하여 쇼군 재목이 아니라고 판단하여, 밖에서 양자를 데려와 후계자로 삼으려 하였던 사람이 바로 히토쓰바시 요시노부였다. 물론 그 계획은 이루어지지 않고 1853년 도쿠가와 이에사다가 제13대 쇼군이 되었다.

그러나 병약하였던 이에사다였기 때문에, 그가 쇼군이 되면서부터 바로 그 후계자 문제가 대두될 수밖에 없었고, 1858년에는 그 문제가 현재화되었다. 이때 요시노부는 이미 나이도 제법 될 뿐만 아니라, 능력이나 영민함도 충분히 검증되어 있었기 때문에, 많은 신판 다이묘[親藩大名]들이나 도자마 다이묘[外様大名]들이 지지하였다. 그 반면 낭키파에서 미는 도쿠가와 요시토미는 당시

아직 12살의 어린아이였다.

이런 상황에서 이이 나오스케는 다이로[大老]가 되자마자 천황의 칙허도 없이 「미일수호통상조약」을 체결하고, 도쿠가와 요시토미[德川慶福]를 제14대 쇼군으로 밀어붙여 버렸다. 조정은 이것에 불만을 가지게 되었고, 고메이천황이 히토쓰바시파인 미토번[水戶藩]에게 막정개혁幕政改革을 지시하는 칙서를 직접 하사하는 사건이 발생하였다. 천황이 막부를 거치지 않고 직접 다이묘에게 지시한 것이기 때문에 이것을 '보고의 밀칙(戊午の密勅)'이라고 한다.

이이 나오스케는 밀칙의 내용이 막부 타도에 있다고 생각하여 미토번에게 밀칙을 내어 놓으라고 명하였다. 그러자 미토번 내에서는 반납 찬성파와 반대파로 나뉘어져 대립하였다. 그 과정에서 반대파의 일부는, 찬성파가 몰래 칙서를 넘겨주지 않을까 걱정하고 그것을 막기 위해 아예 탈번하는 사람까지 나타났다. 아무튼 이 밀칙 반납 사건은 미토번이 밀칙을 막부가 아니라 조정에 반납하는 것으로 일단락되었다. 그러나 이때 미토번을 탈번한 낭사浪士들은 존왕양이운동의 과격파 전위가 되어, 그 후 '사쿠라다 문 밖의 변(桜田門外の変, 1860년)', '제1차 도젠지 사건(東禅寺事件, 1861)', '사카시타문 밖의 변(坂下門外の変, 1862)', '텐구당의 난(天狗党の乱, 1864)' 등의 여러 사건들을 일으키면서 하나씩 둘씩 스러져 갔다.

이처럼 막부의 다이로[大老]인 이이 나오스케가 천황의 칙허도 없이 통상조약을 체결하고, 쇼군 후계자 문제를 독단적으로 처리하자, 막부에 대한 비난이 쏟아졌다. 그러자 이이 나오스케는 자기에게 반대하는 조정의 신하들과 다이묘[大名] 및 그 가신家臣들을 대대적으로 탄압하였다. 1858년부터 그 이듬해까지 계속된 이 탄압을 '안세이의 대옥(安政の大獄)'이라고 하는데, 이 탄압에서 히토쓰바시파 신판 다이묘인 토쿠가와 나리아키[德川齊昭], 도쿠가와 요시노부[德川慶喜], 마쓰다이라 슌가쿠[松平春嶽] 등은 은거·근신[隱居·謹慎]의 처벌을 받았고, 에치젠후쿠이번사[越前福井藩士] 하시모토 사나이[橋本左內], 조슈번사[長州藩士] 요시다 쇼인[吉田松陰], 와카사오바마번사[若狹小浜藩士] 우메다 운빙[梅田雲浜] 등 14명이 처형되었다. 이렇게 안세이의 대옥으로 처벌받은 사람은 100명을 넘었다.

많은 사람들이 처벌을 받았지만, 그 가운데서 가장 유명하고 또 가장 큰 후유증을 남긴 것은 요시다 쇼인[吉田松陰]의 참수였다. 요시다 쇼인의 대표적인 초상화는 앞에 책을 펼쳐 놓고 있는 선비풍의 그림이다. 그러나 쇼인은 결코 그렇게 단정한 유학자는 아니었다. 그는 토론과 행동을 중시하는 혁명가였다. 그는 에도만에 페리 함대가 내항하자 밀항을 결심하고, 포하탄호에 올라타는데 성공했지만, 페리가 밀항을 받아주지 않아 실패하였다. 당시 밀항은 사형에 처해질 중형에 해당했지만, 조슈번주 모리 다카치카가 평소 요시다 쇼인을 매우 아끼고 있었기 때문에, 일단 투옥되었다가, 후에 쇼인의 아버지 집에 유폐되었다.

유폐된 기간동안 숙부로부터 저 유명한 쇼카 손주쿠[松下村塾] 를 물려받아 메이지 유신을 성공시키고, 메이지 신정부를 안착시키는데 결정적인 역할을 하는 인물들을 길러 내었다. 그런데 밀항에 대한 처벌로 유폐되어 있으면서 쇼카 손주쿠에서 문하생들을 지도하던 바로 그 기간에, 막부가 안세이 대옥을 개시한 것을 알고 막부에 대한 분노가 들끓어 존왕양이파 탄압의 중심인물이었던 로쥬[老中] 마나베 아키카쓰[間部詮勝]를 암살할 계획을 세웠던 것이다.

마나베는 다이로[大老] 이이 나오스케[井伊直弼]의 지시 하에 교토로 들어가 막부를 반대하는 구게[公家]나 낭사浪士들을 탄압하는 한편, 통상조약 체결에 필요한 칙허를 얻기 위한 조정공작을 수행했던 사람이었다. 쇼인은 조슈번 정부에게 마나베 아키카쓰를 암살하는데 필요한 무기를 챙겨 달라는 요청서를 제출하였다. 하지만 번 정부가 이런 무모한 요청을 받아들일리는 없었다. 어쨋거나 깜짝 놀란 번의 중신인 스후 마사노스케[周布政之助]는 쇼인이 앞으로 어떤 짓을 벌일지 몰라 그 예방의 차원에서 노야마 감옥[野山獄]에 다시 투옥했다. 쇼인의 문하생으로서 급진 행동으로 둘째가라면 서러워할 다카스기 신사쿠[高杉晋作]와 쿠사카 겐즈이[久坂玄瑞]조차 아직 시기상조이니 자중해야 한다는 편지를 보낼 정도로 그는 과격했다.

그러다 1859년 4월, 막부는 쇼인을 에도로 소환할 것을 지시하였다. 막부가 쇼인의 암살계획을 이미 알고 있었기 때문에 소환한 것은 아니고, 이이 나오스케의 심복 부하인 나가노 슈젠[長野主膳]이 쇼인을 요주의 인물이라고 말했기 때문이었다. 쇼인은 1859년 5월 25일 하기[萩]의 노야마 감옥을 출발, 6월 25일 에도에 도착한 후, 조슈번저에 들어갔다. 쇼인이 막부평정소(幕府評定所, 일종의 법원)로 호출된 때는 7월 9일이었으니 에도에 도착한 후 거의 보름이 다 지난 때였다. 평정소에서 쇼인은 안세이 대옥 관련으로 이미 체포되어 있던 우메다 운빙[梅田雲浜]과의 관계 등 간단한 두 가지 질문을 받았고, 몇 마디 대답으로 모든 의문이 해소되었다.

그런데 쇼인은 막부가 마나베 아키카스의 암살계획을 사전에 탐지하고 있을 것이라 믿고 암살계획을 자백하고 말았다. 평정소 심문관들은 몰랐던 암살계획을 듣고는 깜짝 놀랐고, 그날 바로 쇼인을 고덴마초[小伝馬町] 감옥에 수감하였다. 이제 사형은 피하기 어렵게 되었다고 생각한 쇼인은 "이 몸은 죽어서 무사시[武藏] 들판에서 썩지 않고 야마토다마시(大和魂, 일본의 정신)로 남을 것이다."라는 말로 유명한 유서 〈류콘로쿠(留魂録, 유혼록)〉를 작성하였다.

그리고 1859년 10월 27일 사형을 언도받고, 에도의 센쥬오하

류콘로쿠(留魂録, 복제본) 첫머리 부분.
"이 몸은 죽어서 무사시 들판에서 썩지 않고 일본의 정신으로 남을 것이다(身はたとひ武蔵の野辺に朽ぬとも留置まし大和魂)"라는 말로 시작되고, 이어서 니주잇카이모우시(二十一回猛士)라는 요시다 쇼인의 호가 적혀 있다.

시[千·住大橋] 남쪽의 고즈카하라마치[小塚原町]에 있는 고즈카하라 형장[小塚原刑場]에서 그날 바로 처형되었다. 혁명을 꿈꾸던 한 젊은이는 미처 서른도 되지 못한 짧은 일생을 그렇게 마쳤다. 하지만 그의 정신은 무사시 들판에서 살아 남아 찬란하게 꽃을 피웠고, 마침내 그가 처형당한지 8년 후인 1867년에도 막부는 타도되었으며, 그가 바라던 천황을 중심으로 하는 새로운 국가가 세워질 수 있었다.

당시 사형자의 취급은 대단히 조악하여, 쇼인의 유체는 4말들이 통에 넣어져 회향원[回向院]의 초옥에 버려졌다. 그러자 쇼인의 문하생이었던 가쓰라 고고로(桂小五郎=기도 다카요시, 木戸孝允)·이토 리스케(伊藤利助=이토 히로부미, 伊藤博文)·이이다 쇼하쿠[飯田正伯]·오데라 신노죠[尾寺新之丞] 등은 옥리들에게 뇌물을 주어 쇼인의 유체를 꺼내왔다. 통 뚜껑을 열자, 얼굴의 안색은 아직 살아 있는 것처럼 보였지만, 머리카락이 헝크러져 얼굴을 뒤덮고 피가 끈적끈적 달라붙어 있었으며, 몸은 벌거벗은 채였다.

이이다 쇼하쿠가 흐트러진 머리를 묶고, 가쓰라 고고로는 피를 물로 씻어내었다. 이이다가 아랫도리 옷을, 그리고 가쓰라가 윗도리 옷을 벗어 유체에 걸쳤고, 이토 리스케가 허리띠를 풀어 묶었다. 가져간 옹기에 쇼인의 유체를 넣고, 그 위에 머리를 얹었다. 그리고 안세이의 대옥으로 먼저 사형당한 후쿠이번사[福井藩 士] 하시모토 사나이[橋本左内]의 무덤 왼쪽을 파서 장사지냈다. 쇼인의 문하생들은 피눈물을 흘리면서 존경하던 스승의 처참한 유해를 옮겨 장사 지냈고, 복수를 맹세하였다. 쇼카 손주쿠의 다른 문하생들도 쇼인이 남긴 〈류콘로쿠[留魂録]〉을 되풀이 읽으면서 존왕양이[尊王攘夷]와 막부타도(倒幕)의 결의를 다졌다.

회향원은 고즈카하라 형장에 딸린 지역인데, 처형된 사람들 가운데는 우국지사도 없지 않았지만, 20여만명에 달하는 매장자의 대부분은 살인, 강도, 방화 등의 잡범들이었다. 쇼인의 문하생들은 스승이 이러한 잡범들과 같은 취급을 받는 것이 견디기 어려웠다. 그래서 1863년 세타가야구[世田谷区] 와카바야시[若林]에 있는 묘지로 이장[移葬]하였다. 현재 도쿄의 쇼인신사[松陰神社]가 있는 바로 그곳이다. 쇼인의 무덤은 하기[萩]에도 있는데, 하기의 무덤은 쇼인의 머리카락을 가져와 따로 만든 것이다.

피는 피를 부르는 법. 안세이 대옥으로 막부가 많은 사람들을 처벌하자, 더 많은 사람들이 막부를 적으로 삼게 되었다. 복수의 움직임은 가장 많은 피해를 입었던 미토번[水戶藩]에서 먼저 시작되었다. 미토번을 탈번한 미토 낭사浪士 17명과 사쓰마 낭사 1명 등 모두 18명의 낭사들은 안세이 대옥의 원흉인 막부 다이로[大老] 이이 나오스케[井伊直弼]를 암살할 계획을 세웠다. 거사일은 1860년 3월 24일. 이날 음력으로 3월 3일 즉 삼월 삼짓날이었다. 일본에서는 이날을 모모노셋쿠[桃の節句]라고 하여 5대 셋쿠[節句]의 하나로 생각하고 있었다. 에도에 있던 다이묘들은 모두 셋쿠 행사에 참석하기 위해 에도성으로 행차하였다. 에도 사람들도 연도에 늘어서서 이 행렬과 축제를 구경하였다.

이이 나오스케도 셋쿠 행사에 참석하러 에도성으로 갔다. 공교롭게도 그 날은 삼월인데도 드물게 많은 눈이 내렸다. 온세상이 눈으로 새하얗게 뒤덮였다. 이이 나오스케는 다이로[大老]임과 동시에 히코네번주[彦根藩主]였기 때문에, 그의 호위는 히코네번의 무사들이 맡았다. 이이 나오스케의 행렬이 도쿄의 사쿠라다문[桜田門] 가까이 왔을 때, 미리 잠복하고 있던 암살자들이 이이 나오스케 일행을 습격하였는데, 이것이 바로 '사쿠라다 문밖의 변(桜田門外の変)'이었다.

보통 때라면 이이 나오스케를 지키는 호위무사들 쪽이 당연히 우세했겠지만 이날은 달랐다. 눈이 왔기 때문에, 호위무사들은

〈사쿠라다 문밖의 변〉.
(蓮田市五郎画,〈桜田門外の変〉, 1860. 茨城県立図書館デジタルライブラリーに서
인용.)

칼이 눈에 맞지 않도록 칼 가리개를 씌워 놓고 있었다. 그래서 갑
작스러운 급습에 제대로 칼을 뽑지 못해서 대항할 수 없었다. 이
이 나오스케는 습격자들이 쏜 총에 허리를 맞아 가마 안에서 움
직일 수 없을 정도의 중상을 입었다. 습격자들은 가마에 있던 이
이 나오스케를 끌어내어 머리를 벤 다음 사라졌다.

　이 사건이 벌어진 시간은 대략 10분 내외였지만, 공교롭게도
이날 모모노셋쿠 행사를 구경하러 나온 수많은 에도 사람들은,
새하얀 눈위에 선혈이 튀고 막부 최고 권력자인 이이 나오스케의
목이 잘려 나가는 장면을 생생히 목격하였다. 이이 나오스케의
목이 떨어지면서 막부의 위신도 떨어지기 시작하였다. 또한 막부
타도(倒幕)의 분위기도 무르익어 갔다.

안세이 대옥을 일으켰던 이이 나오스케가 죽으면서 대옥도 끝났다. 그 동안 처벌받았던 히토쓰바시파의 다이묘들은 속속 복귀하였으며, 존왕양이 세력도 점차 강성해졌다. 앞에서 보았던 요시다 쇼인 무덤을 개장한 것도 바로 이런 시류의 변화가 있어 비로소 가능했으며, 쇼카 손주쿠 출신 유신 지사들이 보다 적극적으로 막부타도에 뛰어드는 계기가 되기도 했다.

3. 요시다 쇼인[吉田 松陰]과 쇼카 손주쿠[松下村塾]

안세이 대옥 이후 1860~1864년 사이에 탈번한 미토번의 낭사(浪士)들은 '사쿠라다문 밖의 변(桜田門外の変, 1860년)', '제1차 도젠지 사건(東禅寺事件, 1861)', '사카시타문 밖의 변(坂下門外の変, 1862)', '텐구당의 난(天狗党の乱, 1864)' 등의 여러 사건들을 일으켰다.

먼저, '사쿠라다문 밖의 변'은 앞서 말한 것처럼 막부의 다이로[大老]인 이이 나오스케[井伊直弼]가 천황의 칙허도 없이 통상조약을 체결하고, 쇼군 후계자 문제를 독단적으로 처리한 것에 분격하여 이이 나오스케를 암살한 사건이었다.

그리고 '제1차 도젠지 사건'은 초대 주일영국총영사로 임명을 받은 올콕(Sir Rutherford Alcock)이 부임과정에서 나가사키로부터 에도까지 육로로 이동하였는데, 양이파들은 이것에 대해 '양이들이 신국(神國)을 더럽혔다.'고 격분하여 영국 공사관을 습격한 사건이다.

이어서 '사카시타문 밖의 변'은 이이 나오스케를 이어 막부의 실세가 된 로쥬[老中] 안도 노부마사[安藤信正]가 쇼군과 천황의 여동생인 가즈노미야 지카코[和宮親子]의 결혼을 주선하여 이른바 공무합체[公武合體]를 시도하였는데 이 역시 양이파들의 분노를 불러 일으켜 사카시타문 밖에서 습격을 받아 부상당한 사건이다.

마지막으로 '텐구당의 반란'은 미토번의 탈번 낭사들이 중심이 되어 일어난 반란이었다. 미토번의 탈번 낭사들은 이런 사건들을 거치면서 하나 둘씩 스러져갔다.

이렇듯 존왕양이 운동의 전개에 있어서 미토번이 끼친 영향은 결코 적지 않았다. 그러나 주로 외국에 대한 테러나 막부 요인의 암살 공격 등에 머물고, 막부를 타도하려는 운동 즉 도막운동倒幕運動으로까지는 발전하지 못했다. 따라서 막부 타도 움직임이 본격화될 때쯤에는 주도권을 상실하였다. 미토번이 생각하는 존왕양이운동은 막부내의 간신들을 소탕함으로써 '보다 훌륭한 막부'가 정립하고 이들이 주체가 되어 국정을 수행해야한다는 생각이었다.

고메이[孝明] 천황도 원래 친 막부적인 성격을 가지고 있어 미토번 출신의 히토쓰바시 요시노부[一橋慶喜]가 막부를 맡았으면 좋겠다고 생각했다. 미토번 역시 고산케 번의 하나라는 태생적 한계 때문에 도막倒幕으로까지 나아가기 어려웠다. 즉 미토번의 존왕양이는 존왕경막尊王敬幕 사상이라서 도막운동이 본격화되는 시점에서는 주도적 역할을 수행할 수 없었던 것이다.

그러나 조슈번의 요시다 쇼인의 문하생들은 달랐다. 그들에게는 미토번의 번사들이 가진 태생적 한계 같은 것은 존재하지 않았다. 그들은 쇼인의 〈류콘로쿠[留魂録]〉를 되풀이 되풀이 암송하면서 막부 타도의 의지를 불태웠다. 이제 에도 막부 타도의 선봉에 섰던 이 요시다 쇼인과 그의 문하생들의 이야기를 해보자.

철옹성 같았던 에도 막부가 무너지고 메이지라는 새로운 시대가 오려면 무언가 특별한 계기가 있어야 했다. 충격은 먼저 중국으로부터 왔다. 일본은 대국이자 문명국으로 알아왔던 중국이 아편전쟁(1840~1842년)에서 맥없이 무너지는 것을 보고, 또 인도가 영국의 식민지로 되는 등 아시아가 서구 열강의 식민지 획득전쟁의 무대로 되어 가고 있는 것을 보고 큰 충격과 두려움을 가졌다.

그리고 웨이유안[魏源]이 편찬한 《해국도지海國圖志》가 알려져 큰 영향을 주었다. 이 책에서 웨이유안은 아편전쟁 이후의 민족적 위기를 뼈저리게 느껴, 부국강병을 위한 근대적 군비의 창설, 식산흥업의 필요성 등을 설파하였다. 이 책은 일본에서도 간행되어, 사쿠마 쇼잔[佐久間象山]이나 요시다 쇼인[吉田松陰], 요코이 쇼난[橫井小楠] 등이 읽었고, 일본에서도 신속한 체제전환이 필요하다는데 대한 공감대를 넓히는데 크게 기여하였다.

그러나 에도 막부를 무너뜨리는 보다 직접적인 트리거는 미국의 페리 대장이 이끄는 일본원정대가 우라가[浦賀] 앞바다에 도래한 사건이었다. 에도 막부의 강력한 힘에 눌려 수면 아래에 가라앉아 있던 막부 반대 세력들은 이 페리 일본원정대의 도래를 계기로 급작스럽게 수면 위로 떠올랐다. 페리 일본원정대가 에도만(현재의 도쿄만)에 도래하여 우라가[浦賀] 앞바다에 정박하고 있을 때,

호기심에 가득찬 수많은 일본인들이 이 낯선 배들을 보기 위해 해변으로 몰려 들었다. 그 군중들 속에는 조슈 번주의 특별 허락으로 두 번째 에도 유학을 하러 와 있던 요시다 쇼인[吉田松陰]과 그의 스승 사쿠마 쇼잔도 있었다.

19세기 후반에 활약하였던 영국 에딘버러 출신의 소설가 스티븐슨(Robert Louis Balfour Stevenson)이 쓴 글 가운데 〈요시다 도라지로〉(Yoshida Torajirou)라는 제목의 단편이 있다. 스티븐슨이라면 《보물섬》이나 《지킬박사와 하이드씨》 같은 소설로 잘 알려진 바로 그 소설가이다.

이 글의 제목에서 말하는 요시다 도라지로[吉田寅次郎]는 요시다 쇼인[吉田松陰]의 어렸을 때 이름이다. 훗날 요시다 쇼인이 페리 함대의 배로 밀항하려다 실패한 후, 하기의 노야마 감옥에 갇혀 있을 때 쓴 《유수록幽囚錄》이란 책이 있는데, 그 부록에 〈니주잇카이 모우시의 설(二十一回猛士の説)〉이 수록되어 있다. 여기에서 '니주잇카이 모우시'는 앞에서 보았던 쇼인의 류콘로쿠에서도 적혀 있었듯이 요시다 쇼인이 즐겨 사용하던 호였다.

그것에 대해 스티븐슨은 다음과 같이 설명하고 있다. 즉 쇼인은 천보 원년(1830년) 즉 경인년庚寅年에 스기가[杉家]에서 태어났지만, 그 후 이미 요시다가[吉田家]로 양자를 간 삼촌에게 양자로 갔기 때문에 성이 요시다로 되었다. 갑인년甲寅年에 죄를 범해 감옥에 들어갔는데, 꿈에 신이 나타나서 이름을 쓴 종이를 주었다.

THE WORKS OF
ROBERT LOUIS
STEVENSON

MISCELLANIES
VOLUME II

EDINBURGH
PRINTED BY T. AND A. CONSTABLE FOR
LONGMANS GREEN AND CO: CASSELL AND CO.
SEELEY AND CO: CHAS. SCRIBNER'S SONS
AND SOLD BY CHATTO AND WINDUS
PICCADILLY : LONDON
1895

V

YOSHIDA-TORAJIRO

THE name at the head of this page is probably unknown to the English reader, and yet I think it should become a household word like that of Garibaldi or John Brown. Some day soon, we may expect to hear more fully the details of Yoshida's history, and the degree of his influence in the transformation of Japan ; even now there must be Englishmen acquainted with the subject, and perhaps the appearance of this sketch may elicit something more complete and exact. I wish to say that I am not, rightly speaking, the author of the present paper : I tell the story on the authority of an intelligent Japanese gentleman, Mr. Taiso Masaki, who told it me with an emotion that does honour to his heart ; and though I have taken some pains, and sent my notes to him to be corrected, this can be no more than an imperfect outline.

Yoshida-Torajiro was son to the hereditary military instructor of the house of Choshu. The name you are to pronounce with an equality of accent on the

165

《스티븐슨 저작집(에딘버러 판, 1895)》 표지와 단편 〈요시다 도라지〉로의 첫 페이지. (스코틀랜드 국립도서관(National Library of Scotland) 소장.)

거기에는 '니주잇카이 모우시[二十一回猛士]'라고 쓰여 있었다. 깨어나서 생각해 보니, 스기[杉]라는 글자에는 21이라는 형상이 있었다. 즉 '杉'이라는 글자는 '十', '八', '彡(三)'이라는 3개의 숫자로 되어 있고, 합산하면 21이 된다. 또 '요시다[吉田]'라는 글자에서, '吉'이라는 글자를 분해하면 '十一'과 '口'로 되고, '田'자를 분해하면 '口'와 '十'으로 된다. 11과 10을 합하면 21이 되고 '口'와 '口'를 합하면 '回'로 된다는 것이다.

또 자기 이름은 도라지로[寅次郎]였는데, '도라[寅]'는 호랑이를 의미하고, '지로[次郎]'는 둘째 아들을 의미한다는 것이다. 즉 호랑이해에 태어난 둘째 아들이라는 뜻이었다고 한다. 또 호랑이의 덕성德性은 용맹함(猛)인데, 자기는 신분이 낮고, 몸은 허약하기 때문에 호랑이의 용맹함(猛)을 사표로 삼아야 비로소 훌륭한 무사(士)가 될 수 있을 것이라고 생각하였다. 그래서 '모우시[猛士]'가 붙었다고 하였다.

그는 태어나서 3번 용맹스러운 일을 했는데, 첫 번째는 동북지방의 여행을 위해 탈번脫藩한 것이고, 두 번째는 번사로서의 신분을 박탈당하였음에도 불구하고 〈장급사언將及私言〉 등의 상서上書를 번주藩主에게 올린 것이며, 세 번째는 페리 내항 때 밀항을 시도한 일이라고 하였다. 그 때문에 죄를 받아 감옥에 들어와 있어 지금은 용맹스러운 행동을 할 수 없지만, 아직 이루지 못한 것이 18번 남았고, 그 책임도 무겁다고 하였다. 29살의 젊은 나이에 처형되었기 때문에 더 이상 용맹스러운 일을 할 수 없게 되었지만, 무모함에 가까운 이런 용맹함은 그의 제자들에게 이어져 결국 메이지 유신이라는 혁명을 달성할 수 있었다. 요시다 쇼인이 자기가 즐겨 쓰던 호에 대해 풀이하였듯이, 그는 교육자라기 보다는 선동가이자 혁명가였다.

그렇다면 소설가 스티븐슨은 지구 반대편의 하기[萩]라는 조그만 도시와 또 거기에 살았던 글방 선생인 요시다 쇼인을 어떻게 알 수 있었을까. 그에게 요시다 쇼인에 관한 여러 이야기들을 알려준 사람이 있었는데, 다름 아닌 요시다 쇼인의 제자였던 마사키 다이조[正木退藏]였다. 다이조가 13세의 어린 나이에 쇼인의 제자로 입문한 때가 1858년이었고, 쇼인이 에도 막부로부터 소환을 받아 하기의 노야가 감옥에서 출발한 때가 1859년 5월이었으니, 그가 쇼인의 가르침을 받은 기간은 1년 남짓이었다. 그러나 어렸을 때 잠깐 가르침을 주었던 그 스승으로부터 참으로 엄청난 감동을 받았음에 틀림없다. 그가 나중에 성장하여 영국에 유학가서 에딘버러에서 스티븐슨을 만났을 때, 두 사람 사이에는 달리 할 말도 많았을텐데, 마사키 다이조가 굳이 자신의 스승에 대한 이야기를 한 것이나, 또 그 이야기에 대해 스티븐슨이 흥미를 갖게 되었다는 사실로부터 능히 짐작할 수 있다.

요시다 쇼인은 어떤 사람이었을까? 다음 그림은 쇼인의 초상화 가운데서 가장 널리 알려진 것인데, 그의 제자인 마쓰우라 쇼도[松浦松洞]가 1859년 쇼인이 하기의 노야마 감옥에서 에도로 송환되기 직전에 그린 것이다. 쇼도는 원래 화가 지망생이었다. 쇼카 손주쿠의 숙생이 되기 이전에는 교토의 오다 카이센[小田海僊]으로부터 그림을 배웠다. 그 후 그림에 넣을 한시漢詩를 공부하려고 쇼카 손주쿠에 입숙했지만, 선동가이자 혁명가인 자기 스승에 빠져 화가가 아니라 존왕양이 운동의 아방가르드(avant-garde)로 되어 버렸다. 그리고 1862년 구사카 겐즈이[久坂玄瑞] 등과 함께 공무합체론公武合體論을 주장하는 나가이 우타[長井雅楽]

의 암살을 계획했다. 그러나 실패하자 분개하여 25세의 젊은 나이에 자결로 생을 마감하게 된다.

이런 성격의 쇼도에게 있어서 쇼인은 참으로 존경스러운 스승이었다. 그래서 그는 자신이 존경하는 스승에 대해 최고의 존경심을 담아, 전형적인 유학자의 단아한 풍모를 가지도록 초상화를 그렸다. 원래 초상화는 왼쪽 그림처럼 위쪽에 요시다 쇼인 자신이 쓴 찬賛이 있는데, 오른쪽 그림처럼 초상화 부분만 확대한 그림이 많이 돌아다닌다. 칼을 바닥에 놓고 있는 그림도 있지만 여기서는 허리춤에 차고 있는 것도 약간 다르다.

쇼인의 제자들 가운데서는 와타나베 고죠[渡辺嵩蔵]가 제일 오래까지 살았다. 훗날 그가 인터뷰한 것을 모아 놓은 책자인 《쇼인 문하의 최후의 생존자 와타나베옹을 말하는 좌담회(松陰門下の最後の生存者渡辺翁を語る座談会)》(金子久一 編, 1940)에서 보면, "쇼도[松洞]가 그린 초상은 선생을 닮지 않았다. 너무 미남으로 마을 의사처럼 보인다. 더 무골武骨이었을 터"라고 하였다. 또 다른 기록에 따르면, 쇼인의 얼굴은 천연두 자국으로 우스꽝스러울 정도로 추했고, 신변 잡사에 너무 무관심하여 칠칠치 못하게 보였다고도 한다. 식사할 때나 얼굴을 씻을 때는 소매자락으로 닦았고, 머리카락은 두 달에 한번 이상 맨 일이 없어 눈뜨고 보기 어려울 정도로 헝클어져 있었으며, 말투는 거칠고 난폭했다고 한다. 역시 초상화와는 전혀 다른 이미지이다.

요시다 쇼인 초상화[吉田松陰自贊肖像].

(中谷本, 1859, 松浦松洞筆, 山口県立山口博物館, 전체 및 부분도)

실제로 요시다 쇼인은 평범한 유학자는 아니었다. 그는 폭력을 선동하고 이웃 나라에 대한 침략을 주장한 침략주의자였다. 수많은 암살이나 무력적인 습격을 사주하였고, 훗날 일본을 침략 전쟁으로 내몬 선동가였고, 격정적인 행동가였다. 그러기에 그 자신도 나이 30이 채 못되어 참수되었을 뿐만 아니라, 그의 제자들 중 상당수가 메이지 유신의 혁명가로 활동하다가 젊은 나이에 혁명의 완수도 보지 못한 채 할복하여 죽거나 전사하였다. 그렇지만 살아남은 제자들은 메이지시대의 실세가 되어 일본을 근대화시켰을 뿐만 아니라, 한편으로는 아시아를 침략전쟁으로 뒤흔들게 하였다. 그 자신 일본이 대외팽창주의로 나아가게 만든 장본인이기도 했던 것이다.

다나카 아키라[田中彰] 교수는 요시다 쇼인에 관한 문헌의 간행 빈도를 분석한 바 있다. 문헌 발행부수는 메이지 후반부터 서서히 증가하여 쇼와[昭和] 시대 특히 중일전쟁 개전 직전에 급증하여, 태평양전쟁이 발발할 무렵에 최고로 많아진 후, 일본의 패색이 짙어지면서 발행부수도 급감하였다고 한다. 이런 통계에서 아키라 교수가 말하고 싶었던 것은 일본제국주의가 가장 활발히 대외로 팽창하였을 때, 요시다 쇼인에 관한 책도 가장 많이 출판되었다는 점이다. 그 까닭은 요시다 쇼인의 사상이 일본팽창주의의 원류였기 때문이라는 것이다(《吉田松陰- 変転する人物像》, 2014).

아무튼 이 행동하는 사상가인 요시다 쇼인은 메이지 유신과 관련하여 빠뜨릴 수 없는 주요 인물이 되었다. 그래서 스티븐슨의 단편도 이렇게 시작되었다. "이 페이지의 첫머리에 나오는 이름(Yoshida Torajirou)을 영국 독자들은 잘 모를 것이다. 그러나 나는 그 이름이 가리발디나 존 브라운처럼 누구나 아는 이름(household word)이 될 것이라고 생각한다."고 하였다. 극찬이었다. 요시다 쇼인의 제자였던 마사키 다이조[正木退蔵]가 스티븐슨에게 자기 스승을 얼마나 극찬했는지 보지 않아도 훤하다. 그래서 스티븐슨도 요시다 쇼인을 장차 모든 사람들이 다 아는 위인이 될 것이라고 극찬하였고, 스티븐슨의 말대로 요시다 쇼인은 '누구나 아는 이름'이 되었다.

요시다 쇼인의 아버지 스기 유리노스케[杉百合之助]는 번사藩士이기는 했어도 가록家祿이 26석이고 지행知行을 갖지 않은 무급통사無給通士였다. 더구나 식구가 11명이나 되어 경제적으로도 매우 곤궁하였다. 어려운 용어가 나오지만, 요점은 쇼인이 가난한 하급무사 집안 출신이었다는 것이다. 또 쇼인은 살아 생전에 큰 벼슬을 한 사람도 아니었고, 정치적으로 뚜렷한 족적을 남길만한 일도 한 적이 없었다. 그렇지만 그는 메이지 유신이 언급될 때면 가장 먼저 떠오르는 인물이 되었고 '누구나 아는 이름'으로 되었다. 그가 길러낸 샛별같은 문하생들의 덕분이었다. 그의 지도를 받던 문하생들이 메이지 유신의 아방가르드(avant-garde)로서 혁명을 수행하였고, 메이지시대에 권력을 장악하여 일본제국

요시다 쇼인의 탄생지.
안쪽으로 야마가타 아리토모(山縣有朋)가 쓴 〈요시다쇼인선생 탄생지[吉田松陰先生誕生之地]〉라는 석비가 있고, 앞쪽의 마당에 집터가 남아 있다. 산 허리에 있는 이 집에서는 멀리 바다가 보이는데, 그 바다 건너편이 한국의 경상도 지방이다.

의 근대화와 제국주의화의 초석을 다짐으로써 메이지 유신을 완성시키는데 중추적인 역할을 하였기 때문이었다.

　잠시 요시다 쇼인의 가족관계를 보자. 요시다 쇼인은 1830년에 조슈의 번사藩士인 스기 유리노스케[杉百合之助]의 차남으로 태어났다. 아버지 유리노스케에게는 두 동생이 있었는데, 첫째 동생은 요시다[吉田] 가문에 양자로 가서 요시다 다이스케[吉田大助]

가 되었고, 둘째 동생은 다마키 가문에 양자로 가서 다마키 분노 신[玉木文之進]이 되었다. 아버지는 스기[杉]이고, 두 동생은 요시 다[吉田]와 다마키[玉木]로 각기 다른 성을 갖게 된 것이다. 하지만 실제로는 모두 같은 부모 밑에서 태어난 한 형제였다. 쇼인이 네 살이 되던 해에 숙부이자 야마가류[山鹿流] 병학사범[兵學師範]이었 던 요시다 다이스케에게 양자로 들어가 요시다 쇼인[吉田松陰]이 되었다. 다섯 살이 되던 해(1835년)에 요시다 다이스케가 병사함에 따라 그 가독을 이어받았고, 후에 또 다른 숙부인 다마키 분노신 [玉木文之進]이 개설한 쇼카 손주쿠[松下村塾]에 들어가 스파르타 식 교육을 받게 된다. 대단히 명석했기 때문에 어려서부터 두각을 나타내었던 것 같다.

쇼인이 11살 때, 조슈번의 제13대 번주인 모리 다카치카[毛利敬 親] 앞에서 병학 강의를 펼쳐 보일 기회를 얻었다. 모리 다카치카 는 출신배경이나 나이에 구애받지 않고 널리 우수한 인재를 구하 기로 유명한 사람이었다. 쇼인은 둘째 숙부인 다마키 분노신으로 부터 야마가류[山鹿流] 병학, 유학, 시문, 서 등의 여러 가지 교육 을 받았기 때문에 어전강의[御前講義]를 소화하는데도 무리가 없었 다. 쇼인은 그때 모리 다카치카로부터 높은 평가를 받았고, 그것 을 계기로 그 스승이었던 다마키 분노신도 관직에 올랐다.

또 쇼인은 학제개혁에 대한 의견서를 작성하여 번주인 모리 다 카치카에게 바치기도 했다. 그 당시 신분이 낮은 쇼인이 이런 중

대한 의견서를 번주에게 바치는 것은 다른 번에서는 상상도 할 수 없는 일이었지만, 모리 다카치카가 번주였던 시기에는 그런 것이 가능했다고 한다.

쇼인이 15세였을 때, 어느날 번주인 모리 다카치카가 쇼인에게 느닷없이 《손자孫子》에 대해 강의해 보라고 하였다. 갑작스러운 부탁이었음에도 불구하고, 쇼인은 그 일을 무난히 처리하여 번주를 놀라게 했다. 이런 까닭으로 모리 다카치카는 쇼인에 대해 "유학자들 강의는 진부한 말만 늘어 놓아 졸립기만 하지만, 쇼인의 이야기는 듣다 보면 저절로 무릎을 치게 된다."라고 말했다. 이토록 번주인 모리 다카치카는 쇼인의 재주를 높이 평가하고 아꼈다.

그런데 쇼인은 아편전쟁으로 청나라가 서양제국에 참패한 것을 듣고, 야마가류 병학이 시대에 뒤떨어진 것임을 깨달았다. 그래서 1850년 그의 나이 20세가 되던 해에 서양 병학을 배우기 위해 규슈로 유학遊學을 떠나게 된다. 규슈는 일찍이 남만무역과 주인선무역을 하던 항구가 발달하고 있었고, 히라도[平戶]와 나가사키[長崎]에는 오랫동안 네델란드 상관商館이 있었으며, 그리스도교가 가장 널리 보급된 지역이기도 하였다. 말하자면 규슈는 그 당시 일본에서 서양문물을 접하기 가장 쉬운 곳이었다.

쇼인은 히라도에서 야마가류 병법의 후계자인 야마가 만스케[山鹿万助]와 저명한 학자였던 하야마 사나이[葉山左内]의 가르침을 받았다. 히고[肥後]에서는 같은 야마가류의 인연으로 미야베 테이조[宮部鼎蔵]를 만나게 되었다. 미야베는 쇼인보다 10살 연상이었지만 둘은 금방 의기투합하여 아주 친해졌다. 쇼인은 나가사키와 히라토 지역을 다니면서 서양의 군사적 문명으로부터 큰 충격을 받았지만, 몸에 익은 일본식 병학(和式兵學)은 버리지 않았고, 서양 병학을 전적으로 받아들이지도 않았다. 쇼인은 어려서부터 반서양론자이고, 양이론자攘夷論者였다. 나가사키나 히라토 유학 시절에도 이러한 생각은 달라지지 않았다.

1851년 쇼인의 나이 21세때, 번주藩主의 산킨코타이[参勤交代] 행렬을 따라 에도로 유학가게 된다. 산킨코타이란 에도 막부가 다이묘들을 통제하기 위해 각 다이묘들로 하여금 2년에 한 번씩 에도에 와서 쇼군을 배알하여 도쿠가와가에 대한 신종(臣従)을 보여주도록 요구한 제도이다. 쇼인은 이때 에도에서 서양병학자 西洋兵學者인 사쿠마 쇼잔[佐久間象山]에게 입문하였다. 또 뜻밖에도 지난 규슈 유학에서 절친으로 되었던 미야베[宮部鼎蔵]를 다시 만났다. 두 사람은 존왕양이사상尊王攘夷思想의 원류인 미토학[水戸学]을 공부하기 위해 일본의 동북지방을 여행할 계획을 세우고, 12월 15일에 출발하기로 약속하였다. 그런데 쇼인은 통행허가증인 관소통과서関所通過書를 받지 않은 것을 출발 직전에야 알았지만 번주藩主가 이미 하기로 돌아가버렸기 때문에 허가를 받으려면 상당히 많은 시간이 필요하였다. 이에 쇼인은 동북지방을

미토[水戶]의 위치.

여행하기 위해 탈번脫藩하게 되었다. 탈번이란 번주藩主의 허락 없이 번에서 벗어나는 행위이다. 당시 탈번은 사적 박탈士籍剝奪 및 가록몰수家祿沒收와 같은 엄한 문책이 뒤따르는 중죄였다. 탈번이 중죄라는 것을 잘 알고 있는 쇼인이 무엇 때문에 탈번까지 하면서 동북지방을 여행하려 했을까? 물론 미야베와의 약속도 약속이지만, 미토학[水戶学]을 공부하고 싶었던 것이 더 큰 이유였을 것이다.

도대체 미토학이 무엇이길래 쇼인이 탈번까지 해 가면서 배우려 하였을까? 이 질문에 대답하기 위해서는 다시 도쿠가와 이에야스[德川家康]의 시대로 되돌아갈 필요가 있다. 현재 일본의 이바라키현[茨城県]에 있었던 미토번[水戶藩]은 1600년의 세키가하라의 전투(関ヶ原の戦い)에서 방관적인 태도를 취했다. 그래서 전쟁이 끝난 후 도쿠가와 이에야스에 의해 번의 위치를 교체당하는 국체國替 처분을 받았다. 원래의 미토번이 다른 지역으로 옮겨가면서

그 자리에는 도쿠가와 이에야스의 5남인 노부요시[信吉]가 들어와 미토번의 새로운 번주藩主가 되었다. 그러나 노부요시는 21살의 젊은 나이로 죽고, 그 다음으로 이에야스의 11남이었던 요리후사[賴房]가 잠시 번주로 되었지만, 곧 그 뒤를 이어 미쓰쿠니[光圀]가 번주로 되었다.

미쓰쿠니는 정실이나 측실의 소생이 아니라 시녀로부터 얻은 자식이었지만, 우여곡절 끝에 번주가 되었다. 사춘기에는 대단한 망나니였지만, 18세 때에 사마천司馬遷이 쓴 《사기史記》의 〈백이열전伯夷列傳〉을 읽고 감명을 받아, 그 후 완전히 딴 사람이 되어 오로지 학문에만 정진하였다. 그리고 그의 나이 30세 무렵부터 자신에게 큰 가르침을 준 바로 그 《사기》를 본뜬 《대일본사大日本史》라는 역사책을 편찬하기로 마음먹었다. 그리고 편찬 모델이었던 《사기》가 기전체紀傳體 형식이라는 점에서 《대일본사》 역시 기전체 형식을 가졌다. 기전체는 본기本紀, 세가世家, 표表, 지志, 열전列傳 등으로 구성되는데, 가장 핵심이 되는 본기에서는 황제나 왕 등의 지배자에 관련된 사항을 연도별로 기록하였다. 한국의 《삼국사기》와 일본의 《고사기古事記》나 《일본서기日本書紀》가 모두 기전체로 쓰여진 역사책이다.

그런데 일본의 경우에는 12세기 말에 가마쿠라[鎌倉] 막부幕府가 출현한 이후 무로마치[室町] 막부를 거쳐 에도[江戶] 막부幕府)에 이르기까지 거의 700년 동안 무가정권시대武家政權時代였다. 막부의 무사들이 천황의 권력을 찬탈하여, 천황은 아무런 실권도 없는 한낱 장식품에 지나지 않았다. 그래서 모두들 쇼군[將軍]이야말로 국가의 최고 우두머리라고 생각하던 시기였다. 그런데《사기》처럼 기전체로 역사를 서술하게 되면 어쩔 수 없이 쇼군이 아니라 천황을 중심으로 역사가 편찬될 수밖에 없고, 그런 역사책에서는 막부보다는 천황이 더 큰 권위를 가진 존재로 취급될수밖에 없게 된다.

한편 도쿠가와 이에야스에게는 11명의 아들이 있었다. 그런데 이에야스를 이어 제2대 쇼군이 되었던 히데타다[秀忠]를 제외한나머지 10명의 자식들 가운데서 7명은 자살을 강요당하거나, 다른 집안의 양자가 되어 떠나가거나, 병들어 일찍 죽는 등등의 이유로 9남, 10남, 11남 3명만 남게 되었다. 그리하여 9남 요시나오[義直]는 오와리 도쿠가와가[尾張德川家], 10남 요리노부[賴宣]는기슈 도쿠가와가[紀州德川家], 그리고 11남 요리후사[賴房]는 미토도쿠가와가[水戶德川家]라는 가문을 각각 새로 열게 되었다. 이처럼 이 세 가문 모두 도쿠가와 이에야스의 자식들이었고, 도쿠가와의 피를 이은 가문이었기 때문에 특별히 고산케[御三家]라고 불렀다.

그러니까 미쓰쿠니는 도쿠가와 이에야스의 손자이자, 고산케중의 하나인 미토 도쿠가와의 제2대 번주였다. 따라서 도쿠가와막부의 핵심 세력의 하나였다고 할 수 있다. 이렇게 도쿠가와 막부를 떠받치는 기둥의 하나였던 미토번주 미쓰쿠니에 의해 《대일본사》라는 천황중심의 역사책 편찬이 시작되었다는 점이 참으로 공교롭다.

미쓰쿠니에 의해 에도시대 초기에 시작된 《대일본사》 편찬 작업은 그 후 200여 년 동안 미토번의 계속사업으로 추진되어 메이지시대에 들어와 비로소 완성되었다. 그러니 그 긴 기간 동안 미토번에서는 존황尊皇이라는 개념이 다른 지역에 비해 훨씬 깊게 뿌리를 내리게 되었고, 유학儒學을 중심으로 국학國學·사학史學·신도神道가 결합하여 미토학[水戶學]이라는 일본 특유의 정치사상이 발전하였다.

이 미토학은 제6대 미토번주[水戶藩主] 시대를 경계로 전기와 후기로 구분된다. 이렇게 미토학의 성격이 달라지게 된 계기는 후지타 유코쿠[藤田幽谷]라는 인물 때문이었다. 후지타 유코쿠는 영국 포경선이 일본에 상륙했을 때, 아들인 도코[藤田東湖]에게 "지금 곧 가서 영국인을 참수하고 오라."고 명령을 내릴 정도로 과격한 사람이었다. 또 '국체國體는 천황으로부터 시작'하며, '우리들은 해가 뜨는 나라의 백성들'이라는 사상을 강조하였다. 이른바 '존왕양이 운동'의 토대를 닦은 사람이었다.

이 유코쿠의 생각을 이어받은 사람이 그의 문하생이었던 아이자와 세이시사이[会沢正志斎]였다. 그는 1852년에 《신론新論》이라는 책을 썼는데, 그 내용이 너무 과격하여 처음에는 무명거사제

[無名居士題]라는 익명으로 발간하였다. 이 책은 산킨코타이[参勤交代]를 비판하고, 대함건조大艦建造 금지를 해제하여 각 번이 큰 배를 만들 수 있게 하는 등, 외압에 대비하여 일본의 부국강병을 강조한 책이었다. 산킨코타이는 각 번을 막부의 인질로 삼는 제도이고, 대함건조 금지는 각 번의 무력 증강을 저지하기 위한 제도였기 때문에, 이것을 없애라고 주장하는 것은 곧 막부 세력을 해체하라고 요구하는 것과 다를 바 없는 매우 위험한 주장이었다

요시다 쇼인의 일본 동북지방 여행에는 미야베 테이조[宮部鼎蔵]와 에바타 고로[江幡五郎]가 동행하였다. 이들 일행이 미토에서 가장 만나고 싶었던 사람들은 후지타 유코쿠의 아들인 후지타 도코와 후지타 유코쿠의 문하생인 아이자와 세이시사이였다. 그런데 그 무렵 후지타 도코는 막부로부터 징벌을 받아 칩거 중이었기 때문에 만날 수 없었고, 아이자와 세이시사이만 만날 수 있었다.

요시다 쇼인 일행은 1851년 12월 19일부터 1852년 1월 20일까지 한달 남짓 미토[水戸]에 체류하는 동안 나가이 마사스케[永井政介]의 집에 머물렀다. 현재 집터만 남아있는데, 그 자리에는 집터를 기념하는 석비와 안내판만 세워져 있다. 안내판에 따르면, 쇼인은 이곳에 머무르면서 "아이자와 세이시사이[会沢正志斎], 도요다 덴코[豊田天功] 등의 석학으로부터 사사師事를 받고, 또 미토

옛 나가이 마사스케[永井政介] 자택 자리의 안내판.
(현재 미토 센트럴 빌딩의 현관 옆)

의 청년 유지들과 교류하여, 미토 학문의 진수를 배웠다고 한다.
그 정신은 이윽고 조슈번의 지사들을 분기奮起시켜 메이지 유신
의 원동력으로 되었다."고 적혀 있다.

　요시다 쇼인의 미토 여행은 그에게 매우 큰 충격과 감명을 주
었다. 그의 일기를 보면, 세이시사이와 만나고 난 후, 그의 국가
는 '조슈'에서 '일본'으로 바뀌었다. 에도시대만 해도 대부분의 일
본 사람들에게 일본이란 나라는 별 의미가 없었다. 자기가 속한
쿠니[国]나 번藩이 바로 국가였다. 쇼인의 경우라면 나가토노 쿠
니[長門国]와 스오노 쿠니[周防国]로 이루어지는 조슈번[長州藩]이
곧 자신의 국가였다. 탈번이라는 죄가 존재하는 까닭도 거기에
있었다. 미토에서 쇼인은 쿠니나 번이 아니라 일본 전체 즉 황국
이라는 국체와 천황을 중심으로 하는 일본에 대해 깨닫게 된 것

이었다. 그래서 그는 훗날 쇼카 손주쿠에서 숙생들을 가르칠 때 세이시사이[会沢正志斎]가 쓴 《신론新論》을 수업교재로 사용하였고, 그런 사상을 가진 많은 젊은 유신 지사들을 길러내었다.

그 후 쇼인은 탈번의 죄 때문에 번藩으로부터 조슈로 돌아오라는 명령을 받고 하기로 돌아가, 본가인 스기가[杉家] 자택에서 근신하다가, 번사藩士의 신분을 박탈당하고 아버지 스기 유리노스케의 집에 유폐되었다. 그러나 번주였던 모리 다카치카는 오래전부터 쇼인의 재능을 무척 아꼈기 때문에, 곧 탈번의 죄를 거두고 오히려 10년 간 국내 유학을 허가하였다. 이에 쇼인은 두 번째로 에도 유학에 나설 수 있었다.

1853년에는 사쿠마 쇼잔[佐久間象山]의 글방(塾)에 들어갔는데, 바로 이때 쇼인의 운명 아니 일본의 운명을 바꾼 역사적인 사건이 발생하게 된다. 1853년 6월, 페리의 일본원정대가 에도만 입구에 있는 우라가[浦賀] 앞바다로 몰려와 일본에 개국을 요구한 사건 바로 그것이었다. 일본에서는 이 사건을 '흑선내항(黑船來航)'이라고 불렀다. 시커멓고 기이하게 생긴 배를 구경하려고 우라가 해안에는 많은 일본 사람들이 모여 들었는데, 그 군중 속에 요시다 쇼인과 그의 스승 사쿠마 쇼잔도 들어 있었다.

쇼인은 페리가 끌고 온 배들을 보고 충격을 받았고, 일본이 서양 열강에 침략당할지도 모른다는 위기감을 느꼈다. 그래서 서양 열강으로부터 일본을 지키기 위해서는 서양을 더 잘 알아야 한다고 생각하여 해외 밀항을 결심하게 된다. 허락없이 번을 벗어나는 탈번만해도 중죄인데, 외국으로 밀항한다는 것은 탈번보다 더 심한 처벌을 받아야 할 중죄였다.

아무튼 요시다 쇼인이 밀항하기로 결심하였지만 실행에 옮기지 못하고 우물쭈물 하는 사이에 페리의 일본원정대는 1년 후에 다시 오기로 기약하고 일본을 떠나버렸다. 그런데 페리가 일본을 떠난 뒤 1달쯤 후에, 페리의 일본원정대에 자극을 받은 러시아가 에프피미 프챠틴(Jevfimij Vasil'jevich Putjatin)이 이끄는 함대를 파견하

쇼인과 가네코 시노스케의 동상.
요시다 쇼인의 탄생지 부근 숲속에 이들 두 사람의 동상이 있다. 앉아 있는 사람이 가네코 시게노스케이고, 쇼인은 페리함대의 기함인 포하탄호를 쳐다보고 있다.

여 일본의 개국을 요구하며 나가사키에 내항하였다. 이 소식을 들은 쇼인은 러시아로 밀항하기 위해 나가사키로 달려갔지만, 그가 도착했을 때 러시아 함대도 이미 떠난 뒤였다. 이듬해인 1854년 페리 일본원정대가 다시 에도만에 나타나자, 쇼인은 그의 첫 문하생인 가네코 시게노스케[金子重之輔]와 함께 또 다시 밀항을 계획하였다.

요시다 쇼인은 페리의 배에 올라타기 위해 여러가지로 노력했지만 모두 실패하였다. 그러는 사이에 일본과 화친조약을 체결한 페리 함대는 에도만을 떠나 그 조약에서 개항하기로 한 항구인 시모다[下田]로 이동하였다. 쇼인과 시게노스케도 육로로 시모다까지 따라가 다시 승선할 기회를 노렸다. 결국 한 밤중에 작은 배를 훔쳐 타고 기함인 포하탄호(USS Pawhatan)에 올라타는데 성공했다. 하지만 밀항은 뜻대로 이루어지지 않았다. 미국의 입장에서는 「미일화친조약」의 잉크도 마르기 전에 쇼인의 밀항과 같은 사건으로 문제를 일으키고 싶지는 않았던 것이다. 그러니 "외국에 나가는 것은 금지되어 있지만, 우리들은 세상을 보고 싶다. 만약 밀항이 알려지면 우리들은 죽는다. 부디 자애로운 마음으로 배에 태워 주면 좋겠다."라는 쇼인 사제의 간절한 호소가 먹혀들리가 없었다. 결국 그들은 우라가의 해변으로 되돌려졌다.

밀항에 실패하자 쇼인과 가네코는 자수하여 에도의 감옥에 갇혔다가 하기[萩]로 송환되었다. 쇼인은 하급 무사 신분이었고, 가네코는 아시가루[足軽] 신분이었기 때문에 갇힌 감옥도 서로 달랐다. 쇼인은 노야마 감옥[野山獄]에 그리고 가네코는 이와쿠라 감옥[岩倉獄]에 각각 투옥되었다. 쇼인은 노야마 감옥에 갇혀 있으면서, 수많은 책을 읽고 죄수들을 상대로 맹자 강의도 하였으며, 여러 가지 저술도 하였다. 그 중 특히 그의 밀항의 동기와 그 사상적 배경을 다룬《유인록幽囚錄》에 주목할 필요가 있다. 이 책에는 후일 그의 문하생들에 의해 수행된 조선의 식민지화의 사상적 원류도 담겨 있기 때문이다. 유인록의 내용에 대해서는 뒤에 따로 좀 더 자세히 알아보기로 한다.

한편 환경이 열악한 이와쿠라 감옥에 갇혀 있던 가네코는 1855년 25살의 젊은 나이로 감옥에서 병사하였고, 그로부터 약 11개월 후 쇼인은 출옥하여 본가인 스기가[杉家]로 유폐처분 되었다.

요시다 쇼인이 쇼카 손주쿠[松下村塾]에서 숙생들을 가르치기 시작한 것은 바로 이 가택유폐 상태에서였다. 쇼카 손주쿠는 1842년에 쇼인의 숙부인 다마키 분노신[玉木文之進]이 소나무로 유명한 쇼카손[松下村]이라는 마을에 세운 사립 글방(私塾)이었다. 쇼인 자신도 어렸을 때 이 글방에서 공부하였다. 쇼인은 1856년 3월 스기가[杉家]의 유인실[幽囚室]에서 다카스 다키노스케[高洲滝之允] 등을 지도하기 시작하였고, 8월 22일부터는 인근 마을의 아이들에게 맹자 강의를 시작하였다. 이리하여 숙생들이 조금씩 늘어났는데, 1856년의 입숙자[入塾者]는 모두 18명이었다. 그리고 숙생들이 늘어남에 따라 1857년 11월에는 다다미 8첩 크기의 방으로 이전하였고, 다시 10첩반 크기의 방을 증축하여 1858년 3월에 완공하였다. 현재 하기의 쇼인신사 내에 보존되어 있는 쇼카 손주쿠 건물은 1858년 3월에 증축된 그때의 모습이다.

쇼카 손주쿠는 다마키 분노신이 처음 개설한 이래, 번[藩]에서

쇼가 손주쿠[松下村塾].
현재 쇼인 신사에 보존되어 있다.

설립한 교육기관인 메이린칸[明倫館]과는 달리 글방에 들어오는데 신분 차별을 두지 않았다. 메이린칸의 경우에는 조선으로 치자면 양반계급에 해당하는 정규 무사신분을 갖는 시붕[士分] 계급만 입학할 수 있었던 반면, 쇼카 손주쿠에서는 신분에 아무런 차별도 두지 않았다. 그래서 쇼카 손주쿠에는 아시가루[足輕]나 농민처럼 신분이 낮은 집안의 아이들도 들어갈 수 있었다. 이토 히로부미[伊藤博文]도 낮은 신분이었음에도 불구하고 쇼카 손주쿠에 입숙할 수 있었던 것이다.

또 한가지 주목할 점은 쇼인이 글방을 맡아 숙생들을 가르친 기간이 그리 길지 않았다는 것이다. 앞에서 언급하였듯이 쇼인이 다카스 다키노스케 등에게 맹자 강의를 시작한 때는 1856년 3월이었다. 그리고 쇼인의 급진적 막부 반대 활동이 문제가 되어 다시 노야마 감옥에 수감된 때는 1858년 12월 26일이었다. 그러니까 쇼인이 쇼카 손주쿠에서 숙생들을 가르친 기간은 3년이 채 못되었다.

이처럼 쇼카 손주쿠는 20평도 못되는 조그만 건물이었고, 또 쇼인이 숙생들을 가르친 기간도 길지 않았기 때문에, 쇼인의 문하생수도 많을 수 없었다. 중요한 점은 바로 이 몇 명 안되는 문하생들 가운데서 메이지 혁명의 전위대들과, 메이지 유신 이후에는 메이지 신정부를 이끌어 나간 샛별 같은 인물들이 다수 배출되었다는 것이다.

이런 까닭으로 메이지시대에 쇼카 손주쿠

삿쵸토 연합밀의지처.

〈薩長土連合密議之處〉, 文久2年(1862년) 1月. 내용은 연합밀의를 한 사쓰마(薩州)의 다가미 토오시치(田上藤七), 조슈[長州]의 구사카 겐즈이[久坂玄瑞], 도사(土州)의 사카모토 류마(坂本龍馬) 3인의 이름과 이 자리에 있었던 스즈키 칸조(鈴木勘蔵)의 여관이다. 단 사쓰마의 田上藤七은 田上藤八을 잘못 적은 것이 아닌가 하는 견해도 있다.

는 성역화되었다. 1907년 쇼카 손주쿠 출신인 이토 히로부미가 중심이 되어 요시다 쇼인을 모시는 '쇼인 신사[松陰神社]'를 창건하였고, 쇼카 손주쿠 건물은 그런 이유로 신사 한 가운데 놓이게 되었다. 쇼인이 숙생들을 가르치던 건물은 사적史蹟으로 지정

되었고, 거기서 멀지 않은 곳에 천황과 황태자의 방문을 기념하는 석비가 세워져 있다. 다시 그 가까이에 전 수상 사토 에이사쿠[佐藤栄作]의 휘호로 '메이지 유신태동지지[明治維新胎動之地]'라고 적혀 있는 석비와, 전 수상 기시 노부스케[岸信介]의 휘호로 '삿쵸토 연합밀의지처[薩長土連合密議之處]'라고 쓴 석비가 있다. 두 비석 모두 메이지 유신 100주년을 기념하여 1968년 세워진 것들이었다.

홍미로운 점은 이 쇼인신사의 기념비에 휘호를 남긴 사토 에이사쿠[佐藤栄作]와 기시 노부스케[岸信介] 전 총리는 비록 성은 다르지만 같은 부모 밑에서 태어난 친형제였고, 이곳 야마구치 [즉 조슈번] 출신이었다. 이들의 가계도를 간략히 그려 보면 다음 그림과 같다. 그리고 기시 노부스케 수상의 사위가 아베 신타로[安培晋太郎] 전 자민당 간사장이고, 아베 신조[安培晋三] 총리는 아베 신타로 간사장의 아들이다. 올림픽 선수촌을 비롯하여 각종 재해 대피소의 골판지 침대와 칸막이로 유명한 미쓰비시상사 팩키징의 대표이사인 아베 히로노부[安培寛信]는 아베 신조 수상의 친형이고, 스가 요시히데[菅義偉] 내각에서 방위상으로 임명된 기시 노부오[岸信夫] 중의원은 아베 신조 수상의 친동생이다.

제2차 세계대전 이후 일본에서 처음으로 실시된 중의원 선거는 중선거구 제도였다. 야마구치현[山口縣]은 제1구와 제2구라는 2개의 선거구로 나누어져 있었다. 제1구는 야먀구치현 서쪽의 나가

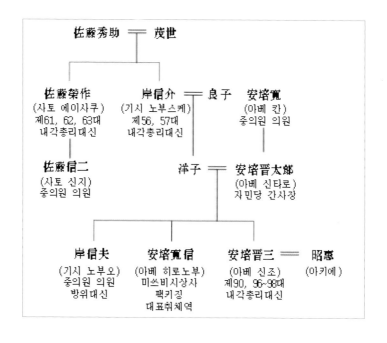

佐藤秀助 ══ 茂世

佐藤榮作
(사토 에이사쿠)
제61, 62, 63대
내각총리대신

岸信介 ══ 良子   安培寬
(기시 노부스케)   (아베 칸)
제56, 57대   중의원 의원
내각총리대신

佐藤信二
(사토 신지)
중의원 의원

洋子 ══ 安培晋太郎
         (아베 신타로)
         자민당 간사장

岸信夫
(기시 노부오)
중의원 의원
방위대신

安培寬信
(아베 히로노부)
미쓰비시상사
팩키징
대표취체역

安培晋三 ══ 昭惠
(아베 신조)   (아키에)
제90, 96~98대
내각총리대신

토국[長門国] 지역으로 4명의 의원을 선출하였고, 제2구는 야마구치현 동쪽의 스오국[周防国] 지역으로 5명의 의원을 선출하였다. 그 중 야마구치현 제1구에서는 아베 신조[安倍晋三] 전 총리의 아버지인 아베 신타로[安倍晋太郎]가 제30회 중의원선거를 제외하고 제28회부터 제39회 선거까지 계속 당선되었고, 제40회 선거부터는 그의 아들인 아베 신조가 당선되기 시작하였다. 아베 신조는 중의원 선거구제가 소선거구제로 바뀐 후에는 야마구치4구에서

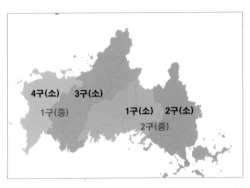

중선거구(1947~1966년, 제23회~제40회)		소선거구(1966년 이후, 제41회 ~)	
1구 (4명)	安倍晋太郎 (28~29, 31~39)	3구	
	安倍晋三(40)	4구	安倍晋三(41~48)
2구 (5명)	岸信介(26~34)	1구	
	佐藤栄作(24~33) 佐藤信二(35~40)	2구	佐藤信二(41) 岸信夫(46~48)

(소)=소선거구, (중)=중선거구

연속적으로 당선되어 9선 의원이 되었다.

야마구치현 제2구에서는 기시 노부스케와 사토 에이사쿠 형제가 5명을 선출하는 이 선거구의 제26대~제33대 선거에서 나란히 선출되었다. 이 두 형제는 야마구치에서 다선 의원이 되면서 일본의 수상도 여러 차례 역임하였다. 아베 신조는 제90, 96, 97, 98대 수상이었고, 그의 외할아버지인 기시 노부스케는 제56대, 제57대 수상이었으며, 기시 수상의 친동생인 사토 에이사쿠는 제61, 62, 63대 수상을 역임하였다. 그러니까 이 가계도의 인물만으로도 제56, 57, 61, 62, 63, 90, 96, 97, 98대 내각총리대신이 배출되었으니, 가히 일본의 최고의 정치 명문가라고 할 수 있을 것이다. 야마구치(조슈) 출신은 제2차 세계대전 이전은 물론이고, 이후에도 일본에서 가장 강력한 정치 집단이었다.

'삿쵸토연합밀의지처[薩長土連合密議之處]'라는 석비는 1862년에 사쓰마[薩摩]의 다가미 토오시치[田上藤七]와 조슈[長州]의 구사카 겐즈이[久坂玄瑞], 그리고 토사[土佐]의 사카모토 류마[坂本龍馬]가 이곳에서 연합한 것을 기념하는 비석이다. 여기에 이름이 나오는 조슈의 구사카 겐즈이는 요시다 쇼인의 대표적인

왼쪽에 걸린 깃발에는 '요시다 쇼인의 누이동생 후미(文)의 생애를 그린, NHK 드라마 꽃 타오르다(花燃ゆ)의 무대, 하기'라고 쓰여져 있고, 그 아래의 비석에는 '다카스기 신사쿠와 이토 히로부미가 어렸을 때 공부하던 곳'이라고 적혀 있다.

문하생으로 쇼인의 여동생인 후미[文]와 결혼하였다. 후미는 오라버니가 교편을 잡고 있던 쇼카 손주쿠의 문하생들의 뒷바라지를 하면서, 자기 남편, 자기 오라버니 그리고 오라버니의 문하생들이 막부를 타도하고 새로운 일본을 만들어 나가는 일에 떨쳐 일어

나, 불꽃처럼 타오르다가 꽃잎처럼 스러져 가는 것을 보았다. 후미를 주인공으로 하여 2015년에 방영된 일본 NHK의 사극은 그래서 그 제목이 "꽃 타오르다(花燃ゆ)'였다. 2015년에 하기를 찾았을 때, 하기 시내 곳곳에 이 드라마를 홍보하는 깃발이 나부끼고 있었다. 그랬다. '꽃 타오르다'라는 드라마의 촬영지였던 하기는 이 드라마의 주요 등장 인물들이 메이지 유신의 길을 온몸으로 부닥치며 열어 나간 지사들의 활동 무대였고, 쇼카 손주쿠는 그 진원지였다. 메이지 유신의 결정적 계기가 되었던 사쓰마와 조슈의 삿초동맹[薩長同盟]이 체결된 것은 그로부터 4년 후인 1866년이었으니, 그 동맹의 시원이 여기에 있다는 것을 말하는 것이리라.

제3장 메이지 유신과 조슈의 지사

1. 요시다 쇼인의 제자들이 도막倒幕에 나서다

하기박물관에서 쇼카 손주쿠 개숙開塾 150주년을 기념하기 위해 편찬한 《요시다 쇼인과 숙생들[吉田松陰と塾生たち]》(萩博物館編, 2007년)이라는 자료에 따르면 쇼카 손주쿠의 숙생들은 모두 92명으로 집계된다. 물론 그 당시에 작성된 숙생 명부 같은 것이 남아 있지 않아, 기존의 여러 기록과 증언으로 재구성한 것이기 때문에 정확하다고는 할 수 없고, 최대한 밝혀낸 숫자라고 보면 될 것이다.

이처럼 여러 자료에서 재구성한 명단이기 때문에, 자료의 형태가 체계적일 수 없다. 성만 알고 이름을 모르는 경우도 있고, 출생한 연도와 사망한 연도가 불명확한 경우도 있으며, 쇼카 손주쿠를 떠난 뒤 행적이 불분명한 경우도 있다. 이런 한계점들을 염두에 두면서 이 숙생 명부를 들여다보면 몇 가지 재미있는 특징들이 나타난다.

입숙 당시의 나이를 보면, 9세로부터 36세까지 다양하였다. 숙생 수가 가장 많은 연령층은 17세로 10명이었고, 16세가 8명, 18·19세가 9명으로, 16~19세의 나이대에 속하는 사람이 27명으로 가장 많았다. 16세란 현재 한국의 학제로는 고등학교 재학생 나이에 해당하니, 당시로써는 결코 적은 나이는 아니다. 입숙 당시 16세 이상이었던 숙생들의 수는 54명으로서 입숙 연도를 알 수 있는 숙생수 73명의 거의 3/4을 차지한다. 즉 쇼카 손주쿠의 숙생들은 예외적으로 어린 숙생들도 있었지만, 대부분 혈기 왕성한 청년들로 구성되었고, 그 가운데는 당시 20대 후반이었던 요시다 쇼인보다 나이가 많은 숙생조차 여럿 있었다는 것이다.

요시다 쇼인이 다카스 다키노조우[高洲滝之允]를 첫 숙생으로 받아들인 1856년에, 쇼카 손주쿠는 모두 18명의 숙생을 받았다. 그 가운데 나카타니 쇼스케[中谷正亮]는 구사카 겐즈이[久坂玄瑞]나 다카스기 신사쿠[高杉晋作]를 비롯하여 많은 숙생들을 끌어 모으는 역할을 하였다. 쇼카 손주쿠를 거쳐 간 92명의 숙생들을 입숙 연도별로 보면, 1856년에 18명, 1857년에 36명, 1858년에 36명, 입숙 년도 불명이 2명이었다. 1856년부터 문하생을 받기 시작하였고, 1857년과 1858년에는 첫해의 2배가 넘는 숙생이 새로 들어왔지만, 1858년을 마지막으로 입숙이 끝났고, 1859년에 스승인 요시다 쇼인이 에도에서 참수당함으로써 쇼카 손주쿠는 더 이상 숙생을 받아들일 수 없게 되었다. 쇼카 손주쿠는 일본의 역사를 통틀어 가장 유명한 학원이었지만, 개설 기간은 3년이 채 못 되는 단명한 것이었다.

그렇게도 짧은 기간에 혁명을 꿈꾸는 열혈 청년들이 스승인 요시다 쇼인 밑으로 모여들었다. 그리고 그들의 스승인 요시다 쇼인이 참수되자, 그의 제자들이 분격하여 일어섰다. 쇼인의 죽음은 막부를 타도하여 메이지 유신을 성취해 가는 트리거였다. 그리하여 쇼카 손주쿠의 92명의 숙생들 가운데 상당수는 메이지 혁명 과정의 여러 사건이나 전투에 연관되어 전사하거나 자결하였다.

1862년에는 요시다 쇼인의 문하생인 마츠우라 쇼도[松浦松洞. 25세]가 조슈번의 대표적 개국론자[開國論者]인 나가이 우타[長井雅樂]를 암살하려는 계획에 참여하려 했다. 그러나 계획이 누설되어 성사되지 못하게 되자 이에 분격하여 자결하였다. 역시 요시다 쇼인의 문하생인 이이다 쇼하쿠[飯田正伯]는 군자금 조달 명목으로 우라가[浦賀]의 부호를 습격하여 금품을 강탈한 혐의로 체포되어 옥고를 치르다가 37세의 나이로 병사하였다. 1864년에는 이케다야사건[池田屋事件]으로 요시다 토시마루[吉田稔麿, 23세], 이리에 구이치[入江九一, 27세], 스기야마 마츠스케[杉山松介, 26세] 등 3명이 사망하였고, 1864년에는 킨몬의 변[禁門の変]으로, 구사카 겐즈이[久坂玄瑞, 24세]를 비롯하여 데라시마 쥬쟈부로[寺島忠三郎, 21세], 아리요시 구마지로[有吉熊次郎, 22세], 아카자미 쇼조[阿座上正蔵, 18세] 등 5명이 전사하거나 자결하였다. 그 밖에 1865년에는 조슈번 내 내전으로[藩內戰] 다마키 히코스케[玉木彦介, 24세]가 전사하였고, 1866년에는 시쿄 전쟁[四境戰争, 第2次 幕長戰争]으로 다카스 다키노죠[高洲滝之允, 31세]가 사망하였다. 1867년에는 메이지 유신과 더불어 다카스기 신사쿠[高杉晋作, 28세]가 젊은 나이에 폐결핵으로 사망하였다. 요시다 쇼인의 죽음에서 다카스기 신사쿠의 죽음에 이르는 8년의 기간, 일본의 정세는 이들 요시다 쇼인의 과격한 제자들에 의해 크게 요동치며 변화하였다.

한편, 요시다 쇼인의 죽음 이후의 일본 경제도 혁명을 꿈꾸는 사람들에게 유리하게 흘러갔다. 일본은 1858년 「미일수호통상조약」(7월 28일)을 시작으로 네덜란드(8월 18일), 러시아(8월 19일), 영국(8월 26일), 프랑스(10월 9일) 등의 4개국과도 수호통상조약을 체결하였다. 이것을 「안세이 5개국 조약[安政五力国条約]」이라고 하였다. 이 수호통상조약의 체결에 의해 외국과의 무역이 시작되자, 일본경제에는 여러 가지 변화가 나타났다.

우선 일본 국내외 금은 교환비율의 차이로 말미암아 대략 10

만 냥 이상의 금화가 유출되는 사태가 발생하였다. 쇄국 때 일본 국내의 금과 은의 교환비율은 1 : 5였지만, 당시 국제적인 교환비율은 1 : 15였다. 따라서 외국인이 일본에 은화 5매를 가져와서 금화 1매와 교환한 다음, 그 금화를 본국에 가져가면 은화 15매와 교환할 수 있었다. 은화 5매가 15매로 바뀌는 이런 좋은 기회를 외국 상인들이 놓칠 까닭이 없고, 그래서 일본으로부터 대량의 금화가 외국으로 유출되었다.

이러한 금화의 대량유출에 대한 막부의 대응은 일본 국내의 금은의 교환비율도 국제시세에 맞춰 1 : 15로 만들어 주는 것이었다. 이렇게 하여 1860년부터 주조되기 시작한 금화가 금의 함량을 국제시세에 맞게 1/3로 줄인 만엔고방[万延小判]이었다. 이로써 금의 급격한 해외유출은 막을 수 있었지만, 금화의 가치가 크게 줄어들게 되면서 이번에는 물가가 급등하였다.

1856년의 물가를 100으로 하였을 때, 쌀값의 경우 1858년 150, 1860년 187로 거의 2배 수준으로 오른 뒤, 1864년부터 다시 상승하기 시작하여 1864년 248, 1865년 426에 달하였다. 「미일수호통상조약」 체결의 전년인 1857년부터 1865년까지 겨우 8년 사이에 쌀값은 거의 4.26배가 되었다는 말이다. 수출품과 수입품에 따라 변화 양상은 조금 달랐지만, 결과적으로 보면 조면繰綿은 4.93배, 목면사木綿絲는 3.64배, 백목면白木綿은 3.06배, 견사絹絲는 4.32배, 지치부견秩父絹은 4.71배 등으로 거의 모든 품목에서 가격이 4배 가까이 폭등하였다.

화폐 가치의 하락에 따른 물가등귀와 더불어, 수출에 따른 물자 부족 그리고 유통구조가 변화하여 도시로 물자 유입이 격감한 것도 물가상승의 원인이 되었다. 이렇게 물가가 폭등하면서 하급 무사들과 서민들의 생활이 매우 어려워졌고, 개국정책을 실행한 막부와 외국인들에 대한 반감이 높아졌으며, 존왕양이 운동이 격렬해지는 하나의 원인이 되었다.

양이攘夷, 즉 외국과의 통상을 반대하거나 외국을 격퇴하고 쇄국을 지속해 나가려는 배외사상[排外思想]은 1861년 1월 14일 주일 미국총영사관의 통역관 헨리 휴스켄[Henry Conrad Joannes Heusken]이 양이파 사쓰마 번사[薩摩藩士]에게 살해되는 것으로 구체화하기 시작하였다.

1861년 5월 28일 한 밤중에 미토번의 양이파攘夷派 낭사들 14명이 에도 다카나와[江戶高輪]에 있던 도젠지[東禪寺]의 영국 공사관에 침입하여 영국 공사 올콕(Rutherford Alcock)을 습격하였다. 올콕은 영국공사로 임명되자 막부의 반대에도 불구하고 나가사키로부터 육로로 에도까지 갔다. 이 사건으로 영국공사관 서기관 올리판트(Laurence Oliphant)와 나가사키 주재 영사 모리슨(George S. Morrison)이 부상을 입는 등 사상자가 났다. 영국은 막부에게 강력하게 항의하였고, 공사관에 영국 해병이 주둔하고, 일본 측의 경비병을 증강하며, 1만 달러의 배상금을 지불하는 것으로 해결되었다. 이것이 '제1차 도젠지 사건'이다.

한편 제1차 도젠지 사건의 1주년에 해당하는 1862년 5월 29일에, 도젠지[東禪寺] 경비경이었던 마쓰모토 번사[松本藩士] 이토 군베[伊藤軍兵衛]가 영국 대리공사 닐(Edward St. John Neale)을 습격하여, 영국 해병 2명을 죽인 뒤 자신도 자결하였다. 이것이 '제2차 도젠지 사건'이다.

제2차 도젠지 사건의 처리를 위한 교섭이 진행되던 중인 1862년 9월 14일, 에도 인근의 나마무기[生麦]라는 곳에서 일본인 낭사들이 외국인들을 살해하는 사건이 또 발생하였다. 그 날 사쓰마 번주 시마즈 다다요시[島津忠義]의 아버지이자 실제로 사쓰마 번의 번정을 이끌던 시마즈 히사미쓰[島津久光]가 막부개혁이라는 대의명분하에 700명에 이르는 군대를 이끌고 에도로 갔다가 교토로 돌아가는 도중에 나마무기라는 마을을 지나고 있었다. 이 행렬에 일본을 관광하러 온 영국인 일행이 말을 타고 들어와 섞였다. 히사미쓰의 호위 무사들이 말에서 내릴 것을 지시하였으나 영국인들은 일본말을 몰라 지시에 따르지 않았고, 결국 호위 무사들에 의해 1명이 사망하고, 2명이 중상을 입은 '나마무기 사건'이 발생하였다.

이 무렵 조슈의 젊은 혁명가들도 움직이기 시작했다. 1862년 구사카 겐즈이[久坂玄瑞], 다카스기 신사쿠[高杉晋作], 이토 히로부미[伊藤博文] 등은 공무합체[公武合體]를 주장하던 나가이 우타[長

나마무기 사건의 니시키에(生麦事件の錦絵).
나마무기촌(生麦村)은 현재 요코하마시 쓰루미구(横濱市 鶴見区)에 있었다.(하야
카와 쇼잔 그림(早川松山圖), 〈生麦之發殺〉.)

井雅樂]를 암살할 계획을 수립하였다. 당시 일본 정치에는 공무합
체[公武合體]와 존왕양이尊王攘夷라는 서로 대립적인 두 사상이 존
재하였다. 공무합체란 공가公家(조정)와 무가武家(막부)가 서로 협
력을 표방하는 정치사상을 말하며, 존왕양이 사상은 천황을 중
심으로 외국인 배척을 표방하는 정치사상을 말한다.

　그러나 나가이 우타의 암살계획을 눈치챈 조슈번의 번정 책임
자인 스후 마사노스케[周布政之助]는 그 계획이 너무 급진적이라
판단하였다. 그래서 암살계획의 핵심 인물인 다카스기 신사쿠를
막부역인[幕府役人]의 수행원으로 삼아 상하이로 보내 버렸고, 이

로써 암살계획도 무산
되고 말았다.

　이 무렵의 조슈번 주
류의 사고방식은 '파약
양이破約攘夷'였다. 이
말은 외국과 체결한 모
든 협약을 파기하고, 외
국인들을 모조리 내쫓
아야 한다는 주장이었
다. 바로 이때 경쟁 관
계에 있던 사쓰마번에
서 서양사람을 참살한

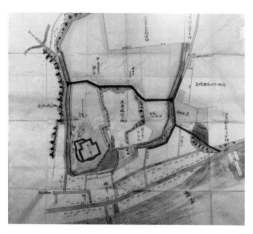

고텡야마공사관지도[御殿山公使館地図].
(1861, 東京大學史料編纂所藏)

나마무기 사건을 일으켰는데, 조슈번에서는 아직 공무합체를 운
운하고 있으니, 꼴이 말이 아니고, 그래서 무언가 양이를 결행하
지 않으면 안 된다고 생각하고 있었다. 때마침, 외국 공사들이 종
종 가나자와[金沢]에 있는 가나자와 8경[金沢八景]에 놀러 다닌다
는 정보를 입수하였다. 거기서 외국 공사들을 찔러 죽이기로 작
정했지만, 조슈 번주가 이 계획을 알고 관련자들에게 모두 근신
처분을 내림으로써 이 역시 실행되지 못했다.

　이들은 근신기간 동안 미다테구미[御楯組]를 조직하여, 1863년
1월 31일, 완공단계에 있던 영국공사관에 불을 질렀다. 경치 좋기

구사카 겐즈이[久坂玄瑞](좌)와 다카스기 신사쿠[高杉晋作](우)의 동상.

로 소문난 시나가와 고텡야마[品川御殿山]에 영국이 공사관을 짓는다고 하니, 일본인들이 좋아할 리가 없었다. 그래서 양이를 결행하기에 좋은 조건이었다. 고텡야마에는 영국공사관(약 11,857평)을 비롯하여 프랑스(약 6,180평), 미국(약 4,000평), 네덜란드(약 2,000평) 등의 공사관이 들어설 예정이었다.

이에 다카스기 신사쿠[高杉晋作]를 대장, 구사카 겐즈이[久坂玄瑞]를 부장副將으로 하고, 이노우에 가오루[井上馨]·이토 히로부미[伊藤俊輔]·데라시마 츄자부로[寺島忠三郎] 등을 방화행동대원으로 삼아 모두 11명이 한밤중에 영국공사관에 잠입하였다. 그러고는 덧문짝과 건구를 쌓아 놓고 화약에 불을 붙여 준공 직전의 건물을 전소시켰다. 다카스기와 구사카는 시바우라의 술집에서 활활 타오르는 공사관을 바라보며 술판을 벌였고, 에도 시민들도 이 불을 보고 박수쳤다고 한다. 타오르는 불길은 존왕양이 운동이 요원의 불길처럼 퍼져 나가는 것을 상징하는 듯하였다.

쇼카 손주쿠의 문하생들의 과격한 행동은 여기에서 멈추지 않았다. 1863년 2월 9일, 이토 히로부미[伊藤博文]와 야마오 요조[山尾庸三]는 고지마치 산반초[麹町三番町] 부근에서 와가[和歌] 모임을 마치고 돌아가던 국학자 하나와 다다토미[塙次郎]와 가토 고지로[加藤甲次郎]를 살해하였다. 살해 이유는 하나와 다다토미가 고메이천황[孝明天皇]을 퇴위시킬[廢帝] 방법을 찾고 있다는 소문을 들었기 때문이었다. 실제로 퇴위를 위한 움직임이 있었는지 어땠는지는 알 수 없지만, 어쨌거나 그 소문으로 이토 히로부미에 의해 암살되었다. 이토 히로부미는 피투성이가 되었지만, 사람들 눈에 띄지 않고 무사히 도망칠 수 있었다.

쇼카 손주쿠의 젊은 혁명가들은 양이를 더욱 적극적으로 실행하기 위해 교토[京都]의 조정朝廷에도 손길을 뻗쳤다. 그들은 교토 조정의 산죠 사네토미[三条実美] 등의 양이파 공경[公卿]들과 결탁하여, 교토 조정을 움직여 막부가 양이에 나서도록 압력을 가하였다. 1863년 3월, 에도 막부의 쇼군[將軍] 도쿠가와 이에모치[德川家茂]가 교토로 오자, 조정은 종래와 마찬가지로 쇼군에게 국내통치에 관한 정무를 위임하면서 양이攘夷의 명령命令도 내렸다. 이에 막부도 어쩔 수 없이 5월 10일까지 양이를 결행하기로 약속하였고, 여러 번藩에게도 그렇게 통고하였다.

그러나 막부는 내심 양이攘夷를 결행할 생각이 없었다. 나마무기 사건[生麦事件]이나 제2차 도젠지 사건[第2次 東禅寺事件]의 손해배상 교섭에 쫓기고 있었을 뿐만 아니라, 양이를 결행하게 되면 구미 여러 나라와 승산 없는 전쟁을 해야 했다. 따라서 그로 말미암아 예상되는 손해는 감당하기 어려울 것이라고 생각하였다. 막부는 이런 생각을 각 번에 통고하여, 각 번藩들이 실제 양이에 나서지 않도록 조치하였다. 동시에 막부는 각국 공사에게 개항장의 폐쇄와 외국인의 철퇴를 통고하는 문서를 보내, 겉으로는 교토 조정의 요구를 따르는 척했지만, 구두로는 개항장 폐쇄 실행의 의지가 없음을 전달하였다. 그리고 9일 후에는 폐쇄 통보도 철회하였다.

결국 양이결행일攘夷決行日인 1863년 5월 10일이 되자, 각 번들은 막부의 뜻에 따라 양이를 결행하지 않았지만, 오직 조슈번만이 양이를 결행하고 나섰다. 조슈번은 시모노세키 해협[下關海峽, 馬關海峽]을 봉쇄하고, 미국 상선 펨브로크호(Pembroke), 프랑스 군함 키엔샹호(Kien-Chang), 네덜란드 군함 메두사호(Medusa)에 대해 아무런 통고도 없이 포격하였다. 조슈번이 공격한 선박 가운데는 사쓰마번이 외국에서 구입한 배도 있었다. 그런데 조슈번은 이 배조차 외국배로 오인하여 격침했다.

피해를 입은 3개국은 그 보복으로 조슈번의 군함과 포대를 파괴했다. 하지만 조슈 번사들은 재빨리 포대를 수복하고 계속 해협을 봉쇄하였다. 또한 다카스기 신사쿠는 처음으로 기헤타이[奇兵隊]라는 일종의 민병대와 같은 비정규 군대조직을 창설하여 서양 군대의 공격에 대비하였다. 기헤타이는 신분에 제한을 두지 않았고 군인을 모집했기 때문에, 군인의 자격을 무사계급으로 한정했을 때에 견주어 더 많은 병력 자원을 확보할 수 있었고, 그 뒤 평민군[平民軍]으로 발전하는 계기도 되었다. 다카스기 신사쿠가 기헤타이[奇兵隊]를 창설한 것은 병제[兵制] 발전에 있어서 하나의 혁신이었다.

그러나 조슈번은 이렇게 서양세력과 직접 맞부닥치게 되면서, 서양세력에 맞선다는 것이 얼마나 무모한 것인가는 뼈저리게 느끼게 되었다.

영국은 나마무기 사건[生麦事件]과 관련하여 1863년 2월 막부와 사쓰마번에 배상과 관련자 처벌을 요구했다. 막부는 영국의 위협에 굴복하여 배상금을 지불했지만, 사쓰마번은 그 요구를 무시했다. 1863년 6월, 영국은 7척의 군함을 가고시마만으로 보내 조속히 범인을 처벌하고 2만 5천 파운드의 배상금을 지불하라고 요구했다. 사쓰마번이 영국의 요구를 거부하자, 1863년 7월 2일 새벽, 영국군은 3척의 사쓰마번 군함을 탈취하였다.

1, Racehorse. — 2. Pearly. — 3. Coquette. — 4. Perseus. — 5. Argus. — 6. Euryalus. — 7. Batteries japonaises.— A. 3 steamers japonais incendiés. — B. Jonque japonaise incendiée. C. Palais. — D. Factorreries.

EXPÉDITION DU JAPON. — Bombardement de Kagosima par la flotte anglaise. (D'après un croquis de M. Barbier.) .

1863년 8월 15일의 영국해군에 따른 가고시마 포격 조감도.
Bird's-eye view of the bombardment of Kagoshima by the Royal Navy, August 15, 1863. Le Monde Illustré.

그러자 사쓰마번이 포격을 개시하였고, 사쓰마와 영국 사이의 전쟁 즉 사쓰에이 전쟁[薩英戰爭]이 시작되었다. 영국의 대포는 최대 사거리가 약 4km였던 것인데, 사쓰마의 대포는 1km에 지나지 않아, 병기만 놓고 보면 영국이 압도적으로 유리했지만 전투

결과는 그렇지 않았다. 개전 3시간 후, 영국 함대의 기함이 사쓰마 해안 포대의 포탄에 맞아 함장이 사망하였고, 총사령관도 부상을 입었다. 양측의 교전은 이튿날에도 계속되었지만, 7월 4일 마침내 영국함대는 철수하고 말았다.

이 전쟁으로 말미암아 영국은 60여 명의 사상자가 발생했고, 군함 1척이 대파되었으며, 또 다른 선박 1척도 엄청난 피해를 입었다. 이와 달리 사쓰마번 측의 피해는 사상자가 약 10명 정도이고, 포문 8대가 파괴되었을 뿐이었다. 그러나 영국의 포격으로 가고시마 죠카마치[城下町] 대부분이 화재로 소실되는 엄청난 피해를 입게 되었다.

사쓰에이 전쟁을 통해 사쓰마번은 영국함대의 강력한 힘을 뼈저리게 느꼈다. 그래서 일본에 들어온 서양사람들을 참살하고, 서양사람들의 시설물을 파괴하여 쫓아내는 그런 양이로는 절대 성공할 수 없을 뿐만 아니라, 더 큰 피해를 불러올 것이라는 점을 똑똑히 깨닫게 되었다. 그래서 양이攘夷의 실행을 위해서는 우선 외국과 우호 관계를 맺고, 기술이나 지식을 배워 부국강병으로 국력을 키운 후에, 대등하게 겨루는 그러한 양이로 나아가야 한다고 생각하였다. 따라서 영국과 적대할 것이 아니라 오히려 적극적으로 화친할 필요가 있다는 생각까지도 하였다. 영국 역시 사쓰마번의 강력한 군사력을 경험함으로써 사쓰에이 전쟁을 계기로 양자는 오히려 급속도로 가까워졌다.

1864년 시모노세키 전투[下関戦争=馬関戦争]에서 연합군에 의해 점거된 조슈의 마에다 포대[前田台場]. 현재 규슈와 혼슈를 잇는 간몬대교[關門大橋] 옆에 있는 단노우라 옛 전장[壇之浦古戰場]의 동북쪽에 있다.
(THE ILLUSTRATED LONDON NEWS, SATURDAY, DECEMBER 24, 1864. Nos, 1293, 1294.— vol. xlv.)

조슈번의 경우도 마찬가지였다. 1864년 7월, 조슈번의 시모노세키 해협 봉쇄로 많은 경제적 피해를 입었던 영국은 조슈에 대해 보복하기로 결정하였다. 그리하여 프랑스·네덜란드·미국에 참가를 요청하여, 4개국 연합함대를 구성하였다. 4개국 연합함대는 17척의 군함으로 8월 5일부터 7일에 걸쳐 조슈의 포대를 포격하고 육전대를 상륙시켜 포대를 점거·파괴하였다. 이것을 '4국 함대 시모노세키 포격 사건[四国艦隊下関砲撃事件]'이라고 부른다. 조슈 역시 이 전쟁을 치르면서 서양의 강력한 군사력을 뼈저리게 느꼈고, 사쓰마와 마찬가지로 서양과 화친하여 국력을 키우는 것이 중요하다고 생각하게 되었다. 일본에서는 이런 생각을 '대양이론 大攘夷論'으로 부르기도 하지만, 실제로는 존왕양이론에서 존왕 즉 도막倒幕(막부 타도)만 남기고 양이를 포기한 것이었다.

현재 동경만 입구 가까이에 있는 구리하마시에는, 1853년 페리가 상륙한 곳을 기념하는 페리공원이 조성되어 있다. 공원 한가운데에는 페리상륙 기념비가 우뚝 서 있는데, 그 기념비의 운명이 흥미롭다. '요코스카시[橫須賀市] 지정 중요유형문화재(역사자료) 페리 상륙기념비' 설명판에는 이렇게 쓰여 있다.

이 기념비는 1853년 7월 14일(양력)에 페리제독이 구리하마에 상륙한 지 48년 후인 1901년 7월 14일에 미우협회米友協會에 의해 건립되었다. … 비석 앞면의 '北美合衆國水師提督伯理上陸紀念碑'라는 휘호는 초대 내각총리대신 이토 히로부미[伊藤博文]가 쓴 것이다. 건립 경위는 1900년 11월에 열린 미우협회米友協會 식전에서 페리와 함께 구라하마에 상륙했던 퇴역 해군 소장 비어즈리(Lester A. Beardslee)가, (페리가) 상륙한 땅에 미일양국 최초의 접점接點을 보여주는 광경이 없다는 말을 하여 청중에게 감명을 준 것으로 시작한다. 곧 미우협회는 기념비 건립을 계획하여……가네코[金子堅太郎]가 힘을 다하여, 국내뿐 아니라 미국에서도 건립비용을 모금하여, 겨우 8개월 만에 기념비 낙성을 할 수 있게 되었다. 이렇게 하여 건립된 기념비에 의해 페리 상륙의 의의는 전해져 왔지만, 태평양 전쟁 가운데는 적국敵國을 찬양한다고 하여 무너뜨렸다. 그러나 제2차대전 종전 후인 1945년 11월에 복원되어 현재에 이르고 있다. 이 페리 기념비는 일본의 근대의 개막을 상징함과 동시에 미일 양국의 국제관계의 발걸음을 보여주는 귀중한 역사자료이다.

페리 상륙 기념비는 1901년에 '일본의 근대의 개막을 상징'하는 기념물로 건립되었다는 것이다. 일본이 처음 미국과 조약을 맺을 때만 해도 미국은 일본에서 몰아내어야 할 양이洋夷였다. 그러나 양이론攘夷論의 앞장을 섰던 사쓰마와 조슈가 사쓰에이 전쟁과 시모노세키 전투(바칸 전쟁, 馬關戰爭)에서 패배하여 '대양이론大攘夷論'으로 변모하면서 거꾸로 서양 문물을 적극적으로 받아들이기 시작했다. 특히 메이지 유신 이후 일본이 제국주의 국가가 되면서 페리에 대한 평가도 우호적인 것으로 바뀌어 갔다. 페리의 상륙기념비는 그런 분위기 속에서 축조되었다.

그러나 태평양 전쟁으로 미국은 일본의 적국이 되고, 특히 1944년처럼 미군이 태평양 전 지역에서 일본군을 섬멸하면서 일본본토 쪽으로 옥죄어 오는 상황에서는, 미국에 대한 일본인들의 감정은 적개심으로 가득 차게 될 수밖에 없었다. 그러니 미국과 일본 사이의 우호의 상징으로서의 페리 상륙기념비 같은 것은 더 이상 두고 볼 수 없었다. 이에 요코스카시[橫須賀市]의 익찬장년단[翼贊壯年團]이 중심이 되어, 태평양전쟁 개전(1941년 12월 8일) 기념일인 12월 8일에 맞추어 페리 기념비를 분쇄하여 호국신사의 참배도로에 뿌려 참배자들이 밟고 지나가도록 할 계획을 세웠지만, 실제로 기념비를 도괴한 때는 계획보다 조금 늦은 1945년 2월 8일이었다.

그런데 일본이 페리 기념비를 도괴한 바로 1945년에는 또 다른 사건이 있었다. 일본이 미국이 중심이 된 연합국에게 무조건 항복하였기 때문이다. 일본의 명줄을 쥐고 있는 미국에 대해, 미국과의 우호를 상징하던 페리 상륙기념비를 부서진 채로 방치하는 것은 곤란하였다. 그리하여 일본이 항복한 지 석 달 후, 그리고 그 비석을 파괴한 지 9개월 만에 페리 상륙 기념비는 복구되었다. 《역사란 무엇인가》라는 책에서 카(E.H.Carr)가 역사란 '과거와 현재의 대화'라고 하였던 말이 새삼 생각나는 대목이다.

1945년 2월 8일에 도괴倒壞된 페리기념비. 1945년 9월 촬영.

페리기념비를 도괴한 후, 목제木製 호국정신진기지비護国精神振起之碑를
세운 관계자들.

복원공사 중인 페리기념비. (1945년 11　현재의 페리상륙기념비. (휘호-이토 히
월)　로부미)

2. 조슈가 조정의 적(朝敵)이 되다

다시 양이론 시기의 조슈번으로 돌아가 보자. 조슈번의 구사카 겐즈이[久坂玄瑞]를 중심으로 하는 양이 세력들은 외국 선박을 공격하면서, 고메이천황[孝明天皇]이 친히 양이하도록[攘夷親征] 할 계획을 세웠다. 그 일환으로 천황의 양이기원[攘夷祈願]을 위한 진무릉[神武陵] 참배[参拝] 행차 즉 야마토교코[大和行幸]를 추진하는 한편, 그것을 계기로 천황을 옹립하여 막부를 토벌하는 군사를 일으키려고 하였다.

원래 천황이 거주하는 교토는 교토 쇼시다이[京都所司代]와 교토 마치부교[京都町奉行]가 치안을 담당하고 있었다. 그런데 교토가 점점 양이 세력의 수중으로 넘어가자 막부는 이들을 단속할 필요가 생겼다. 이에 공무합체파이자 사쓰마번의 실권자였던 시마즈 히사미츠[島津久光]의 제안을 받아들여 조정이나 제 다이묘[諸大名]의 감시와 교토의 치안 단속을 주 임무로 하는 교토 슈고쇼쿠[京都守護職]라는 직책을 제도화하고, 아이즈번주[会津藩主] 마쓰다이라 가타모리[松平容保]가 1862년 9월에 그 책임자로 취임하였다.

한편 조슈의 양이파들이 지나치게 과격해지자 고메이천황[孝明天皇]의 마음도 점차 이들에게서 멀어지게 되었다. 이를 눈치챈 공

무합체파 마쓰다이라 가타모리와 시마즈 히사미쓰는 1863년 8월 18일 교토 조정에서 급진 양이파를 몰아내는 쿠데타를 단행했다. 이른바 '8월 18일의 정변[八月十八日の政変]'이다.

이 쿠데타에 의해 조슈 모리가[長州毛利家]는 금문경호禁門警護에서 파면되고, 조슈측을 지지하던 구게[公家]인 산조 사네토미[三条実美] 등 7명의 공경公卿은 조정에 참석하는 것(참조参朝)이 금지되고, 교토에서 추방되었다. 이들 7명의 공경이 교토에서 추방되어 조슈번으로 내려간 것을 '시치쿄 오치[七卿落ち]'라고 부른다. 또한 교토에 있던 조슈의 모리가 저택에는 경비 몇 명을 제외하고는 체류가 허용되지 않았다. 이제 교토에는 조슈번 사람들이 더 이상 체류하기 어렵게 되었다. 이 사건에 따라, 존왕양이 운동의 핵심세력이었던 조슈번의 세력은 약화되고, 야마토교코[大和行幸]에 호응하여 궐기할 예정이었던 덴츄구미[天誅組]도 해체되었다. 그리고 교토 조정은 다시 공무합체파가 장악했다.

조슈번 사람들이 교토에서 추방당하자, 조슈번에서도 무언가 대책을 세워야 했다. 그러나 조슈번에서는 스후 마사노스케[周布政之助] 등의 신중론자들과 다카스기 신사쿠[高杉晋作] 등의 급진론자들이 뒤섞여 갑론을박만 하고 좀처럼 대책을 내놓지 못했다. 이때 교토에서 '이케다야 사건[池田屋事件]'이 발생하면서 번론藩論은 급전직하 급진론으로 전환되고 말았다. 이케다야 사건은 교토 슈고쇼쿠[京都守護職]의 하부 기관으로 새로 조직된 신센구미

[新撰組]라는 낭사대가 교토의 이케다야[池田屋]라는 여관에 머물고 있던 존왕양이파 사람들을 급습하여 7명을 사살한 사건이다. 이때 사망한 사람들 가운데는 쇼카 손주쿠 문하생이 5명이나 포함되어 있었다는 것이 문제였다.

조슈번은 '8월 18일의 정변'으로 이미 아이즈번[会津藩]에 한을 품고 있었는데, 이케다야 사건으로 아이즈번의 신센구미에 의해 많은 조슈번 사람들이 살해됨에 따라 더 이상 참을 수 없게 되었다. 그래서 조슈번의 양이파 신하들이 모리 다카치카[毛利敬親] 번주에게 교토에서 아이즈번과 전쟁을 일으킬 것을 청했고, 모리 번주는 이 요청을 "응, 그렇게 해"라는 한마디로 승락했다.

1864년 조슈의 3가로家老가 조슈번 병사[長州藩兵]들을 이끌고 교토로 가서, 천황이 거주하는 고쇼[御所]의 여러 문들 중의 하나인 하마구리고몬[蛤御門]에 집결하였다. 이른바 '긴몬의 변[禁門の変, 蛤御門の変]'이 일어난 것이다.

처음에는 조슈의 병력이 2천 명으로 유리했지만, 시간이 흐르면서 상황은 점점 불리해졌다. 시모노세키의 포격으로 구미 각국의 조슈 공격도 임박하였고, 교토에 사쓰마의 지원군이 도착하면서 막부측 병력은 2만에 달하였다. 사이고 다카모리[西郷隆盛]는 조슈를 그대로 두면 강경 양이론이 부활하여 일본의 미래가 크게 위험해질 것이라고 하였다. 이런 여러 조건 때문에 조정의 여론도 조슈번에 대한 강경론으로 기울어, 조슈번이 당장 병사들을 물리지 않으면 정벌하겠다고 통보하였다.

구사카 겐즈이는 조슈가 조정의 적[朝敵]이 되는 것은 위험하다고 생각하여 공격에 반대했지만, 조슈 전체의 결론은 교토의 고쇼[御所]로 진군하기로 결정되었다. 1864년 7월 18일 8시, 조슈의 군대는 교토로 향해 출진하였다. 아무리 막부측 병력이 많더라도 반드시 돌파하여 천황에게 직소하려고 했던 것이다.

10시에 '긴몬의 변'이 시작되었고, 조슈군은 10배의 진압군과 분전했지만 반나절 만에 패하고 말았다. 요시다 쇼인의 처남이자 가장 촉망받던 문하생이었던 구사카 겐즈이[久坂玄瑞]는 25세의 젊은 나이에 할복으로 생을 마감하였다. 양측의 전투로 교토에는 화재가 발생하여 3일 밤낮으로 불에 탔다고 한다. 풀벌레 우는 소리보다 화재로 우는 사람들의 소리가 더 컸다고 한다.

긴몬의 변[禁門の変]의 과정에서, 조슈번이 고쇼[御所] 안을 향해 포격한 것 때문에, 조슈번은 조정의 적[朝敵]으로 되었고, 이틀 후인 7월 20일 고메이 천황[孝明天皇]은 「조슈정벌령[長州征伐令]」을 내렸다. 조슈번 토벌의 명분을 얻은 막부는 존왕양이파에게 최후의 타격을 줄 요량으로 대군을 모아 출진하였다. 조슈정벌 총독은 오와리 번주[尾張藩主] 도쿠가와 요시가츠[德川慶勝]가 맡았다. 부장은 에치젠 번주[越前藩主] 마쓰다이라 모찌아키[松平茂昭], 그리고 참모는 사이고 다카모리[西郷隆盛]였다. 병력은 대략 15만 명 정도였다. 이것이 바로 '제1차 조슈정벌[第1次 長州征伐=幕長戰爭]'

이다.

조슈는 이미 8월 5일에 구미 4개국 연합함대에게 대패하였는데, 11월에는 조적[朝敵]이 되어 막부군의 공격을 받는 상황이 되었다. 절체절명의 순간은 그렇게 시시각각 다가오고 있었다. 앞에서 보았던 1864년 9월 25일 새벽 4시에 개최된 조슈번의 회의는 그렇게 시작되었다. 그리고 그 오래 계속되던 회의는 마침내 조슈번주인 모리 다카치카가 '우리 번은 막부에 공순한다.'고 결론을 내림으로써 끝났다. 그 결과 조슈는 막부군에 항복하였고 막부군이 철군함으로써 전쟁은 모면할 수 있었다.

대신 조슈번에서는 3명의 가로家老(国司親相, 益田親施, 福原元僴)의 할복, 4명의 참모(宍戸真澂, 竹内正兵衛, 中村九郎, 佐久間左兵衛)의 참수, 야마구치성[山口城]의 파괴 및 막부에 공순恭順 서약 등으로 사태가 해결되었다. 또한 조슈 내 보수파들은 막부에 저항하던 존왕양이파 세력들을 추방하였다. 이 과정에서 조슈번 안의 존왕양이파는 권력을 상실하고, 보수속론파保守俗論派가 정권을 잡게 되었다.

긴몬의 변[禁門の変]과 제1차 조슈 정벌의 과정을 거치면서, 조슈의 젊은 혁명가들 사이에서 지금은 열정과 무력에 따른 양이의 시대 즉 '소양이小攘夷'의 시대가 아니라는 인식이 자리 잡게 되었다. 존왕양이에서 양이를 버리게 되면서 막부를 타도하여 천황을 중심으로 하는 새 시대를 여는 것만 남게 되었다.

쇼카 손주쿠 출신의 젊은 혁명가들에게는 우선 보수속론파에 의해 장악된 조슈번의 정권을 되찾아 오는 일이 무엇보다 시급하였다. 이미 개혁파 인물들이 대부분 숙청된 상황에서 정권을 되찾아 온다는 것은 불가능에 가까웠다. 그러나 구사카 겐즈이[久坂玄瑞]와 더불어 쇼카 손주쿠의 쌍두마차를 이루던 다카스기 신사쿠[高杉晋作]는 이런 무모한 일을 시작하였다.

다카스기 신사쿠는 보수속론파가 정권을 잡게 되자 번외藩外로 도망쳤다. 그러나 정권을 장악한 보수속론파가 거듭 개혁파를 처형하자, 시모노세키로 되돌아와서 쿠데타를 일으켰다. 1865년 12월 15일. 그날따라 시모노세키에서는 드물게 보는 눈이 내렸다. 다카스기 신사쿠는 시모노세키에 있는 고잔지[功山寺]에서 거병했지만, 내리는 눈처럼 을씨년스럽고 초라했다. 다카스기 신사쿠 밑으로 모여든 쿠데타군은 이토 슌스케[伊藤俊輔=이토 히로부미伊藤博文]가 이끌고 온 리키시타이[力士隊] 84명이 전부였다. 자기가 창설한 기헤타이[奇兵隊]에 쿠데타 참가를 요청했지만, 당시 기헤타이를 이끌고 있던 야마가타 아리토모[山県有朋]로부터 아직은 시기상조라고 거절당했다.

이렇게 시작은 미약하였지만, 시모노세키 주변의 관청들을 차례차례 습격하여 빼앗고, 미타지리[三田尻]에서 번선藩船 3척을 탈취하는 등, 쿠데타군이 점차 전과를 올리기 시작하였다. 그러자 사태를 관망하고 있던 이노우에 가오루[井上馨, 井上聞多]와 시나

고잔지거병[功山寺擧兵].
시모노세키[下関]의 고잔지에서 다카스기 신사쿠[高杉晋作]가 조슈 번정을 장악하려고 쿠데타를 일으켰다.

가와 야지로[品川弥二郎], 야마다 아키요시[山田顕義], 야마가타 아리토모[山県有朋] 등의 쇼카 손주쿠 동료들이 집결함으로써 병력이 3천 명에 달하였다. 농민은 지원병으로 참여하였고, 상인들도 자금을 제공하는 등 쿠데타군을 응원하였다. 그리하여 1866년 1월, 오오다·에도의 전투[大田·絵堂の戦い]에서 보수파인 하기번군과 다카스기 신사쿠가 이끄는 쿠데타군이 격돌하여 10여 일간 전투를 이어갔다. 결국 쿠데타군이 승리함으로써, 마침내 쿠데타군이 조슈번의 정권을 잡았다.

막부에 공순하던 보수파가 물러나면서 이제 막부와의 대립도 불가피해졌다. 이에 조슈번에서는 오무라 마스지로[大村益次郎]를 등용하여 게이오의 군정개혁[慶応軍政改革]에 착수하였다. 오무라 마스지로는 가쓰라 고고로[桂小五郎=木戸孝允]의 의견을 참고하여 무사뿐 아니라 농민이나 정민町民으로부터도 병사를 모집하고, 번이 급여를 부담하는 군제개혁을 단행했다. 대隊의 지휘관에게 전술 등을 가르쳐, 대隊가 단독으로도 행동을 취할 수 있도록 기동성을 높였다.

그리고 7월에 가쓰라 고고로가 이토 히로부미[伊藤博文]와 이노우에 가오루[井上馨]를 나가사키에 파견하여 사쓰마번을 경유하여 미니에 총 4,000정, 게벨 총 3,000정을 구입하는 데 성공하였다. 원래 조슈번은 제1차 조슈 정벌 이래 외국에서 무기

글로버상회의 토마스 글로버(Thomas Blake Glover). 삿쵸동맹 이후, 사쓰마를 경유하여 조슈에게 미니에총과 군함 등을 판매하였고, 이토 히로부미, 이노우에 가오루 등의 조슈 5걸이 몰래 영국으로 유학 가는 것을 도와주는 등, 결과적으로 메이지 유신에 크게 기여하였고, 이토 히로부미와 이노우에 가오루의 천거로 훈2등 욱일중광장[勲二等旭日重光章]을 받았다.

를 구입하는 것이 금지되어 있었다. 그런데 조슈와 사쓰마가 동맹을 체결하면서, 사쓰마가 글로버상회(Glover and Co.)에서 무기를 구입하여 다시 조슈에 판매하는 방법으로 무기 거래를 성사시켰다. 조슈와 사쓰마의 거래는 국내거래이기 때문에, 막부의 규제를 피할 수 있었다.

막부는 조슈번에서 쿠데타에 의해 보수파가 실각하고 개혁파

가 다시 정권을 잡게 된 것을 알았다. 그래서 조슈 번주에게 에도로 와서 설명하도록 명령했지만, 막부의 정벌에 대응하기 위한 군비·군제개혁을 하고 있던 조슈번이 그런 명령에 응할 리 없었다. 막부는 명령에 따르지 않는 조슈번을 엄중하게 문책하기 위해 히로시마로 힐문단을 파견하였다. 조슈 측에서는 일단 교섭단을 히로시마로 보냈지만 시간만 질질 끌며 얼버무리고만 있었다.

이런 상황이 1년 이상 계속되자, 막부는 로쥬[老中] 오가사와라 나가미치[小笠原長行]를 보내 조슈 번주의 출두를 명하였다. 그러나 조슈 번주는 병을 핑계로 출두하지 않았다. 막부는 조슈번에게 10만석 삭감과 번주 부자의 칩거를 명했다. 그러나 조슈번은 이 명령에도 따르지 않았을 뿐만 아니라, 히로시마에 보냈던 교섭단도 모두 철수해 버렸다.

그러자 막부는 조정의 허락을 받아 1866년 조슈번을 치기 위한 군대를 파견하였다(제2차 조슈정벌第二次長州征伐). 6월 7일, 막부 함대가 야시로지마[屋代島, 周防大島]에 포격을 가하면서 조슈에 대한 막부의 공격이 시작되었고, 14일에는 게이슈구치[芸州口], 16일에는 세키슈구치[石州口], 17일에는 고쿠라구치[小倉口]에서 전투가 시작되었다.

3. 조슈가 막부를 이기다

막부는 세키슈구치[石州口], 게이슈구치[芸州口], 오시마구치[大島口], 고쿠라구치[小倉口], 하기성[萩城] 등의 5 방면으로 조슈를 공격하려고 계획하였다. 그러나 하기를 공격하기로 예정되어 있던 사쓰마번[薩摩藩]이 출병을 거부하면서 실제 공격로는 하기를 제외한 나머지 4곳으로 정해졌다. 이렇게 네 곳으로 공격해 들어갔기 때문에 제2차 조슈 정벌을 일명 '시쿄 전쟁[四境戰爭]'이라고도 한다. 1866년 6월 7일의 야시로지마 포격은 '시쿄 전쟁' 가운

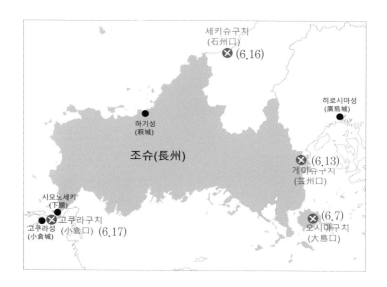

데 '오시마구치[大島口]'의 전투에 해당한다.

시쿄 전쟁의 서전[緒戰]을 열었던 6월 7일의 오시마구치의 전투[大島口の戰い]부터 전쟁의 경과를 살펴보자. 막부측의 병력은 당초 2만명으로 예정되었지만, 실제로는 막부의 하타모토병[旗本兵]과 마쓰야마번병[松山藩兵]을 합해 대략 2,000여 명에 지나지 않았다. 그렇지만 조슈측에서 동원할 수 있는 병력은 약 500명의 농민병 뿐이었다. 막부의 병력이 예상보다 크게 줄어들었지만 여전히 조슈의 병력은 막부군에 견주어 턱없이 적었다. 오무라 마스지로[大村益次郎]는 조슈군 병력을 모두 다 합해도 5천 명이 넘지 않는 상황에서, 모든 전선에 군사를 배치해서는 승산이 없다고 생각하였다. 그래서 당초에는 오시마구치를 포기하려고 하였다. 그러나 지역 주민들의 반발을 우려한 가쓰라 고고로[桂小五郎=木戶孝允]는 다카스기 신사쿠[高杉晋作]와 제2기병대第二奇兵隊를 파견하였다. 다카스기는 조슈의 군함인 헤인마루[丙寅丸]를 타고, 휴식 중이던 막부 함대를 기습하여 큰 전과를 올렸다. 그 뒤 하야시 도모유키[林友幸], 세라 슈죠[世良修藏]의 제2기병대가 막부군과 일진일퇴의 공방을 전개하다가, 최종적으로 오시마구치에서 막부군을 물리쳤다.

6월 13일에는 게이슈구치[芸州口]에서도 전투가 시작되었다. 막부군은 다카다번[高田藩], 히코네번[彦根藩], 기이번[紀伊藩], 요이타번[与板藩], 와카야마번[和歌山藩], 오가키번[大垣藩], 아카시번[明

石藩], 쓰야마번[津山藩] 등 약 5만여 명으로 편성되어 있었다. 이에 맞서는 조슈군은 이와쿠니병[岩国兵]을 중심으로 유게키군[遊擊軍], 미타테대[御楯隊], 간죠대[干城隊], 슈기대[集義隊], 요쿄대[膺懲隊], 고죠군[鴻城軍], 하기번병[萩藩兵], 요시키병[吉敷兵], 미츠오병[三丘兵], 우베병[宇部兵] 등 도합 2천 명 정도였다. 병력으로만 보면 막부군이 조슈군의 25배나 되는 압도적 우세였다. 실제로 참전한 번은 이 가운데 일부이기 때문에 막부군의 군사력은 3만 정도로 보기도 한다.

　게이슈구치 전투는 6월 14일 히로시마현과 야마구치현 경계 부근에 있는 오제가와[小瀬川]라는 강에서 시작되었다. 막부측의 히코네군[彦根軍]이 이 강을 건너려고 하자, 조슈군이 강둑에서 일제사격하고 세타하치만구야마[瀬田八幡宮山]에서 포격을 개시함으로써 전투가 시작되었다. 그 뒤 양 진영은 일진일퇴의 호각 상태를 이루었지만, 조슈군의 한 부대가 히코네군의 배후를 치면서 히코네군이 갑자기 무너졌다. 막부군은 다시 전열을 가다듬어 서양식 장비를 가진 기이번[紀伊藩]을 투입하였고, 그 뒤 전선은 일진일퇴의 상황에 놓였다. 9월 2일, 막부는 가쓰가이슈[勝海舟]를 보내 조슈번과 교섭하여 정전하였다. 이렇게 게이슈구치[芸州口]의 전투는 무승부로 끝났지만, 전투 초기의 양군의 병력의 차이를 생각한다면, 조슈가 15~24배 이상 많은 막부의 군사를 성공적으로 저지한 것은 조슈가 사실상 승리한 것이나 다름없었다.

고쿠라구치[小倉口]에서는 조슈의 풍운아 다카스기 신사쿠[高杉晋作]가 1천 명의 병력으로 5만의 막부군과 대적하였다. 아무리 봐도 승산이 없던 이 전투에서 다카스기 신사쿠가 승리하였다. 막부측은 이 전투에서 패배함으로써 260년간 지속되어 온 막부의 권위가 땅에 떨어졌고, 1년 후 막부가 붕괴하게 되는 계기로 되었다. 막부군은 시모노세키에서 약 10km 떨어진 고쿠라 성[小倉城]에 본진을 두었고, 1866년 6월 3일 막부군의 사령관으로 로쥬[老中] 오가사와라 나가미치[小笠原長行]가 부임하였다. 그런데 오가사와라는 전투경험이 없는 문관이었다. 막부군은 고쿠라, 쿠마모토 등 규슈의 여러 번들의 연합군이었는데, 이들은 굳이 이 전투에서 희생을 치르고 싶지 않았다. 더이상 물러설 곳이 없는 절박한 심정의 조슈군과 정신력에서 비교가 되지 않았다. 그럼에도 불구하고 막부는 압도적인 병력으로 포위하면, 조슈는 싸우지 않고 항복할 것이라고 낙관하고 있었다.

고쿠라에 보낸 조슈의 스파이들로부터 6월 18일에 막부군의 공격이 개시될 것이라는 정보를 얻었다. 5만 명이 상륙한다면 1천 명의 조슈군으로는 도저히 막을 수 없었다. 그래서 6월 17일, 다카스기가 먼저 기습하였다. 시모노세키 해협 중에서도 바다의 폭이 가장 좁은 곳은 단노우라[壇之浦=田野浦]인데, 거기에는 조슈로 상륙하기 위한 약 200척의 막부군의 배가 모여 있었다. 오전 4시, 조슈의 5척의 군함이 단노우라에 함포사격을 시작했다.

시모노세키 포대에서도 동시에 대포를 쏘기 시작하였다. 포탄은 막부군의 진지에 정확하게 명중하였고, 막부군은 일대 혼란에 빠졌다. 오전 6시, 조슈군은 그 틈을 타고 단노우라에 상륙하였다. 신식무기를 가진 조슈군은 구식

군함 후지산마루[富士山丸].

무기를 가진 막부군을 압도하였다. 단노우라를 점령한 조슈군은 막부군의 상륙용 배를 모조리 불태웠다. 막부군의 조슈 상륙이 불가능하게 되었다. 조슈에서는 이 기회에 고쿠라까지 공격하자는 소리가 높았지만, 다카스기는 시모노세키로 철수할 것을 명령하였다.

막부군 사령관인 오가사와라는 해군력의 만회를 위해 막부의 군함을 호출하였다. 막부에서는 당시 일본 최대의 서양식 군함인 후지산마루[富土山丸]를 파견하였다. 그 공격력은 조슈의 모든 군함을 합한 것보다 강력하였다. 후지산마루가 도착하면 막부군이 시모노세키 해협을 제압할 것이 불을 보듯 뻔하였다.

6월 29일, 후지산마루가 시모노세키 해협에 도착하였다. 후지

산마루가 버티고 있는 한, 조슈군이 고쿠라에 상륙하는 것이 불가능하고, 후지산마루의 함포사격으로 시모노세키가 괴멸적인 피해를 입을 수도 있었다. 다카스기는 후지산마루를 제거하기 위해 석탄운반선을 이용하였다. 시모노세키 해협에서는 석탄을 실은 배가 자주 다녔기 때문에, 후지산마루는 석탄운반선을 그다지 경계하지 않았다. 조슈군은 석탄운반선으로 위장하여 후지산마루에 접근한 뒤 갑자기 공격하였고, 엄청난 피해를 입은 후지산마루는 전장에서 이탈하고 말았다.

그 해 여름은 대단히 무더웠다. 질병과 식량부족으로 막부군의 전의가 크게 떨어질 수밖에 없었다. 이런 상태로는 조슈군과 싸울 수 없다고 생각한 고쿠라군은 막부에 원군을 요청했지만, 오가사와라는 거절하였다. 문관 출신인 오가사와라는 전선의 어려움을 잘 이해하지 못했던 것이다.

패전을 거듭하던 오가사와라는 7월 8일 마침내 구마모토번 5천 명을 고쿠라군의 원군으로 출동하도록 명령하였다. 구마모토번은 사정거리가 긴 최신형의 총을 보유하는 등 여러 번들 중에서 가장 강한 전투력을 가지고 있었다. 다카스기는 강력한 구마모토군에 대해서는 지구전을 선택하였고, 그래서 전투는 교착상태로 반 달이 흘러갔다.

이 무렵, 네 곳의 전투 중에서 막부군이 우세인 곳은 한 곳도 없었다. 모든 전선에서 막부군은 압도적으로 많은 병력에도 불구하고 조슈군에게 밀리고 있었다. 사정이 이렇게 돌아가자, 나베시마번[鍋島藩]을 비롯한 구루메번[久留米藩], 구마모토번[熊本藩]의 출정병들도 모두 본국으로 돌아가고 싶어 했다.

7월 26일, 다카스기는 결핵의 병세가 매우 심각했지만, 병상에서 군사회의를 열어 27일 고쿠라성을 공격하기로 결정하였다. 고쿠라성으로 가는 길목에는 아카사카[赤坂]라는 천혜의 요새가 있었는데, 그 아카사카를 둘러싸고 하루 종일 전투가 이루어졌고, 조슈군은 114명의 전사자를 내고 후퇴할 수밖에 없었다. 조슈군의 전사자 114명은 그다지 많은 숫자가 아닌 것처럼 보이지만, 원래 병력이 적었기 때문에 이 전사자수는 총병력의 1할을 넘는 큰 피해였다. 조슈군이 이렇게 큰 피해를 입었음에도 불구하고 다카스기는 오히려 계속 쳐들어갈 듯한 태도를 보였다. 다카스기는 거대한 적을 정신적으로 피곤하게 만들어 분열시키는 작전을 썼던 것이다. 조슈군은 포대를 세우고, 언제든지 공격할 것처럼 구마모토군을 위협하였고, 밤새 횃불을 피워 구마모토군을 불안하게 했다. 아카사카에서 패배한 조슈군이 철수하지 않고 다시 기습해 올지도 모른다는 불안감을 주려는 심리전이었다.

7월 28일, 구마모토군은 격전으로 말미암은 병력 소모를 이유로 오가사와라에게 아카사카 방위 임무를 교대해 달라고 요청했지만, 오가사와라는 그것을 거부하였다. 가장 강력한 구마모토군이 떠나면 방어선이 뚫릴까 염려하였기 때문이었다. 그렇지만 구마모토군은 오가사와라의 이런 조치에 격노하여, 무단으로 아카사카에서 철병하여 귀국하고 말았다.

그리고 바로 그날, 고쿠라구치 총독인 로쥬 오가사와라에게 각지의 막부군이 패전했다는 소식과 아울러, 쇼군 도쿠가와 이에모치[德川家茂]가 오사카성에서 사망했다는 연락이 오게 되자, 7월 30일 오가사와라는 마침내 비밀리에 군함을 타고 전선에서 벗어났다. 그러자 막부의 요청에 따라 참전했던 규슈 여러 번의 군사들도 철병하였다. 고쿠라번은 자기 혼자서는 도저히 조슈군을 상대하기 어렵다고 생각하여 스스로 고쿠라성에 불을 지르고 퇴각하였다. 고쿠라성에서 피어오르는 맹렬한 화염은 260여 년간 지속되어 온 막번체제[幕藩體制]의 붕괴와 메이지 유신이라는 새 시대의 시작을 알리는 봉화와도 같았다.

조슈군이 고쿠라구치에서 막부군을 물리친 7개월 후인 1867년 4월 14일, 다카스기 신사쿠는 결핵이 악화되어, 그토록 염원하던 메이지 유신을 목전에 두고 29세의 나이로 파란만장한 삶을 마쳤다. 구사카 겐즈이에 이어 또 한 명의 요시다 쇼인의 수제자가 요절하였던 것이다.

한편 다카스기 신사쿠가 고쿠라구치의 영웅이었다면, 세키슈구치[石州口]의 영웅은 오무라 마스지로[大村益次郎]였다. 야스쿠니 신사에 들어가면, 입구 가까이에 엄청난 높이의 좌대 위에 한 사람의 동상이 서 있는데, 그 사람이 바로 오무라 마스지로이다.

일본에서는 그를 가리켜 '일본 근대 군대의 아버지'라고 부르기도 하는데, 그가 메이지 신정부의 군제軍制를 근대적 군제로 변화시켰기 때문이다.

오무라는 1824년 조슈번에 있는 스오국 요시키군[周防国吉敷郡]의 조그만 마을에서 마을 의사의 장남으로 태어났다. 1842년에는 나가사키에 가서 독일 의사인 지볼트(Philipp Franz von Siebold)의 제자가 되어 서양의학을 배웠다. 1853년에는 우와지마번[宇和島藩]의 다이묘인 다테 무네나리[伊達宗城]의 제안을 받아들여 서양 학문을 가르치게 되었다.

오무라 마스지로의 동상.

이때 신분도 번사藩士로 격상되었다. 1856년에는 번주를 따라 에도로 갔고, 거기서 서양 학문 교육기관인 강무소講武所의 교수가 되었다. 1861년에는 조슈번의 부름을 받고 조슈번의 군사학교 교관으로 임명되었으며, 조슈 군대의 근대화라는 임무도 주어졌다.

오무라는 매우 합리적인 사람이었다. 특히 서양의 선진적 군사제도에 통달하였다. 조슈에 와서는 신식무기의 배치와 군사제도의 재편성, 전술의 전환 등을 추진함으로써 조슈군의 근대화를 이룩하였다. 조슈군의 주력 총기로 되었던 미니에 총은 명중률, 사정거리, 발사에 걸리는 시간 등의 모든 측면에서 막부군이 가진 구식총을 압도하였다.

막부군의 경우에는 여러 번藩에 요청하여 끌어모은 병력이기 때문에 군대 전체를 아우르는 통일된 지휘체계 같은 것이 없었다. 하지만 오무라에 의해 새롭게 재편된 조슈군은 유연한 상의하달식의 지휘 명령체계를 갖추고 있어 뛰어난 무기와 더불어 산병전散兵戰을 펼치기에 적합하였다.

오무라 마스지로[大村益次郎]가 거느린 난엔타이[南園隊], 세에타이[精銳隊], 기요스에번[清末藩]의 병력은 약 1천 2백 명이었다. 한편 막부군은 기슈번[紀州藩]의 중신인 안도 히다노카미[安藤飛驒守]가 세키슈구치 총독[石州口総督]이 되어, 하마다번[浜田藩], 후쿠야마번[福山藩], 마쓰에번[松江藩], 기슈번[紀州藩], 돗토리번[鳥取藩] 등으로 구성된 3만의 병력으로 조슈군과 대치하였다. 막부군이 수적으로 압도적이었지만, 실제로 싸운 것은 하마다번[浜田藩]과 후쿠야마번[福山藩] 뿐이고, 나머지 기슈번, 마쓰에번, 돗토리번 등은 전투 의욕이 없었다. 또한 하마다 번주[浜田藩主] 마쓰다이라 다케아라키[松平武聰]는 도쿠가와 요시노부[德川慶喜]의 아우였는데, 이때는 병으로 전투를 지휘할 수 없었다.

오무라 마스지로의 조슈군은 산인로[山陰路]를 따라 동쪽으로 막부군 주력이 진을 치고 있는 하마다성[浜田城]으로 진군하였다. 도중에 있는 쓰와노번[津和野藩]은 조슈와 싸우기 싫어 영내 통과를 승인했지만, 하마다령[浜田領]의 오기하라 관문[扇原関門, 현 益田市多田町]을 지키고 있던 하마다번사[浜田藩士] 기시 시즈에[岸静江]는 번명藩命을 준수하여 통과를 거부했기 때문에 조슈군의 공격을 받았다. 기시 시즈에는 장창長槍의 명인이었지만, 근대무기로 무장한 조슈군 앞에 장창이 무슨 소용이 있었겠는가! 그는 미니에 총에 맞아 장창을 쥔 채 절명했다고 한다.

오무라의 조슈군이 하마다번령의 마스다성[益田城] 교외에 도달하였을 때, 성을 지키는 막부군은 7,500명 정도였고, 공격하는 조슈군은 700명 정도였다. 병력면에서 보면 조슈군이 1 : 10으로 압도적으로 불리하였다. 오무라는 막부군을 세 방면으로 포위하고, 막부군의 돌격로 한 곳은 열어 두었다. 그리고 거기에 군사를 매복시켜 적이 돌격해 오면 일제사격으로 적을 괴멸시킬 작전을 짜 두었다. 그 뒤 오무라의 작전대로 돌격로를 열어둔 곳으로 막부군이 공격해 들어왔고, 이미 매복되어 있던 조슈군의 집중사격을 받아 괴멸하였다. 마스다성[益田城]은 함락되었고, 조슈군은 다시 하마다성[浜田城]으로 몰려 갔다.

하마다에서는 막부군은 2개의 산에 포진하여, 조슈군을 협공하려는 방책을 택하고 있었다. 그런데 조슈군은 하나의 산에 병력을 집중시켜 무너뜨린 뒤 다시 다른 산을 공격해 가는 각개격파 작전을 펼침으로써 저항하는 하마다번병[浜田藩兵]과 후쿠야마번병[福山藩兵]을 격파하였다. 막부군의 세키슈구치 총독 안도 나오히로[安藤直裕, 安藤飛驒守]는 하마다성[浜田城]에서 퇴각하였고, 하마다번주[浜田藩主] 마쓰다이라 다케아라키[松平武聡]는 스스로 하마다성에 불을 지르고 마쓰에번령[松江藩領]으로 도망쳤다. 이에 돗토리번[鳥取藩], 마쓰에번[松江藩]도 하마다에서 퇴각함으로써 세키슈구치의 전투는 조슈군의 승리로 끝났다.

명량해전에서 이순신 장군은 13척의 배로 133척의 일본군 배와 대적하여 승리한 뒤 이것은 천행天幸이라고 하였는데, 군사 수만 놓고 본다면 시쿄 전쟁에서는 더 큰 천행이 있었다. 조슈를 향하여 막부군이 네 방향에서 공격해 들어왔을 때, 모두들 이번에야말로 조슈는 끝장났다고 생각했다. 그러나 전쟁이 끝났을 때, 정작 끝장난 것은 조슈가 아니라 막부였다. 시쿄 전쟁에서 사실상 패배한 막부는 2년 후 대정봉환大政奉還으로 통치권을 천황에게 반납함으로써 260여 년간에 걸친 에도 막부의 지배도 막을 내렸다.

이처럼 제2차 조슈정벌에서는 공격하는 막부측의 병력이 수비하는 조슈측보다 수십 배 많았음에도 불구하고 조슈군은 모든 전선에서 승리를 거두었다. 그것은 천행이었다. 그러나 이순신 장군의 천행이 그냥 천행이 아니었듯이, 시쿄 전쟁에서 조슈의 승리 역시 단순한 천행은 아니었다. 스스로 승리하기 위한 조건들을 만들어 나갔기 때문에 승리하였다. 기적 같은 승리 뒤에는 늘 그만한 까닭이 있기 마련이었다.

첫 번째로는 조슈번의 번정 개혁에 따라 번의 경제력이 증강된 점이고, 두 번째로는 조슈번의 절박함이다. 이미 제1차 조슈정벌에서 막부에 공순恭順하여 겨우 번의 해체를 막은 바 있었던 조슈였기에, 이번에는 더이상 물러날 곳도 없었다. 공순의 과정에서 맺힌 원한도 있었다. 그와 달리 막부의 요구로 동원된 여러 번들은 이 전쟁에서 희생을 치르고 싶지는 않았으니 자연히 전쟁에 소극적일 수밖에 없었다. 셋째로 조슈에는 다카스기 신사쿠[高杉晋作]나 오무라 마스지로[大村益次郎]와 같은 걸출한 지도자가 있었고, 막부군에 견주어 훨씬 근대화된 군제軍制를 채택하고 있었다. 마지막으로 조슈군은 막부군이 주력으로 사용하는 게벨 총보다 훨씬 성능이 좋은 미뉴에 총을 보유하였다. 이에 새로운 무기의 보유에 따라 산병전략散兵戰略을 택할 수 있어 일당백의 군대가 될 수 있었다. 여기에서는 이들 요인 가운데 세 번째와 네 번째에 대해 좀 더 구체적으로 살펴보자.

총기 발달이라는 측면에서 보면, 이 무렵의 소총은 전장식 활강총에서 전장식 라이플 총을 거쳐 후장식 라이플 총으로 변화하고 있었다. 전장식과 후장식은 화약과 총알을 넣는 방향으로 구분되는데, 전장식은 총구쪽으로부터 장전하는 방식이고, 후장식은 후미로부터 장전하는 방식을 말한다. 또한 전장식의 경우에는

(좌) 라이플의 총강을 총구쪽에서 본 모습. 안쪽[총강]에 나선형 홈이 있다.
(우) 미니에총의 총알.

탄알과 장약을 따로 장전한 것과 달리, 후장식의 경우에는 탄알과 장약을 일체화한 카트리지 형태로 장전하게 된다. 활강식총과 라이플총은 총열 안쪽의 총강에 나선형의 홈(강선腔線, rifling)이 파여 있는지 여부로 구분한다. 나선형 홈이 파져있으면 즉 라이플링이 있으면 라이플이고, 아무것도 없이 밋밋하면 활강식이다. 이렇게 라이플의 경우에는 총강에 나선형 홈이 파져있기 때문에, 총알에도 이 나선형 홈에 걸릴 수 있는 장치가 붙게 된다.

전장식 활강총으로 대표적인 총이 게벨총(Geweer Musket)이다. 전장식 라이플총은 그 총을 처음 개발한 프랑스 육군 대위 미니에(Claude Etienne Minie)의 이름을 따서 미니에 총이라고 불렀다. 또 미니에 총은 제조공창의 이름을 따서 미국제는 스프링필드 총(Springfield Trapdoor)이라고 하였고, 영국제는 엔필드 총(Enfield riffle)이라고 하였다. 라이플총에서는 탄환이 나선형 홈을 따라 회전하여 회전 관성을 갖게 되고, 이로써 안정된 탄도를 가지게 된다.

후장식 라이플총으로서는 전장식 라이플 총인 미니에 총을 후장식으로 개조한 스나이더 총(Snider Riffle)이 있다. 물론 그 뒤로도 계속 총기 기술은 발전했지만, 여기서는 관심 밖이고, 주로 라이플총과 활강총의 위력의 차이에 주목하고 싶다.

당시의 실험결과에 따르면, 미니에 총은 200야드 밖의 물체에 대해서도 80퍼센트의 명중률을 가졌는가 하면, 게벨 총의 명중률은 그 절반인 42퍼센트였다. 300야드 밖의 물체에 대해서는 게벨 총의 명중률은 16퍼센트로 사실상 총으로서의 기능이 없는 것과 달리, 미네에총의 경우에는 여전히 55퍼센트의 명중률을 보여주고 있었다.

게벨총과 미니에총의 성능 비교. (사거리별 명중률)

사거리射距離	게벨 총(할강총)	미니에 총(라이플 총)
1000야드(91.4m)	74.5%	94.5%
2000야드(182.9m)	41.5%	80.0%
3000야드(274.3m)	16.0%	55.0%

총기 성능의 차이는 보병 전술에도 영향을 미쳤다. 다음 그림은 나폴레옹 전쟁 무렵의 영화에서 흔히 보던 전열보병(line infantry)을 보여준다. 마치 보병들이 열을 맞춰 머스켓[활강총]을 들고 적을 향해 진격 중인 모습이다. 정말 무모하여 이해하기 어려운 이 전투대형은 그러나 그 당시의 병기의 발달 수준에서 보

1745년 호엔프리트베르크 전투에서의 프로이센군의 보병대 공격.
Prussian line infantry attack at the 1745 Battle of Hohenfriedberg.
진격하는 프러시아군의 맞은편에는 아주 조그맣게 적의 전열보병이 그려져 있다. 머스킷의 경우에는 유효사거리가 짧고 재장전에 걸리는 시간이 길기 때문에, 양측 진영은 즉시 뒤엉켜 백병전에 돌입하게 된다. 프러시아군의 총에 총검이 꽂혀 있는 까닭이다. 전열보병은 백병전에도 적합한 공격형태였던 것이다. 적탄에 맞아 쓰러지는 병사와 놀라 쳐다보면서도 그대로 행진하는 병사의 모습이 그려져 있다.

앓을 때 가장 합리적인 것이었다. 병사들이 이렇게 횡대로 조밀한 진영을 짜서 싸우는 이유는 들고 있는 총의 사거리와 명중률이 낮아 일제사격을 통해 화망火網을 구성함으로써 낮은 성능을 보완하기 위해서였다.

막부는 1853년 페리의 내항 이후, 군사개혁에 착수하여 네덜란드로부터 대량의 게벨 총을 구입하였고, 일본 안에서도 모조 게벨 총을 생산하였다. 그러나 게벨 총을 수입할 무렵인 1853년에 개전한 크리미아 전쟁에서 영국과 프랑스는 미니에 총의 일종인 엔필드총을 사용하고 있었다. 즉, 선진국에서는 게벨 총은 더 이상 사용되지 않고 창고에 박히게 된 것이다. 따라서 수입한 게벨 총은 당시 이미 구닥다리로 되어 버린 총이었다.

그런데 조슈는 시쿄 전쟁[四境戰爭] 이전에 사쓰마번의 중개로 영국 무기상인 글로버(Thomas Blake Glover)를 통해 다량의 미니에 총을 구입하였기 때문에, 막부군에 견주어 상대적으로 우수한 성능을 가진 총을 보유할 수 있었다. 미니에 총은 막부군이 주로 사용하던 게벨총에 견주어 사거리도 길고 명중률도 높았기 때문에, 조슈군은 막부군의 사거리 밖에서 산개散開하여 공격하는 산병전술散兵戰術을 사용할 수 있었다. 실제 전투에서 막부군은 자신들이 가진 게벨 총의 사정거리 바깥에서 흩어져 숨어서 공격하는 적과 싸워야 했으니 이기기 어려울 수밖에 없었다. 그리하여 조슈군은 압도적인 수적 열세에도 불구하고 승리할 수 있었다. 결국 장비 차이가 병력수 차이를 뒤집고 조슈가 승리할 수 있도록 만든 가장 주요한 요인이 된 것이다.

1860년대 이후 서양에서는 후장식 라이플인 스나이더 총이 급속히 보급되었다. 전장식의 경우에는 장전을 위해 총을 세워야

조슈5걸[長州五傑].
좌상단에서 시계방향으로, 엔도 킨스케[遠藤謹助], 이노우에 마사루[井上勝], 이토 히로부미[伊藤博文], 야마오 요조[山尾庸三], 이노우에 가오루[井上馨]. 사진에는 글로버의 훈장 신청을 한 이토 히로부미와 이노우에 가오루가 있다.

하므로 병사들이 장전과정에서 적의 공격 목표로 노출되기 쉬웠다. 그러나 후장식의 경우에는 엎드린 자세에서도 탄환을 장전할 수 있기 때문에 훨씬 안전해지며, 또 탄알과 장약이 하나의 카트리지 안에 일체화됨으로써 장전 과정이 쉽고 빨라지게 되었다. 따라서 1860년대에는 전장식 미니에총인 엔필드총 역시 급속도로 구닥다리 총으로 전락하고 있었다. 일본에 서양무기를 판매하던 글로버 같은 무기상인들은 이미 구닥다리가 되어 창고 속에 박혀 있는 총들을 일본으로 수입하여 막대한 이익을 올렸던 것이다.

재미있는 것은 어쨌거나 조슈번의 경우에는 글로버가 미니에 총을 팔아 주었기 때문에 시쿄 전쟁에서 승리할 수 있었고, 막부에 큰 타격을 주어 막부가 무너지는 데 결정적인 기여를 하였다. 그래서 조슈 출신 정치가인 이토 히로부미[伊藤博文]와 이노우에 가오루[井上馨]의 신청에 따라 영국 무기상인 글로버는 1908년 훈2등욱일중광장勳二等旭日重光章을 받았다. "조슈와 사쓰마 두 번藩이 연합하여 왕정회복을 획책하면서……총포·함선을 공급하여 그 전비戰備를 보충하여" 유신에 공헌하였기 때문에 훈장을 수여했다고 한다. 글로버는 창고에 썩고 있던 구닥다리 무기를 일본으로 수입해 와서 비싼 값으로 판매함으로써 막대한 이익을 올렸을 뿐만 아니라, 그 일로 외국인으로서는 파격적으로 서훈까지 받았던 것이다.

지금은 철도박물관처럼 만들어 놓은 하기역[萩驛]에 가보면, 벽면에 걸어 놓은 조슈5걸[長州五傑]의 커다란 사진이 눈에 띈다. 이 5걸 가운데 일본철도의 아버지라는 이노우에 마사루[井上勝]가 있었기 때문에, 하기역 전시실에서는 이 사진이 클로즈업되었던 것 같다. 글로버는 이 5명의 조슈의 젊은 청년들이 영국 유학을 가는데도 중요한 역할을 하였던 것이 이 훈장을 수여 받게 된 또 다른 이유로 생각된다.

그렇게 하여 메이지 혁명이 성공한 뒤, 오무라는 메이지 유신을 여는데 목숨을 바친 사람들을 진혼하기 위해 도쿄에 동경초혼사東京招魂社를 설립하였다. 훗날 야스쿠니 신사의 전신이 되는 곳이었다. 야스쿠니 신사 입구에 오무라의 동상이 서 있는 까닭이기도 하다.

4. 조슈가 메이지 정권을 장악하다

메이지 유신 150 주년을 앞두고 야마구치를 홍보하는 깃발. "유신의 바람이 유혹한다. 재미있는 쿠니 야마구치"라고 적혀 있다.

메이지 유신 150주년을 앞두고 야마구치현에서는 그 홍보행사를 대대적으로 펼치고 있었다. "유신의 바람이 유혹한다."는 것이다.

현재의 야마구치현, 즉 에도시대의 조슈번 지역은 근대 일본의 최대의 변혁이라 할 수 있는 메이지 유신의 본고장이다. 메이지 유신의 핵심 인물들을 배출한 곳이었고, 그래서 메이지 유신과 관련하여 재미있는 이야깃거리가 많은 곳이다.

에도 막부 타도의 일등공신은 누가 뭐래도 조슈였지만, 조슈가 막부를 이긴데에는 삿쵸동맹처럼 사쓰마를 비롯한 몇몇 도자마 다이묘[外樣大名]들의 지원이 있었다. 자연히 메이지 유신 이후 새로 출범한 메이지 정부의 권력은 이들 혁명세력이 장악하였다.

즉 메이지 유신 이후의 정권과 군권은 막말에 막부를 타도하기 위해 동맹을 맺었던 삿초토히[薩長土肥＝薩摩藩·長州藩·土佐藩·肥前藩] 출신들에 의해 과점되었는데, 그 가운데서도 특히 조슈 출신이 압도적이었다.

우선 일본에서 내각제가 실시(1885년)된 후, 정치 권력의 정점에 해당하는 내각총리대신을 출신 지역별로 살펴보면 다음과 같다.

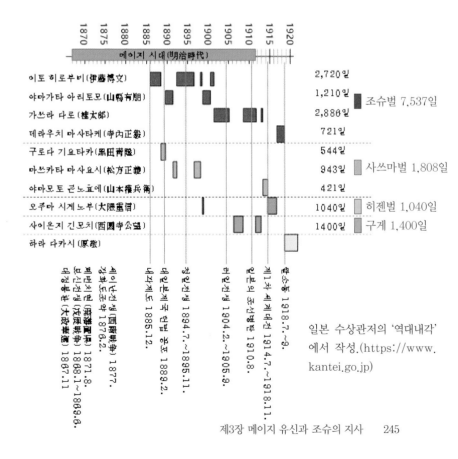

일본 수상관저의 '역대내각'에서 작성.(https://www.kantei.go.jp)

일본은 1882년 헌법제정에 필요한 자료를 조사하도록 이토 히로부미를 유럽에 파견하였다. 그는 절대적인 군주의 권력과 강력한 군사력을 갖고 있던 프러시아 헌법을 배우기 위해 빈 대학의 슈타인(Lorenz von Stein)이나 베를린대학의 그나이스트(H.R.H.F. von Gneist) 등으로부터 헌법을 배우고 귀국하였다. 1885년에는 이토 히로부미 자신이 초대 내각총리대신으로 되고, 이노우에 고와시[井上毅], 가네코 겐타로[金子堅太郎], 이토 미요지[伊東巳代治] 등의 독일법 학자들의 조언을 받으면서 헌법 초안을 기초하여 1888년 4월에 완성하였다.

이토 히로부미는 일본이 서구 열강과 어깨를 나란히 하기 위해서는 천황 아래 일치단결해야 한다고 생각하여 천황을 중심으로 하는 헌법 초안을 작성하였다. 이렇게 하여 제정된 대일본제국의 헌법이기 때문에 천황을 유일한 주권자로 하고, 국가의 통치자이며, 원수로써 군의 최고책임자로 규정하는 헌법의 특징이 고스란히 베여있었다. 이 헌법에 의거하여 1890년 최초의 의회[帝国議会]가 개최되었다. 귀족원貴族院과 중의원衆議院으로 이루어진 2원제二院制였다. 이 「대일본제국헌법」은 제2차 세계대전 패전 후에 「일본국헌법」이 제정될 때까지 59년간 최고법규로서 지위를 가지고 있었다. 일본국 헌법에서는 주권이 천황주권에서 국민주권으로 변경되고, 귀족원으로서 참의원도 국민의 선거에 의해 선출되도록 되었다.

헌법발포약도[憲法発布略図].
메이지 천황이 내각총리대신 구로타 기요타카[黒田清隆]에게 헌법을 수여하고 있
다.(1889년, 요슈 지카노부[楊洲周延])

한 가지 흥미로운 점은 대일본제국헌법 기간에도 쌀 소동으로
하라 다카시[原敬] 내각이 성립되는 1918년을 경계로 내각구성에
약간의 변화가 있었다는 점이다. 내각제가 처음 시행된 1885년부
터 1918년까지 대략 30여년 동안의 내각총리대신을 출신 지역별
로 분석해 보면, 조슈 출신이 10회(총 7,537일), 그 뒤를 이어 사쓰
마 출신이 4회(1,908일), 그 밖에 구게[公家] 출신이 2회(1,400일), 히
젠[肥前] 출신이 2회(1,040일) 집권하였다.

내각총리대신이 교체되는 과정에서 일시적으로 총리가 부재하
여 각료 일부가 총리직을 겸임한 경우를 제외하고, 제1대에서 제

18대까지의 모든 총리의 재직기간을 합산하면 11,885일이 되는데, 그 가운데 조슈 출신인 이토 히로부미, 야마가타 아리토모, 가쓰라 타로, 데라우치 마사타케 등의 4명의 수상이 합계 7,537일(전체의 63.4퍼센트)을 집권하였다.

이토 히로부미는 청일전쟁 당시의 내각총리대신이었고, 가쓰라 타로는 러일 전쟁 당시 내각총리대신이었다. 조슈 출신 이 두 총리대신 시절에 일본은 중국과 러시아라는 거대제국을 차례차례 격침함으로써, 아시아의 새로운 제국주의국가로 등장하였다. 그렇지만 계속된 승전에 도취하여 그것이 침략이라는 사실조차 느끼지 못하고 있었다.

일본의 이웃 국가, 특히 조선(대한제국)에 대한 침략은 매우 치밀하고 집요하였다. 이토 히로부미는 장기간에 걸쳐 내각총리대신을 역임하였던 일본 최고의 정치 권력자였음에도 불구하고, 러일 전쟁 이후 대한제국을 보호국화하면서 통감부를 설치하고 초대 한국통감으로 부임하여 조선의 식민지화에 진력하였다. 일본 최고의 정치 권력자가 파격적으로 한국통감으로 부임하였으니, 부임 의도가 대한제국의 식민지화에 있었던 것이 명백하였다. 안중근 의사가 그를 처단 대상으로 삼은 것도 참으로 적절한 것이었다.

이토 히로부미가 피살됨에 따라, 이토 히로부미 아래에서 부통감을 하다가 1909년 제2대 한국통감으로 승진하였던 조슈 출신

역대 통감부 통감, 부통감, 조선총독의 출신지.

구분	역대	이름	취임	출신지	번벌
공사		이노우에 가오루[井上馨]		萩	■
		미우라 고로[三浦梧樓]		萩	■
통감	제1대	이토 히로부미[伊藤博文]	1906/03/02	周防國	■
	제2대	소네 아라스케[曾禰 荒助]	1909/06/14	長門國	■
	제3대	데라우치 마사타케[寺内正毅]	1910/05/30	萩	■
부통감	제1대	소네 아라스케[曾禰 荒助]	1907/09/21	長門國	■
	제2대	야마가타 이사부로[山縣伊三郎]	1909/06/14	萩	■
조선총독	제1대	데라우치 마사타케[寺内正毅]	1910/01/01	萩	■
	제2대	하세가와 요시미치[長谷川好道]	1916/10/14	周防國	■
	제3대	사이토 마코토[齋藤實]	1919/08/12	陸奧国	
	제4대	우가키 가즈시게[宇垣一成]	1927/04/15	備前国	○
	제5대	야마나시 한조[山梨半造]	1927/10/01	神奈川県	
	제6대	사이토 마코토[齋藤實]	1929/08/17	陸奧国	
	제7대	우가키 가즈시게[宇垣一成]	1931/06/17	備前国	○
	제8대	미나미 지로[南次郎]	1936/08/05	大分県	
	제9대	고이소 쿠니아키[小磯国昭]	1942/05/29	栃木県	
	제10대	아베 노부유키[阿部信行]	1944/07/24	石川県	

①제2대 부통감 山縣伊三郎는 山縣有朋의 양자이다.
②별란의 기호 ■는 조슈벌[長州閥], ○는 히젠벌[備前閥]을 의미한다.

소네 아라스케[曾禰荒助]는 이토 히로부미의 피살에 대한 도의적 책임을 지고 사직하였고, 데라우치 마사타케[寺内正毅]가 제3대 한국통감으로 취임하였다.

데라우치 마사타케 역시 조슈 출신이었고, 전 생애를 일본군대와 함께 한 무골武骨이었으며, 최종계급은 일본제국 육군을 통틀어 17명 밖에 없었던 원수육군대장元帥陸軍大將이었다. 러일 전쟁, 대한제국의 보호국화, 일본의 강제적 한국병탄 등, 이 땅의 명운을 갈라 놓았던 그 절박한 시기였던 1902~1911년의 9년 동안 제7대 육군대신을 역임하였다. 그리고 그가 육군대신으로 재임하는 동안, 마지막 한국통감인 제3대 한국통감과 초대 조선총독을 겸임하였다. 따라서 데라우치 마사타케가 조선총독으로 재임하는 기간 동안 헌병에게 경찰의 역할을 하게 하는 '헌병경찰제도憲兵警察制度'를 시행하는 등 '무단정치武斷政治'를 행한 것으로 유명한데, 그 이유도 여기에 있을 것이다.

마사다케는 1916년 10월 16일에 조선총독을 사임하고, 사흘 뒤인 10월 19일에 내각총리대신에 취임하였다. 그는 한국통감과 조선총독으로서 조선을 식민지로 만드는데 혁혁한 공을 세운 것을 인정받아, 자작에서 백작으로 작위가 오르기도 했다. 대한제국의 병탄과 관련하여 그가 한 역할은 대일본제국의 원수元帥 지위에 오를 정도로 대단한 것이었다. 그러나 대한제국 병탄에서 그가 한 역할을 조선인 입장에서 본다면 원수怨讐에 다름없었다.

　현재 야마구치시[山口市]의 북쪽 언저리에 호국신사護國神社가 있고, 그 옆의 길을 따라 조금만 가면 데라우치 마사타케[寺内正毅]의 묘역을 알려주는 안내판이 나온다. 비탈길을 조금 올라가면 데라우치 마사타케의 가족묘지가 나타나는데, 앞쪽으로 데라우치 마사다케의 묘가 있고, 그것과 나란히 그의 장남이자 남방군 총사령관이었던 데라우치 히사이치[寺内壽一]의 묘가 있다. 히사이치는 동남아에서 사망했기 때문에 그의 무덤은 싱가포르 일본인 묘지에 있다. 그러니 야마구치에 있는 무덤은 가묘假墓일 것이다.

　아버지인 마사다케의 비석에는 "원수육군대장 백작 데라우치 마사다케 지묘[元帥陸軍大将伯爵寺内正毅之墓]", 장남인 히사이치의 비석에는 "원수육군대장 데라우치 히사이치 묘[元帥陸軍大将寺

内寿一墓]"라고 되어 있어 두 사람 모두 원수육군대장[元帥陸軍大將]임을 알 수 있다. 아버지의 작위가 백작이고 아들이 작위를 승계하였으니, 아들 히사이치 또한 백작이다. 말하자면 히사이치는 금수저를 물고 태어났던 것이다.

그러나 마사타케가 1916년 10월 19일에 내각총리대신에 취임한 이후, 탄탄대로 같던 그의 전도에도 암운이 드리워지고 있었다. 마사타케가 내각총리대신이 되었을 무렵, 세상은 제1차 세계대전이 한창이었다. 그리고 1917년 러시아에서는 1917년 '러시아 혁명'에 의해 사회주의 정부가 탄생했다.

러시아의 사회주의가 널리 퍼질 것을 두려워한 구미 제국은 일본과 미국에 시베리아 출병(Siberian Intervention)을 요청하였고, 일본은 즉시 이 요청에 응해 8월 2일 출병을 발표하였다. 연합국 사이의 협정에서는 출병 인원이 각 국가별로 일본군 1만 2천 명, 미군 7천 명, 영국과 프랑스 연합군 5천 8백 명이었지만, 일본은 1918년 8월 12일 블라디보스톡에 상륙한 이후 협정을 무시하고 계속 병력을 증강하여 7만 2천 명이나 되는 군대를 시베리아에 파견하였다. 일본은 바이칼호 동쪽의 소비에트 혁명군을 격파하고 이 지역에서 일본의 정치적 군사적 영향력을 확대하려고 하였다.

당시 일본 사회는 제1차 세계대전으로 생긴 긍정적인 효과들이 저변에 깔려있었다. 일본은 유럽 여러 나라와 달리 전장터가 되지 않아 전쟁으로 말미암은 직접적인 피해는 없었다. 그렇기에 일본은 유럽 각국이 철수한 아시아·아프리카 시장에서 영향력을 확대할 수 있었다. 지금까지는 꿈도 꾸기 어려웠던 일본의 중화학공업은 이러한 유럽 세력의 진공상태에서 발전할 수 있었다. 막대한 무역수지 흑자로 일본은 처음으로 채무국에서 채권국으로 변모하였다. 1917년부터 호경기가 피부에 와 닿을 정도로 성큼 다가왔고, 1920년까지 전무후무하다고 해야 할 대호황이 지속되었다.

그러나 시베리아 출병은 공표 이전부터 새로운 문제들을 야기하였다. 일부 미곡상인들은 전쟁이 일어나면 군량미가 필요할 것이고, 미곡 가격이 올라가지 않을 수 없을 것이라고 생각하였다. 그 가운데는 스즈키상회[鈴木商會]나 미쓰이[三井] 같은 재벌도 있었다. 원래 호경기여서 미곡 가격이 빠르게 오르기도 했지만, 더 고약한 문제는 이들이 미곡을 매점매석함에 따라 시중에서 유통되는 미곡이 감소하여 돈을 주고도 구하기 어려운 상황이 된 것이다.

1918년 도야마현[富山縣]의 주부 수십 명이 미곡 창고 앞으로 몰려들어 쌀을 반출하지 말고 자신들에게 적정한 가격으로 판매해 달라고 하였다. 이 주부들의 항의가 지방신문에 게재되자, 곧이어 전국지에도 게재됨으로써, 비슷한 처지에 놓여 있던 도시 서민들이 여기저기서 미곡상인이나 대상인들을 습격하는 일대 소동이 일어났다. 이른바 '쌀소동[米騷動]'이다. 쌀 소동은 약 50일 동안 지속되었고, 일본 전국적으로 아오모리[青森], 이와테[岩手], 아키타[秋田], 도치기[栃木], 오키나와[沖縄]등의 5개 현을 제외한 나머지 모든 현에서 발생하였다. 참가인원은 대략 수백만 명에 달하는 것으로 추산된다.

당시 수상이었던 데라우치 마사타케는 언론보도 통제를 실시하여 쌀 소동과 관련된 모든 보도를 금지하고, 경찰과 군대를 동원하여 무력으로 폭동을 진압하였다. 그러나 이러한 탄압 일변도의 정책에 따른 민심이반이 심각해지자 그 책임을 지고 사임하였고, 하라 다카시[原敬]가 뒤이어 새 총리가 되었다. 그리고 하라 내각의 출범과 더불어 많은 것이 달라졌다.

민중의 권리의식이 고양됨에 따라 노동운동, 농민운동, 여성운동, 학생운동, 보통선거운동 등의 민중운동이 활발해졌다. 또 데라우치 수상의 사임과 더불어 조선에서도 '무단통치'가 '문화통치'로 바뀌어지는 계기가 주어졌으며, 미곡 공급의 근본적인 개선을 위해 식민지 조선에서 쌀을 증산하는 정책(산미증식계획)이 실시되기 시작하였다. 하라 내각 이후 번벌藩閥 정치도 다소 후퇴하기도 하였다.

데라우치 히사이치[寺内寿一]는 데라우치 마사타케[寺内正毅]의 장남이었고 금수저를 물고 태어났기 때문에 승승장구하며 출세가도를 달렸다. 베트남 사이공에 주둔할 때는 아카사카[赤坂]의 게이샤를 군속으로 불러들여 대저택에서 우아한 생활을 하였고, 학창시절이나 육군에 근무할 때도 늘 고속승진을 하였다. 결과론이지만, 맥아더 원수와 필리핀을 두고 벌인 한 판의 대전투에서, 병력을 루손섬에 집결하여 대항하자는 야마시타 토모유키[山下奉文] 대장의 견해를 무시하고 레이테섬에 분산배치한 것이 원인이 되어 37만명에 달하는 일본군이 사망했는데, 그 가운데 87퍼센트가 굶어 죽은 아사자였다고 한다. 군벌의 폐해가 이렇게도 나타났던 것이다.

삿초도히[薩長土肥] 특히 조슈벌에 따른 정권장악은 조선 및 타

역대 타이완 총독의 출신지.

대	성명	임명일	출신지	번벌
제1대	가바야마 스케노리[樺山資紀]	1895/05/10	薩摩国	●
제2대	가쓰라 타로[桂太郎]	1896/06/02	長門國	■
제3대	노기 마레스케[乃木希典]	1896/10/14	武蔵国	■
제4대	고다마 겐타로[児玉源太郎]	1898/02/26	周防国	■
제5대	사쿠마 사마타[佐久間左馬太]	1906/04/11	萩	■
제6대	안도 사다요시[安東貞美]	1915/05/01	信濃 飯田藩	
제7대	아카시 모토지로[明石元二郎]	1918/06/01	筑前国	

① 乃木 希典는 武蔵国 출신이지만, 노기 가문이 조슈에 본거지를 두고 있었기 때문에 조슈벌로 분류하였다.
② 번벌란의 기호 ■는 조슈벌[長州閥], ●는 사쓰마벌[薩摩閥]을 의미한다.

이완 총독의 임명에서도 두드러졌다. 명성황후 시해사건과 관련이 있는 조선주재 일본공사 이노우에 가오루[井上馨]와 미우라 고로[三浦梧樓]는 모두 하기(조슈번) 출신이고, 제1대~제3대 한국통감 역시 모두 조슈 출신이었다. 또 제1대와 제2대 한국부통감 역시 조슈출신이었고, 일본이 조선을 병탄한 뒤 제1대와 제2대 조선총독도 모두 조슈출신이었다. 내각총리대신과 마찬가지로 조선에 대한 지배권 역시 '조슈벌의 독점'이 두드러졌다.

대만총독부의 경우에도 사정은 비슷하였다. 제1대 대만총독은 가바야마 스케노리[樺山資紀]로 사쓰마 출신이었지만, 제2대에서 제5대까지의 대만총독은 모두 조슈 출신이었다.

번벌에 따른 군권軍權의 지배 역시 크게 다르지 않았다. 대일본 제국 기간 동안 원수로 임명되었던 사람은 모두 29명인데, 그 중에서 조슈와 사쓰마 출신이 각각 4명, 8명으로 다른 어떤 번藩보

일본제국의 원수元帥 분석.

계급	시기	황족	조슈	사쓰마	기타	합계
원수[元帥] 육군대장	1898~1918	2	3	3	1	9
	1919~1945	3	1		4	8
	소계	5	4	3	5	17
원수[元帥] 해군대장	1898~1918	1		5		6
	1919~1945	2			5	7
	소계	3		5	5	13
합계		7	4	8	10	29

다 많았다. 특히 황족 출신 원수 7명을 제외하면, 조슈와 사쓰마 출신 원수가 전체 원수의 절반을 넘었다. 또한 기간을 1918년 이전과 1919년 이후로 구분하여 보면, 전자의 경우에는 모두 15명의 원수 중에서 황족 출신이 3명, 조슈 출신이 3명, 사쓰마 출신이 8명 등으로 조슈와 사쓰마 및 황족이 아닌 원수는 단 1명에 지나지 않았다. 나아가 해군 원수의 경우에는 사쓰마 출신이 압도적이었다.

육군 및 해군 대장의 경우에도 조슈와 사쓰마에 따른 군권 장악이 두드러졌다. 일본제국의 육군 대장은 모두 134명이었는데, 그 중에 황족 출신이 9명, 조슈 출신이 19명, 사쓰마 출신이 15명으로 이들 셋의 합계가 전체의 약 1/3을 차지하였다. 특히 메이지 시대와 다이쇼 초기[1918년까지]에는 황족과 조슈 및 사쓰마 출

계급	시기	황족	조슈	사쓰마	기타	합계
육군대장	1873~1918	5	11	10	22	48
	1919~1945	4	8	5	69	86
	소계	9	19	15	91	134
해군대장	1894~1918	1	13	8	22	
	1919~1945	2	3	4	46	55
	소계	3	3	17	54	77
합계	1873~1918	6	11	23	30	70
	1919~1945	6	11	9	115	141
	소계	12	22	32	145	211

신 대장은 26명으로 전체 48명의 과반을 차지하였다. 쉽게 말해 1918년까지 임명된 육군대장 가운데 절반 이상이 황족이거나, 조슈 출신이거나 사쓰마 출신이었다.

해군 대장의 경우에는 일본제국 기간에 모두 77명이 임명되었는데, 사쓰마 출신이 압도적 다수였다. 특히 메이지 시대 및 다이쇼 초기 [1918년 이전까지]에 임명된 해군 대장 가운데 대략 2/3는 사쓰마 출신이었다. 조슈 출신은 단 1명도 없었다. 말하자면 해군의 군권은 사쓰마가 완전히 장악하고 있었다는 말이다.

이처럼 메이지 유신으로 출범한 메이지 정부는 혁명세력에 의해 장악되어 있었지만, 메이지 시대를 지나 다이쇼 시대가 시작되고, 이른바 다이쇼 데모크라시의 시대가 도래하면서, 정치 권력과 군사 권력을 소수의 번 출신 인사들이 독점하는 행태는 점차 감소하였다. 그렇지만 제2차 세계대전의 패배로 대일본제국이 몰락하는 그 시점까지도 일본의 정치와 군대에서 이들 조슈와 사쓰마 출신의 정치가와 군인은 여전히 큰 영향력을 가지고 있었고, 심지어는 제2차 세계대전 이후의 일본국 시대에도 형태와 내용을 조금 달리하면서, 야마구치현의 아베 일가처럼 조슈 출신의 지배력을 이어가고 있다.

5. 메이지 정부의 부국강병 정책과 해외침략

'부국강병'은 메이지 정부의 국책의 기본이었다. 메이지 정부는 존왕양이파의 주도로 확립된 정권이었지만, 정권의 성립 전후에는 개국 화친정책으로 전환하였다. 서양 문명의 적극적 도입(문명개화)을 추진하고 지조개정地租改正이나 식산흥업으로 경제력을 증강하고(富國), 징병제나 군제개혁軍制改革으로 군비를 증강(強兵)하여, 국가의 자립 유지를 도모하고자 하였다. 육군은 처음에는 프랑스 나중에는 독일을 모범으로 하였고, 해군은 영국을 모범으로 하였다. 이윽고 일본의 국력이 일정 수준에 도달하면서 막말에 맺어진 불평등조약 개정과 더불어 열강들처럼 식민제국건설을 목표로 중국, 조선, 남방으로 경제적 군사적 진출을 모색하였다.

모두 아는 바와 같이 조선의 개국은 운요호사건이 계기였다. 운요호[운양호雲揚號]는 1868년 조슈번이 영국에서 구입한 소형 포함이었다. 전장 35m, 선폭 7.5m, 배수량 245톤으로 강철철골의 목조선이었다. 증기기관과 2개의 돛으로 운행하는 포함으로서 16cm와 14cm 대포를 각각 1개씩 장착하였다. 스코틀랜드 애버딘의 '알렉산더 홀 앤드 컴퍼니'[A. Hall & Co.]에서 제작되어서, 1870년 2월에 '운요마루[雲揚丸]'라는 이름으로 조슈번에 인도되었다. 1871년 5월 18일에 운요호는 메이지 정부에 헌납되었고, 1871년 7월 25일에 병부성 소속으로 바뀌면서 배 이름도 '운요호함'으로 개명되었다.

1875년, 조선과의 외교 교섭을 유리하게 진행하기 위해 '운요호'는 5월 10일에 도쿄를 출항하여, 25일 부산에 도착했다. 이어 6월 12일에는 다이니테보호[第二丁卯]가 부산에 도착하여 무력 시위를 벌였다. 이 배 역시 조슈번이 영국에서 건조하여 구입한 스쿠너형 목제기선으로서 메이지 정부에 헌납된 일본 해군의 군함이었다. 그런데 부산에서 협상이 거절당하자, 일본 정부는 다시 이노우에 요시카[井上良馨]를 함장으로 운요호를 파견하여 군사적 도발을 감행하였다. 참고로 이노우에 요시카는 사츠마번 출신으로 나중에 원수 겸 해군대장이 된다. 그리고 9월 20일 강화도의 육상 포대와 교전하여 점령하는 '운요호 사건'이 발발한다. 이 도발에 의해 「강화도 조약」이 체결됨으로써 조선의 문호가 개방되었다.

개항기 조선의 운명을 가른 2개의 전쟁은 청일 전쟁과 러일 전쟁이었다. 이 두 전쟁 당시 일본군의 주요 지휘관의 번벌구성 역시 조슈벌과 사츠마벌 일색이었다.

청국은 청일 전쟁에서 패배한 이후, 「시모노세키 조약[下關条約 =日淸講和条約]」을 체결하게 된다. 1895년 3월 19일 청국의 전권대신 리훙장이 도착한 뒤 1개월 동안 동아시아를 뒤흔들게 되는 청일 전쟁 및 러일 전쟁 당시의 일본의 주요 지휘관.

전쟁	성명	최종계급	출신지	번벌
청일 전쟁	야마가타 아리토모[山縣有朋]	원수, 육군대장	長門國	長州閥
	오오야마 이와오[大山巖]	원수, 육군대장	薩摩国	薩摩閥
	이토우 스케유키[伊東祐亨]	원수, 해군대장	薩摩国	薩摩閥
러일 전쟁	오오야마 이와오[大山巖]	원수, 육군대장	薩摩国	薩摩閥
	코다마 겐타로[児玉源太郎]	육군대장	周防国	長州閥
	쿠로키 타모모토[黒木為槇]	육군대장	薩摩国	薩摩閥
	오쿠 야스카타[奧保鞏]	원수, 육군대장	豊前国	
	노기 마레스케[乃木希典]	육군대장	武蔵国	長州閥
	아키야마 요시후로[秋山好古]	육군대장	伊予国	
	노즈 미치츠라[野津道貫]	원수, 육군대장	薩摩国	薩摩閥
	카와무라 카게아키[川村景明]	원수, 육군대장	薩摩国	薩摩閥
	토고 헤이하치로[東郷平八郎]	원수, 해군대장	薩摩国	薩摩閥
	시마무라 하야오[島村速雄]	원수, 해군대장	土佐国	土佐閥
	아키야마 사네유키[秋山真之]	해군중장	伊予国	
	카미무라 히코노죠[上村彦之丞]	해군대장	薩摩国	薩摩閥
	카타오카 시치로[片岡七郎]	해군대장	薩摩国	薩摩閥

① 乃木希典는 武蔵国 출신이지만, 노기 가문이 조슈에 본거지를 두고 있었기 때문에 조슈벌로 분류하였다.
② 번벌란의 기호 ■는 조슈벌[長州閥], ●는 사쓰마벌[薩摩閥]을 의미한다.

시모노세키에 있는 슈판로우[春帆樓].
가운데 건물 앞에 '사적 슈판로우 일청강화담판장[史蹟 春帆樓日淸講和談判場]'이
라는 팻말이 있다. 오른쪽 앞의 건물은 일청강화기념관[日淸講和記念館].

회의가 개최되었다. 협상 장소는 시모노세키의 슈판로우[春帆樓]
라는 요정이었고, 리훙장 일행은 이곳에서 약 300m 떨어진 인조
지[引接寺]에 숙박을 했다.

　일본의 대표로는 조슈번 출신의 이토 히로부미[伊藤博文]였다.
그들은 이미 10년 전의 「톈진 조약」 체결(1885년) 당시 면식을 익
힌 적이 있었다. 회담은 1895년 3월 20일부터 시작되었다. 그런
데 3월 23일에 일본은 보병 1개 여단을 타이완 서쪽의 펑후제도
[澎湖諸島]에 상륙시켰다. 전쟁의 성과물로 타이완을 식민지화하
려는 것이었다. 1874년에 이루지 못했던 타이완 점령의 꿈을 이
루기 위한 치밀한 전략이었다. 또한 3월 24일에는 회담장에서 숙

슈판로우[春帆樓]에 있는 이토 히로부미와 무츠 무네미츠[陸奥宗光]의 동상.
이토 히로부미는 시모노세키 조약 체결 당시 일본측 전권대사였다. 오른쪽은 중
국측 전권대사였던 리훙장[李鴻章]이 묵었던 인조지[引接寺]. 사찰의 규모가 크
지 않아. 중국측 협상단이 체재하기에는 너무 협소하였다.

소로 돌아가던 리훙장이 일본 낭인들에게 테러를 당하여 부상을
입었다. 그 때문에 회담은 중단되었다가 4월 8일 부상에서 어느
정도 회복하게 되면서 회담이 재개되어, 4월 17일 양국 사이에 강
화조약이 체결되었다. 일본이 제시한 3억량의 배상금이 2억량으
로 감소한 것 외에는 일본의 요구 조건이 대부분 반영되었다. 그
내용은 다음과 같았다.

    1. 청국은 조선으로부터 종주권을 영구히 포기하고, 조선의 완전
       한 해방을 승인한다.
    2. 청국은 랴오둥반도, 타이완섬, 펑후제도 등 부속 여러 섬의 주

권 및 그 지방에 있는 성루, 병기제조소 등을 영원히 일본 제국에 할양한다. [제2조 3항]

3. 청국은 일본국에 배상금 2억 냥을 지불한다. [제4조] 조약 발효 시점부터 7년 이내에 총 8회에 걸쳐 배상금을 분납하고, 기일을 지키지 못하면 5퍼센트의 연체 이자를 지급한다.

4. 청국의 사스, 충칭, 쑤저우, 항저우의 개항과 일본 선박의 장강 및 그 부속 하천의 자유통항 용인, 그리고 일본인의 거주, 영업, 무역의 자유를 승인한다.

다만 6일 뒤에는 러시아가 독일과 프랑스를 끌어들여 일본의 요동반도 진출을 저지시켰다[삼국간섭]. 삼국간섭은 러일 전쟁의 주요한 원인의 하나로 알려져 있다.

일본이 청국으로부터 받은 전쟁배상금 2억냥은 당시 일본 돈으로 환산하여 3억 6천만 엔이었고, 이것은 청나라의 3년 치 예산, 일본의 4년 반 치 예산에 해당하는 엄청난 금액이었다.

청국에서 막대한 배상금을 받게 된 일본은 그것을 다시 부국강병에 활용함으로써 아시아에서의 패권을 더욱 공고히 할 수 있게 되었다. 관영官營 야하타제철소[八幡製鐵所]가 이 전쟁배상금으로 지은 근대적 대규모 제철소였다.

관영 야하타제철소는 1901년 2월에 제1고로[東田第一高炉]에 화입[火入]이 이루어졌고, 11월에 조업을 개시하였다. 사진에서 보

는 고로高爐는 1962년 8월의 제10차 개수 후의 모습인데, 1972
년에 그 역할이 종료되어 현재까지 보존되고 있다. 고로의 꼭대기
부분에 처음 화입이 이루어졌던 연도를 표시하는 1901이라는 숫
자가 크게 쓰여 있다.

제4장 정한론征韓論

1. 한일간 침략의 역사

하기[萩]는 도쿄[東京]나 교토[京都]처럼 큰 도시도 아니고, 정치적 혹은 경제적 중심지도 아니다. 인구 5만 남짓한 조그만 지방 도시일 뿐이다. 그러나 하기성 아래 마을[城下町]을 걷다 보면, 일본 근대를 만든 역사적 인물들의 유적이 길 하나 건너 하나 나올 정도로 빼곡하다. 야마구치[山口]까지 범위를 넓혀 보면, 일본 근대는 조슈를 빼고는 말할 수 없을 정도로 이곳에서는 참으로 많은 인재가 배출되었다. 훗날 이 조슈 출신자들이 일본의 정계와 군대를 틀어쥐었기 때문에 조슈벌[長州閥]이라고 부르기도 한다.

그런데 조슈번 특히 요시다 쇼인 문하에서 배출된 인재의 대부분은 '대일본주의자大日本主義者'들이었다. 그들이 메이지 신정부를 출범시켰고, 「대일본제국 헌법」을 만들었으며, 근대적 제 제도를 도입하여 일본사회를 근대화시켰을 뿐만 아니라, 식산흥업殖産興業 정책을 펼쳐 일본을 산업화시켜 마침내 일본을 근대 국가의 반열에 올려 놓았다. 그러나 안타깝게도 일본의 근대화는 동시에 이웃 국가 특히 한국에 대한 침략의 역사이기도 하였다.

물론 일본의 침략은 근대 이후에만 국한된 것이 아니었다. 또 일본이 일방적으로 한국을 침략한 것이 아니라 때로는 한국이 일본을 침략한 역사도 있으며, 아주 오래전부터 반복되어 오던 것이었다. 그래서 각종 사서에 기록된 한국과 일본 사이의 침략의 상호 역사를 침략 횟수라는 측면에서 조사해 보았다.

일본의 한국침략 횟수는《삼국사기》,《고려사》,《조선왕조실록》 등 기본적인 관찬 사서에서 조사하였다. 이들 자료는 모두 데이터베이스화 되어 있어, 해당 자료에서 '왜倭'라는 키워드로 검색한 후, 걸러진 결과를 분석하였다. 또 한국의 일본침략에 대해서는 한국측 자료는 거의 없다. 가해자는 가해 사실을 잊기 쉬워도, 피해자는 피해 사실을 오래도록 기억하는 법이다. 즉 왜구에 의한 침략의 기록은 한국측 기록이 훨씬 소상한 반면, 신라구新羅寇나 고려구高麗寇 혹은 원구元寇에 대한 기록은 일본측에 기록

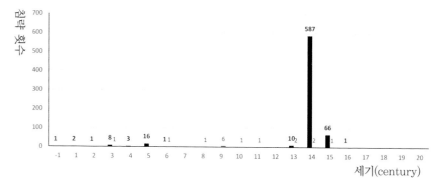

한국의 일본침략과 일본의 한국침략.(침략 횟수에 의한 비교)
검은 색은 일본의 한국침략, 붉은 색은 한국의 일본침략을 의미한다.

이 많고 내용도 풍부하다. 양국의 기록을 함께 분석해야 하는 까닭이다.

　일단 침략횟수라는 측면에서 양국간의 관계를 비교해 보면, 한국의 일본침략 건수(붉은 색 막대)는 16건이고, 일본의 한국침략(검은색 막대)은 696건이다. 수량적인 측면에서만 보면 후자가 전자에 비해 44배 정도 많다.

　다만 위의 분석과 관련하여 다음과 같은 몇 가지 점은 유념해야 할 것이다. 첫째로 이 분석은 침략건수만 비교할 뿐, 침략 기간이나 범위를 포함하는 규모는 다루지 않았다. 침략 가운데는 두 차례에 걸친 여몽연합군의 일본 침략(13세기)이나 임진왜란(16

세기) 같은 전쟁도 포함되지만, 많은 경우 수십 혹은 수백명의 해적질도 포함된다. 또 임진왜란과 같은 경우에는 7년 동안 조선 전국을 전장터로 하여 처절하게 치러진 전쟁인 반면, 대부분의 왜구의 조선침략은 아주 단기간에, 그리고 일정한 지역에 한정하여 약탈하고 빠져나간 경우에 해당한다. 규모면에서 보았을 때, 엄청난 차이가 있을 수 있다는 점을 유의하지 않으면 안된다.

둘째로 이 분석은 기록이 남아 있고, 쉽게 구할 수 있는 자료에 대해서만 정리한 것이다. 따라서 실제 침략 행위가 있었음에도 불구하고 기록되지 않은 오류가 있을 수 있고, 기록이 있음에도 불구하고 분석에 포함시키지 않은 오류가 있을 수 있다. 이런 한계가 있지만, 이 분석을 통해 고대로부터 현재에 이르기까지 한국과 일본 양국간의 불행하였던 상호침략의 역사를 개략적으로 파악할 수는 있을 것이라고 생각한다.

셋째로 이 분석에서는 침략의 성격에 대한 판단도 빠져 있다. 모든 공격을 일단 침략이라는 용어를 사용하여 표현하였지만, 사실 그 성격은 일률적이지 않다. 예컨대 임진년 이후 7년 동안 일본이 조선을 공격한 것이나, 고려시대에 고려와 몽고의 연합군이 두차례에 걸쳐 일본을 공격한 것은 모두 명백한 '침략侵略' 행위이다. 이와 달리 세차례에 걸친 한국의 대마도 공격은 격심한 왜구 활동에 대한 문죄 차원의 공격이기 때문에 '정벌征伐'에 해당한다. 이런 점들을 염두에 두면서 차트로만 설명되지 않는 다른 점들에 대해 조금 보충설명 해 두기로 한다.

(1) 일본의 한국 침입 (검은색 막대 부분)

일본의 한국 침략의 역사는 기원전부터 시작되었다. 《삼국사기》에 따르면, 박혁거세 8년(기원전 50년)에 "왜인倭人이 군사를 일으켜 변경을 침범하려다가 시조에게 신령스러운 덕이 있음을 듣고 물러갔다."라고 하였다. 참고로 이때의 왜倭는 조선 내의 세력이라는 견해도 있다. 4~6세기에는 일본과 가장 가까운 나라는 백제였고, 고구려는 직접 국경을 접하지 않아, 일본의 침입은 대체로 신라를 향하고 있었다. 이 무렵의 《일본서기》기록을 보더라도 백제와의 인적 물적 교류에 관한 기사가 빈번히 출현하는 것도 이런 까닭이다.

《일본서기》에서 주목해야할 또 하나의 기록은 '진구황후[神功皇后]의 삼한정벌'에 관한 기록이다. 비슷한 내용이 《고사기》에도 나오지만, 《일본서기》쪽이 좀 더 자세하다. 이 기록에 따르면, 진구황후가 신라를 정벌하니, 백제와 고구려가 함께 와서 항복하여, 일본에 인질을 보내고 조공을 바치기로 하였다는 것이다. 말하자면 한반도의 세 나라가 모두 일본의 속국(서쪽 오랑캐, 서번西蕃)이 되었다는 말이다. 이 기록은 사실 여부를 떠나 과거 일본이 조선을 침략할 때 항상 소환되었고, 고려와 몽고 연합군이 일본을 침략할 때도 소환되었으며, 근대 이후의 일본제국주의의 대외팽창에도 소환된 기록이었다. 신화적 색채가 다분한 이 기록은, 역사책에 기록되면서 역사가 되었고, 이윽고 이데올로기가 되면서 마침내 현실에도 엄청난 영향을 주었고 또 주고 있는 것이다.

신라에 대한 왜의 침입은 후기로 갈수록 점점 많아져, 5세기에 정점에 달하였다. 그러나 5세기 이후 신라가 내정개혁에 성공하고, 한강 하류지역으로 진출하여 중국과 직접 교류하는 등 국력이 비약적으로 신장하게 된 것과, 일본의 야마토[倭] 정권과 관계개선에 노력한 결과, 6세기 이후에는 일본의 신라 침략은 급속히 줄어들었다.

한동안 잠잠하던 왜(倭)에 의한 피해는 14~15세기 특히 14세기에 폭증하였다. 그 당시 고려에는 원나라의 가혹한 간섭아래서 권문세족에 의한 수탈이 격심하면서 왕조 말기적 현상이 도처에서 나타나는 상황이었다. 일본도 남북조시대로 두 명의 천황이 서로 대립하고 있었다. 이러한 혼란 속에서, 일본에서는 지방 호족의 주도에 의한 해적활동이 활발해질 수 있는 조건이 만들어지고 있었다. 반면 고려에서는 이에 대한 대처 능력이 박약해지면서, 14세기에는 해적의 출몰빈도와 피해규모가 상상할 수 없을 정도로 커졌다. 왜구의 발호로 고려의 조운제도가 붕괴되면서 국가의 재정기능이 약화되었고, 해안 가까이에는 도저히 주민이 거주할 수 없는 상황이 되었다. 고려의 멸망 원인이 꼭 왜구 때문이라고 할 수는 없지만, 왜구에 의한 피해가 주요 원인이 된 것은 부정할 수 없다. 왜구의 침략은 조선조 초기까지 지속되다가 일본의 남북조시대가 끝나고, 조선의 정권이 안정되면서 점차 소멸되었다. 14세기에 있었던 왜구활동을 동아시아의 역사에서는 전기 왜구前期倭寇라고 하면서, 중국과 동남아시아 지역을 활동무대로 하는 16세기의 후기 왜구後期倭寇와 구별하고 있다. 후기 왜구는 한반도가 활동대상이 아니었다.

전기 왜구가 왕조의 교체에 영향을 줄 정도로 극심하였다. 그것을 주도한 세력은 역시 일본의 지방 호족 혹은 해적 집단이었다. 반면 1592년 임진년에 있었던 도요토미 히데요시의 조선 침략은 일본이라는 국가에 의한 침략이었다. 7년에 걸친 전쟁으로 수많은 조선인들이 무고하게 참살당하였고, 조선 전토가 황폐화되었다. 일본에서는 이것을 분로쿠 케이쵸노 에키[文禄·慶長の役] 혹은 조선 출병朝鮮出兵이라는 가치중립적인 명칭을 부여하고 있지만, 본질은 침략전쟁이다. 때로는 조선 정벌朝鮮征伐이라는 명칭을 사용하기도 하는데 터무니없는 명칭이다.

임진왜란 이후 일본에서도 도요토미 히데요시로부터 도쿠가와 이에야스로 정권이 바뀌었고, 그 후 260여년 동안 에도 막부 시대가 지속되었다. 에도 막부는 현상유지를 원하는 정권이었기 때문에, 대외적으로는 쇄국정책, 조선과는 조선통신사로 대표되는 선린관계를 유지하였고, 해적활동은 엄격히 금지하였다.

그러나 1853년 페리 함대가 일본에 개국을 요구하면서 모든

것이 달라졌다. 일본은 그 후 메이지 유신을 거쳐 제국주의국가
로 변모하여, 청일전쟁, 러일전쟁, 만주사변, 중일전쟁, 태평양전
쟁 등으로 이어지는 전쟁국가가 되었다. 그 과정에서 조선은 일
본의 식민지로 전락하였다.

(2) **한국의 일본 침입** (붉은색 막대 부분)

한국 역시 일본에 대해 군사적 활동이나 해적활동을 한 바 있
었다. 도적(賊, 寇)은 일본의 역사에만 있었던 것이 아니라 한국의
역사에도 있었다. 우선 위의 차트에서 붉은 색 막대 부분 즉 한국
의 일본 침략 부분을 보자.

최초의 일본 침략 기록은 오진천황[応神天皇] 22년(291년)에 신
라가 현재의 고베시[神戶市] 가까이에 있는 명석포明石浦(아카시우
라)까지 쳐들어갔다는 것이다. 원 자료는 1617년에 제2차 조선통
신사가 일본으로 갔을 때, 종사관으로 동행하였던 이경직李景稷
이 당시 일본측에서 보여준 《연대기年代記》중에서 291년 신라의
일본침공 기록을 보고 그것을 자신의 문집인 《부상록扶桑錄》에
수록하였다. 그 후 다른 여러 문집에서 이 《부상록》의 기록을 재
인용하면서 널리 알려지게 되었다.

일본은 아득하게 하늘 동쪽에 있어 사방이 큰 바다이므로 외국 군
사가 들어가지 않았다. 다만 그들의 '연대기'를 보니, 소위 '응신천황

應神天皇 22년에 신국新國 군사가 왔다.' 하였고, 다른 본본本에도, '신
라 군사가 명석포明石浦에 들어왔다.' 했다. 명석포는 대판까지 겨우
1백여 리다. 적간관赤間關 동쪽에 구롱丘壟 하나가 있는데, 왜인들이
가리키면서, '이것이 백마분白馬墳이라는 것인데, 신라 군사가 일본에
깊이 들어왔으므로 일본 사람이 화친하기를 청하여 백마를 잡아 맹
세하고 말을 여기에다 묻은 까닭이다.' 하였다.

日本邈在天東。四面大海。外兵不入。但見其年代記。其所謂應神之
二十二年。新國兵軍來。一本則曰。新羅兵入明石浦。石浦距大坂纔百有餘
里。赤間關之東有一丘壟。倭人指之曰。此是白馬墳。新羅兵深入日本。日本
人請和解兵。刑白馬以盟。埋馬於此故云。

(이경직李景稷,《부상록扶桑錄》, 10월)

여기 인용문에 나오는 명석포明石浦(아카시우라)는 현재 효고현
[兵庫縣]에 있는 항구인데, 옛날에는 하리마국[播磨國] 아카시군[明
石郡]에 속해 있었다. 또한 적간관赤間關(아카마가세키)은 현재의 야
마구치현[山口縣]의 서부인 나가토국[長門國]에 속해 있었다. 그러
니까 이 기록에 따른다면, 신라군이 오사카 조금 서쪽에 있는 고
베까지 침입해 들어갔으며, 일본의 요구로 화친하고 그 맹세의
증거로 나가토국의 아카마가세키라는 곳에 백마를 죽여 묻었다
(白馬墳)는 것이다.

1636년 4차 조선통신사였던 김세렴金世濂이 저술한《해사록海

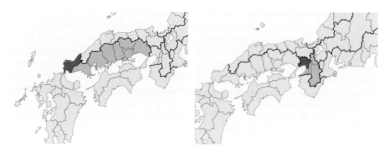

아카마가세키[赤間關]가 있는 나가토 아카시우라[明石浦]가 있는 하리마국
국[長門國].(붉은색 표시)   [攝津國].(붉은색 표시)

槎錄》의 〈견문잡록聞見雜錄〉에도 《부상록扶桑錄》에서 본 것과 거
의 동일한 내용이 수록되어 있고, 안정복安鼎福의 《동사강목東史
綱目》과 《순암선생문집順庵先生文集》, 이긍익李肯翊의 《연려실기술
燃藜室記述》 별집 제17권 〈변어전고邊圉典故〉, 이덕무李德懋의 《청
장관전서靑莊館全書》, 신경준申景濬의 《여암유고旅菴遺稿》 등에도
비슷한 내용이 재록되어 있다.

   291년에 신라가 명석포를 공격했다는 기록은, 여러 문집에서
나오고 있고, 그것을 두고 읊은 시까지 있으니 어김없는 역사적
사실 같아 보인다. 하지만 그 근거는 그다지 뚜렷하지 않다. 앞에
서 보았던 여러 문집의 기록들은 《부상록》의 기록을 재탕, 삼탕
하였는데, 결국 소스는 이경직의 기록 하나뿐이다. 다른 기록과
교차 확인되지 않으니 사실 여부를 확인하기 어렵다. 정말 신라

군이 세토 내해[瀬戸内海]의 험하고 좁은 물길을 거쳐 그 먼 아카시군까지 침공해 갈 수 있었을까? 신라의 침공에 대해 일본이 화친을 요구하였을 정도라면 대단히 많은 군사를 끌고 갔을 것이고 또한 승전으로 보아야 할 터인데, 한국이나 중국의 사서에 아무런 기록도 없다는 것 역시 이해되지 않는다. 신라인들의 집단망명이 와전된 것으로 보는 견해도 있다.

신숙주가 쓴 《해동제국기海東諸國記》에는 583년과 720년에 각각 신라가 일본에 침략해 들어간 기록이 남아 있다. 《해동제국기》에서 일본국기日本國紀의 〈비다쓰천황[敏達天皇]〉 부분을 보면, 3년(583년) 계묘에 "신라가 서쪽 변방을 침벌하였다(新羅來伐西鄙)"고 하였고, 겐쇼천황[元正天皇] 부분에서는 4년(720년) 경신에 "신라가 서쪽 변방을 침벌하였다(新羅來伐西鄙)"고 적어 놓고 있다. 《해동제국기》역시 무언가 일본측 기록을 참조하였을 것으로 짐작되지만, 다른 사서에서는 잘 발견되지 않는다.

8세기까지의 한국의 일본 침략은 이런 확실치 않은 것이 대부분인데, 이런 것까지 모두 포함하더라도 겨우 3회 뿐이었다. 그런데 9세기에는 6회로 급증하고, 10세기 및 11세기에도 각각 1회씩 발생하였다. 이들 침략은 발생한 연호에 따라 '코닌의 신라도적(弘仁の新羅の賊, 811, 813년)', '조간의 입구(貞觀の入寇, 869년)', '간표의 한구(寬平の韓寇, 893, 894, 895년)', '엔기이의 신라도적(延喜の新羅の賊, 906년)', '조토쿠의 입구(長德の入寇, 997년)' 등의 명칭으로

부르고 있다.

9세기는 통일신라 말기에 해당하는 시기였다. 900년부터 후삼국시대가 시작되었지만 935년에 신라가 그리고 936년 후백제가 각각 멸망함으로써 고려에 의한 새로운 통일 왕국이 출범하게 되던 그런 왕조교체 시기였다. 그리하여 9세기에는 왕조말기의 현상이 나타나 연 이은 흉년에도 불구하고 가혹한 세금이 부과되어, 여기 저기에서 유민이 발생하고, 도적이 창궐하였으며, 반란과 민란으로 사회가 극도로 어수선하던 시기였다.

그런 까닭으로 9세기에는 한반도로부터 일본으로 도항하여 귀화帰化하는 자가 급증하였고, 동시에 신라인 해적활동도 크게 증가하였다. 9세기는 가히 해적 전성기라고 보아도 좋을 것인데, 이런 이유로 장보고가 청해진을 설치하였고, 청해진이 설치되어 있던 기간 동안(828~851년)에는 한반도 인근 해역에서 해적 활동이 뜸해졌다.

신라해적의 규모는 코닌[弘仁] 시기(811년 및 813년)에는 20척 110명 정도였고, 조간[貞観] 시기(869년)에는 큰 배 2척 정도로 규모가 그다지 크지 않았다. 간표[寛平] 시기(893, 894, 895년)에는 신라구의 활동범위나 규모가 절정에 달하였다. 893년에는 히젠[肥前] 국을 습격하였고, 894년 2, 3, 4월에는 변방의 섬을 약탈하고 도주했지만, 9월에는 100여척의 배에 2,500명 규모의 신라구의 습격이 있었다. 895년에는 이키섬을 습격하여 관사를 불태웠다.

한국에서 일본의 해적을 '왜구倭寇'라고 부르듯이 일본에서는 이들 신라인 해적들을 '신라구新羅寇'라고 불렀다. '신라의 도적(新羅の賊)'도 같은 뜻이다.

한반도로부터 일본으로 건너간 해적 무리들은 고려시대에도 있었다. 997년의 '조토쿠의 입구'는 고려시대에 발생한 해적 침입이기 때문에 고려구高麗寇에 해당한다. 11세기에도 고려구가 규슈 지역을 침범한 적이 있다고 한다. 그러나 고려시대의 일본 침입 중 일본을 공포에 떨게 했던 것은 고려구가 아니라 고려와 몽고 연합군의 침입이었다. 일본사에서는 '원구元寇'라는 표현을 쓰기도 한다. 두 번에 걸친 여몽 연합군의 공격은 공교롭게 불어 닥친 태풍으로 모두 실패하고 말았다. 세 번째 원정도 계획했지만, 남송에서 반란이 일어나면서 실현되지 못했다. 일본은 신국神國이고, 태풍이라는 신의 바람[神風]이 불어 전쟁을 승리로 이끌 수 있었다는 생각이 더욱 깊이 자리잡게 되었다. 일본은 몽고제국과 싸워서 이겼고, 그 후 청국, 러시아라는 거대 제국과도 싸워 이겼으니, 마침내는 미국조차 무서워하지 않게 되었던 것 같다.

아무튼 13세기에 몽고의 침입까지 저지하였던 일본은 14세기에 접어들면서 2명의 천황이 공존하는 남북조 시대(1336~1392년)에 들어갔다. 이 남북조시대가 끝나는 1392년은 공교롭게도 고려가 멸망하여 조선으로 정권이 교체되는 때였다. 일본의 남북조 시대는 고려 왕조의 말기와 일부 겹쳤던 것이다. 이 무렵 중국에

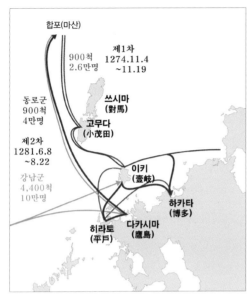

합포(마산)

제1차
1274.11.4
~11.19

900척
2.6만명

동로군
900척
4만명

제2차
1281.6.8
~8.22

강남군
4,400척
10만명

쓰시마
(對馬)

고무다
(小茂田)

이키
(壹岐)

하카타
(博多)

히라토
(平戶)

다카시마
(鷹島)

당시 몽고는 아시아는 물론이고 유럽의 일부까지 지배하는 거대한 제국이었다. 이 몽고제국(원)이 고려와 연합하여 일본에 침략하여 간 것이다.

서는 원나라가 멸망하고 명나라가 들어섰고, 고려에서는 홍건적의 난과 왜구의 침입으로 나라가 쑥대밭이 되었으며, 친원파와 친명파의 권력다툼과 권문세족의 발호로 경제의 양극화가 심화되었으며, 불교가 타락하여 그 폐단이 드러나는 등 백성들의 삶이 매우 어려워졌다. 이 과정에서 왕권이 약화되고, 국가의 기강이 무너지고, 군사력이 약화되어 고려의 운명은 그야말로 바람 앞의 등불 같았다.

일본 역시 남북조의 대립으로 지방 권력이 발호하였고, 그 중 규슈 북부의 지방 세력들 중 일부는 내전에 필요한 군수물자를 조달하기 위해 조직적으로 해적활동에 종사하였다. 또 왜구의 발생지가 앞의 지도에서 보았듯이 고려와 몽고의 연합군이 피해를 주었던 지역과 겹치기 때문에 그것에 대한 복수로 생겼다는 주장도 있다. 시기적으로 보면 1375~1384년 사이에 집중되었고, 활동이 매우 조직적이며, 규모가 크고, 침략 대상지가 고려 해안지대 뿐만 아니라 중국의 황해연안 지역까지 포함하는 광범한 지역이었다.

이렇게 왜구에 의한 피해가 극심해지자, 고려 정부는 일본 정부에 왜구를 통제해 줄 것을 요청했으나 남북조로 나뉘어져 있던 당시 일본 정부에서는 그렇게 할 능력도 없었고 또 그럴 생각도 없었던 것 같다. 결국 고려 정부에 의해 1번, 조선 정부에 의해 2번, 왜구의 본거지인 대마도에 대한 정벌이 이루어졌다. 제1차는 고려 창왕 2년(1389년)이었고, 제2차는 조선 태조 5년(1396년)이었으며, 제3차는 세종 1년(1419년)이었다. 특히 마지막 3번째 대마도 정벌에서는 당근과 채찍 두가지 전략을 구사하여, 정벌과 더불어 대마도주에 대한 조선 관직의 제수 및 왜관의 설치에 의해 대마도에서 필요한 물품의 일부를 조달할 수 있는 길을 열어 줌으로써 대마도주가 스스로 왜구의 억제에 나서게 만들었다. 이로써 조선정부가 안정기에 접어든 이후, 왜구는 거의 자취를 감추게 되었다.

대마도에 대한 정벌은 이렇게 세 차례에 걸쳐 이루어졌지만, 정벌 계획만 있었고 실제 정벌까지 이어지지 않은 경우도 있었다. 《삼국사기》 권 제2 신라본기 제2, 유례이사금儒禮尼師今 12년(295

년)에 따르면, "왜인倭人이 자주 우리의 성읍城邑을 침범하여 백성들이 편안하게 살 수가 없다. 나는 백제와 함께 도모해서 일시에 바다를 건너 그 나라에 들어가 공격하고자 하는데 어떠한가?" 서불한舒弗邯 홍권弘權이 대답하였다. "우리나라 사람은 물에서의 싸움은 익숙하지 않은데, 위험을 무릅쓰고 멀리까지 가서 정벌한다면 뜻하지 않은 위험이 있을까 두렵습니다. 하물며 백제는 거짓이 많고 항상 우리 나라를 집어 삼키려는 마음을 가지고 있으니 또한 함께 도모하기는 어려울 듯합니다." 왕이 "옳다."라고 하였다.

《삼국사기》권 제3 신라본기 제3, 실성이사금實聖尼師今 7년 (408년) 봄 2월에서는 "왕이 왜인倭人이 대마도對馬島에 군영을 두고 무기와 군량을 쌓아 두어 우리를 습격하려고 한다는 말을 듣고서, 그들이 일어나기 전에 우리가 먼저 정예 군사를 뽑아 적의 군영을 격파하고자 하였다. 서불한舒弗邯 미사품未斯品이 말하기를, '신이 듣건대 무기는 흉한 도구이고 싸움은 위험한 일이라고 합니다. 하물며 큰 바다를 건너서 남을 정벌하는 것은 만에 하나 이기지 못하면 후회해도 돌이킬 수 없습니다. (따라서) 험한 곳에 의지하여 관문關門을 설치하고 오면 곧 그들을 막아서 침입하여 어지럽힐 수 없게 하다가 유리해지면 곧 나아가 그들을 사로잡는 것만 같지 못합니다. 이것이 이른바 남을 유인하지만 남에게 유인당하지 않는다는 것이니, 가장 좋은 계책입니다" 하니, 왕이 그

말에 따랐다.

울릉도에서 채집된 "우해왕과 풍미녀 전설"에는 우산국의 대마도 정벌 이야기가 나온다. 1971년 여영택이 통구미에 사는 최태식에게서 수집한 설화에 나오는 이야기이다. 전설에 따르면, 우산국의 마지막 왕이었던 우해왕于海王은 왜구의 본거지인 대마도로 쳐들어가 항복을 받고, 대마도주의 셋째 딸인 풍미녀豐美女를 왕비로 맞아들였다. 하지만 왕비의 사치로 우산국이 쇠락하여 신라의 침입을 막지 못해 결국 망했다는 내용이다. 이 전설이 사실이라면 우산국이 신라에 복속하게 된 것이 512년이기 때문에 그 조금 전에 우산국이 대마도를 정벌한 것으로 된다. 이 전설에 대해서는 박찬흥(《우산국 관련 설화의 특징과 성립 시기》, 2019)의 연구가 자세하다. 단 울릉도는 조선시대 거의 대부분의 기간동안 공도정책空島政策으로 사람이 살지 않았기 때문에 이런 민간전승이 이어지기 어렵고, 그래서 20세기에 생겨난 것으로 보는 견해도 있다.

2. 진구황후[神功皇后]의 삼한정벌기

　이처럼 한국과 일본 사이의 관계는 주로 한반도에 대한 일본의 침략으로 점철된 역사였다. 그런데 일본의 침략의 대다수는 왜구와 같이 처음부터 노략질을 목적으로 하는 것이었지만, 때로는 일본이라는 국가 차원에서 이루어진 침공도 있었다. 노략질과 달리 이런 침공에는 그 침공을 정당화시킬 수 있는 무언가의 근거가 필요하게 된다. 일본이 한반도에 군사적으로 침공할 때마다 소환되는 근거가 있으니, 그것은 곧 《일본서기日本書紀》에 수록되어 있는 진구황후[神功皇后]의 삼한정벌기三韓征伐記였다.

　《일본서기日本書紀》의 기록을 따라 진구황후가 왜 삼한을 정벌하러 갔는지 그 목적부터 살펴보자. 먼저 (신공 즉위전기) 200년 12월 14일의 기록을 보면, 신神이 천황에게 "나를 제사 지내면 미녀의 눈썹과 같이 금은이 많아 눈이 부신 나라를 주겠다."라고 말하였다. (주아이 8년) 199년 9월 5일에서도 비슷한 내용이 있다.

　　이 나라(웅습)보다 더욱 보물이 많은 나라가 있으니 비유하면 처녀의 눈썹과 같고, 진津의 건너편에 있는 나라이다. 눈부신 금과 은, 비단이 그 나라에 많이 있다. 그 나라를 타쿠부스마시라키노쿠니(저금 신라국, 栲衾新羅國)이라고 한다. 만약 나에게 제사를 잘 지낸다면 칼에 피를 묻히지 않고도 그 나라가 반드시 스스로 항복해 올 것이다.

요컨대 진구황후의 삼한정벌의 목적은 금과 은, 비단 등의 보물을 약탈하는데 있었는데, 다만 그것이 신의 계시로 포장되고 있다는 점이 일반 노략질하고 다를 뿐이었다.

이제 조금 길지만, 진구황후의 삼한정벌 내용을 인용해 두자.

(신공 즉위전기) 200년 10월 3일

9년 겨울 10월 기해삭 신축에 와니노츠[和珥津]에서 출발했다. 이때 풍신風神이 바람을 일으키고, 해신海神은 파도를 치게 하였다. 그리고 바닷속의 큰 고기들이 모두 떠올라 배를 떠받쳤다. 순풍이 불어 범선이 파도를 타니 노를 젓는 수고로움 없이도 곧 신라에 이르렀다. 그때 배를 따라온 파도가 멀리 나라 안에까지 미쳤다. 이 일로 인해서 천신지기天神地祇가 모두 도와준 것을 알았다.

신라왕은 전전긍긍하며 어찌할 바를 몰랐다. 여러 사람을 불러 모아 "신라 건국 이래 바닷물이 나라 안까지 들어온 일은 아직 없었다. 천운이 다해 나라가 바다가 되는 것이 아닌가?"라고 말했다. 그 말이 채 끝나기도 전에 수군이 바다를 메우고, 깃발들이 햇빛에 빛나고, 북과 피리소리가 산천에 울렸다. 이 광경을 멀리서 바라보던 신라왕은 뜻밖의 군사들이 나타나 장차 신라를 멸망시키려 하는 것이라 여기고 두려워 전의를 상실했다.

마침내 정신을 차리고 "내가 들으니 동쪽에 신국神國이 있는데, 일본日本이라고 한다. 또한 성왕聖王이 있는데 천황天皇이라고 한다. 반드시 그 나라의 신병神兵일 것이다. 어찌 군사를 내어 방어할 수 있겠는가."라고 말하고 백기를 들어 항복하였다. 흰 줄을 목에 드리우고 두 손을 뒤로 묶고, 도적圖籍을 바치고 왕선 앞에서 항복하였다. 그리고 머리를 조아리고 "지금 이후부터 길이 천지와 함께 복종하여 사부飼部(마굿간 지기)가 되겠습니다. 배의 키가 마를 사이 없이, 춘추로 말빗과 말채찍을 바치겠습니다. 또한 바다를 사이에 두고 멀리 떨어져 있다는 것을 꺼리지 않고 해마다 남녀의 조調를 바치겠습니다."라고 말하였다. 그리고 거듭 맹세하여 "동쪽에서 떠오르는 해가 서쪽에서 떠오르는 일이 없는 한, 또 아리나례하阿利那禮河(한강으로 추정; 필자)가 역류하고 강의 돌이 하늘에 올라가 별이 되는 일이 없는 한, 춘추로 조공을 거르거나 태만하여 말빗과 말채찍을 바치지 않는다면 천신지기여, 벌을 주십시오."라고 말하였다.

그때 어떤 사람이 "신라왕을 죽이십시오."라고 말하였다. 이에 황후가 "처음에 신의 가르침에 따라 장차 금은의 나라를 얻으려고 하였다. 또 3군에 호령하여 '스스로 항복하여 오는 자는 죽이지 말라.'고 말한 바 있다. 지금 이미 재국財國을 얻었다. 또한 사람들이 스스로 항복하였다. 죽이는 것은 상서롭지 못하다."라고 말하고, 결박을 풀어 사부飼部(마굿간)의 일을 맡겼다.

드디어 그 나라 안에 들어가 중보重寶의 곳간을 봉인하고 도적문서圖籍文書를 거두었다. 그리고 황후가 가지고 있던 창을 신라왕문에 세우고, 후세에 표시로 삼았다. 그 창은 지금도 신라의 왕문 앞에 세워져 있다. 신라왕 하사무긴(파사매금波沙寐錦)은 즉시 미시고치하도리간기(미질기지파진간기微叱己知波珍干岐)를 인질로 삼아 금은채색金銀彩色 및 능라겸견綾羅縑絹을 80척의 배에 실어 관군을 따라가게 하였다. 이로써 신라왕은 항상 배 80척의 조공선을 일본국에 바치게 되었는데 이것이 그 연유이다.

이에 고려高麗(고구려)와 백제 두 나라 왕은 신라가 도적圖籍을 거두어 일본국에 항복하였다는 것을 듣고 몰래 그 군세를 엿보게 하였다. 그리고 도저히 이길 수 없다는 것을 알고는 스스로 영외로 나와서 머리를 조아리며 "지금 이후부터는 길이 서번西蕃이라 일컫고 조공을 그치지 않겠습니다."라고 말하였다. 이로써 내관가内官家로 정하였다. 이것이 이른바 삼한三韓이다. 황후가 신라에서 돌아왔다.

이 진구황후의 삼한정벌 기록은 일본측 사서에만 나오고 한국과 중국의 다른 사서에서는 확인되지 않는다. 과연 진구황후의 삼한정벌은 역사적 사실인가. 위의 인용문을 보면, 그 내용이 황당한 것은 둘째 치고, 이 짧은 인용문 안에서도 서로 모순되는 내용이 한 둘이 아니다.

가장 먼저 밝혀야 할 점은 진구황후가 삼한정벌을 행했다는 정확한 연대를 찾는 일이다. 인용문에서 진구황후가 삼한정벌을

떠난 날이 '9년 겨울 10월 기해삭 신축(冬十月己亥朔辛丑)'이라고
하였다. 여기서 9년이란 제14대 주아이천황[仲哀天皇] 9년을 의미
한다. 일본 궁내청에서 작성한 '천황계도天皇系圖'에 따르면 주아
이 원년[仲哀元年]이 192년이니, 주아이 9년은 200년이 된다. 도요
토미 히데요시의 일대기를 쓴 《다이코군키[太閤軍紀] 모노가타리》
에서는 이 삼한정벌이 있었던 해를 후한 헌제 5년(193년)이라고
하였다. 193년과 200년으로 비슷하다.

   그러나 이 인용문의 내용을 자세히 검토해 보면, 그 속에는 동
일 시기에 발생할 수 없는 것들이 나열되어 있는 것을 볼 수 있
다. 우선 위의 인용문에서는 '신라왕 파사매금波沙寐錦'에 대한 언
급이 있다. 신라에서 군주를 뜻하는 호칭으로서는 거서간(제1대),
차차웅(제2대), 이사금(제3대~제16대), 마립간(제17대~제21대), 왕(제
22대 이후) 등의 호칭이 사용되었는데, 더러 매금寐錦이라는 호칭
도 사용되었다. 광개토대왕비·중원 고구려비·울진 봉평비 등에
서 매금의 용례를 찾아볼 수 있다. 따라서 파사매금은 신라의 제
5대 왕인 파사이사금婆娑尼師今으로 추정할 수 있다. 《삼국사기》
에 따르면, 파사이사금의 재위기간은 80~112년이라고 하니, 주
아이천황의 재위기간에는 파사이사금이 존재할 수 없다. 양자 간
에 100년 가까운 시차가 존재한다.

   또한 미질기지파진간기微叱己知波珍干岐에서 '파진간기'는 파진
찬波珍湌이라는 관등으로, '미질기지微叱己知'는 미사흔未斯欣이라

는 인명으로 해석하는 것이 보통이다. 미사흔은 눌지마립간訥祇麻立干의 동생으로서 실성이사금實聖麻立干이 왜국과 우호관계를 맺을 때 볼모로 보내졌다. 미사흔이 인질로 간 것을 기준으로 본다면, 위의 인용문에서 진구황후가 신라를 침공한 때는 402년이 되어야 하고, 당시의 신라의 왕은 눌지 마립간(재위 417~458년)이어야 하는데, 《일본서기》의 기록과 거의 2백년 가까운 시차가 발생한다.

또한 인용문 가운데는 "내가 들으니 동쪽에 신국神國이 있는데, 일본日本이라고 한다."라는 부분인데, 원문을 확인해 보면 "吾聞, 東有神國, 謂日本"이라 하여, 일본이라는 국호를 쓴 것이 확인된다. 따라서 《삼국사기》 신라본기 670년 문무文武 10년 12월에 따르면 "왜국倭國이 국호를 바꿔 일본日本이라 하였다(倭國更號日本)"고 하였고, 또 중국의 《구당서舊唐書》〈동이전東夷傳〉에서도 서기 670년에 "왜국이라 함이 아름답지 못한 이름으로 스스로 싫어하였다. 그런 이유로 일본이란 이름으로 고쳤다(倭國自惡其名不雅, 故改爲日本)."라고 하였다. 요컨대 일본으로 국호를 바꾼 때는 670년이기 때문에, 주아이 천황 9년(200년)의 기록에서 일본이라는 국호가 나와서는 안된다. 국호를 쓰려면 야마토[倭]라고 했어야 한다.

또한 천황이라는 칭호도 훨씬 뒤에 사용된 호칭이니, 주아이 재위기간에 사용되어서는 안된다. 당시의 칭호는 왜왕倭王, 왜국왕倭國王, 대왜왕大倭王이었다. 천황이라는 단어가 사용된 가장 오랜 기록은 607년 일본이 견당사遺唐使를 통해 중국 황제에게 보낸 국서 가운데 "해가 뜨는 곳 천자가 해가 지는 곳 천자에게 편지드리니 별고 없으신지(日出處天子致書日沒處天子無恙)"라고 한 것이다. 여기서 해가 뜨는 곳(日出處)의 천자가 곧 일본의 천황이다. 607년 이후 비로소 천황이라는 명칭이 널리 쓰였다.

이처럼 인용문에서 본《일본서기》기록이 중국이나 조선의 연도가 서로 맞지 않을 뿐만 아니라, 같은 연도에 나타날 수 없는 사항들이 열거되고 있어 매우 부정확하고, 사료적 가치도 크게 떨어진다. 그런데도 이런 사실이 관찬 사서에 버젓이 기록된 것은 먼저, 이 사료가 기록 수단인 글자(한자)가 도입 이전 시기의 사실 즉, 주로 기억에 의한 역사전승기를 담고 있다는 점 그리고 후대에《일본서기》를 찬술하면서 당대의 여러 가지 정치적 고려로 인해 과거 사실들이 윤색되었던 점 등을 이유로 들 수 있다.

일본에 한자가 들어오기 이전에 이미 고유 문자(神代文字)가 있었다는 주장도 있지만 아직 명확하지 않다. 또한 1세기경에 제작된 금인金印과 동전銅錢에 한자가 보이지만 모두 중국에서 생산된 것이 수입된 것이어서 일본에서 한자가 널리 사용되었다는 증거로는 부족하다. 일본에서 제작되었고, 한자로 지명이나 인명이 적혀 있는 유물 중 가장 이른 시기의 것으로서는 5세기경에 제작된 철검鉄剣과 동경銅鏡이 있어, 이 무렵에는 일본에도 한자가 도입된 것이 확인된다.

그러나 한자가 널리 보급된 것은 백제의 와니(王仁, 혹은 和邇吉師)가 논어 10권과 천자문 1권을 가지고 와서 일본 황태자를 가르친 이후인 것으로 추정된다. 그리고 6~7세기가 되면 유교, 불교, 도교가 전래되면서 한문으로 쓰여진 책을 읽을 수 있는 능력이 한층 더 향상된 것으로 볼 수 있다. 그리하여 그 이전까지 주로 인간의 기억에 의해 전승되어 오던 역사적 사항들이 비로소 글자에 의해 기록되기 시작한 것이다.

또한 정확한 연도를 알기 위해서는 정확한 역년曆年이 필요하다. 《일본서기》에서는 각 왕조의 기사에 간지와 월일을 적어 놓았다. 그런데 일본에서 간지가 사용되기 시작한 것은 6세기 무렵에 백제에서 역서曆書가 전해진 이후였다. 따라서 그 이전의 기년은 모두 후대의 추정에 의한 것이다.

이런 이유로 발생하게 된 가장 큰 문제는 천황의 수명과 재위 기간을 들 수 있다. 일본의 현재 천황은 제126대인데, 역대 천황의 수명을 보면, 제16대까지(다음 그림 점선 사각형)는 그 이후와 큰 차이가 있다. 그 당시 일본 천황이 실제로 오래 장수했는지 확인할 수 있는 자료는 없지만, 합리적으로 판단해 보면 과장된 수명이라는 것이 분명하다. 현재 기네스북에 기록된 최고 장수인은 1875년에 태어나 1997년에 122세의 나이로 사망한 프랑스의 잔 칼랑 여사라고 한다. 지금으로부터 2천년 전이라면 아마 평균 수

명이 훨씬 더 짧았을 것인데, 제16대 천황까지 모두 16명의 천황 중 12명(75퍼센트)이 100세 이상이었다. 가장 단명했던 천황의 수명이 53세였는데, 이것조차 후대의 최고 수명 쪽에 가깝다. 16명 가운데는 140세 이상이 2명, 130~139세가 2명이나 되었으니, 16명 중 4명(25퍼센트)이 기네스북의 최장수 기록을 상회하는 것이었다. 한마디로 수명이 터무니없이 과장되었다는 의미이다.

일본 역대 천황의 수명

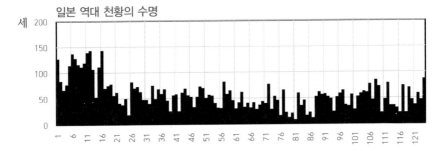

일본 역대 천황의 재임기간. 일본 궁내성의 〈천황계도天皇系圖〉에서 작성하였다.

초기 즉 제16대까지의 천황의 수명이 길어지면, 재위기간이 길어지고, 따라서 일본의 연대기가 확실해지는 시점 이전의 일본의 역사가 더 오래전까지 거슬러 올라가게 된다. 일본 궁내성의 〈천황계도天皇系圖〉에 따르면, 초대 천황인 진무천황[神武天皇]은 재위기간이 기원전 660~584년이다. 그래서 현재 일본에서는 기원전 660년 2월 11일에 일본이 건국되었다고 믿고 이 날을 '건국기념일(建国記念の日)'로 정하고 있다. 참고로 이러한 일본의 건국기념일 개념을 한국에 적용하면 그것이 바로 '개천절'일 것이다.

고구려의 건국이 기원전 37년이니, 일본의 주장대로라면 일본에서는 고구려가 성립되기 거의 600년 전에 이미 고대국가가 출현한 것이 된다. 참으로 오랜 역사를 가진 나라가 된다는 말이다. 그렇지만 이상의 이유로 인해서 《일본서기》 혹은 《고사기》 초기에 해당하는 기록은 대체로 부정확하다고 할 수 있다.

한편, 《삼국사기》에서 신라의 궁성이 있는 경주까지 왜(倭)가 쳐들어왔다는 기록에 대해서 살펴보자. 진구황후의 삼한정벌이 무언가 역사적 근거가 있어서 만들어진 기록이라고 한다면, 신라측 기록에서도 그에 상응하는 기록 예를 들어 궁성이 포위되어 함락되었다는 등의 기록이 남아 있어야 한다. 과연 있는가?

232년(조분이사금 3년)에 왜인이 갑자기 와서 금성을 포위하자 왕이 몸소 나가 싸워 적이 흩어져 도망가니 날쌘 기병을 보내어 추격하게 해서 1천여 명을 죽이거나 사로잡았다는 기록이 있다.

344년 봄 2월에는 왜국에서 사신을 보내 혼인을 청하였으나 딸이 이미 출가했다고 하여 사절하자, 345년 봄 2월에 왜왕이 문서를 보내 국교를 끊었고, 346년에는 왜병倭兵이 갑자기 풍도風島에 이르러 변방의 민가를 노략질하였으며 진군하여 금성金城을 포위하고 급하게 공격하였다고 한다. 이때 왕이 군사를 내어 상대하여 싸우고자 하였으나 이벌찬伊伐湌 강세康世가 "적은 멀리서 왔으므로 그 날카로운 기세를 당해낼 수가 없으니, 그것을 늦추었다가 그 군사가 피로해지기를 기다리는 것만 못합니다."라고 하자, 왕이 그렇다고 여겨 문을 닫고 나가지 않으니 적은 식량이 다해 물러가려 하였다고 한다. 이에 강세에게 명하여 "굳센 기병을 거느리고 추격하여 그들을 쫓았다."라고 했다는 것이다.

한편, 393년(나물 이사금 38년) 5월에는 왜인倭人이 와서 금성金城을 포위하고 5일 동안 풀지 않았다. 장수와 병사들이 모두 나가 싸우기를 청하였으나, 왕이 "지금 적들은 배를 버리고 깊숙이 들어와 사지死地에 있으니 그 날카로운 기세를 당할 수 없다."고 말하고 이내 성문을 닫았다고 한다. 적이 아무 성과 없이 물러가자 왕이 용맹한 기병 2백 명을 먼저 보내 그 돌아가는 길을 막고, 또한 보병 1천 명을 보내 독산獨山까지 추격하여 합동으로 공격하니 그들을 크게 물리쳐서 죽이거나 사로잡은 사람이 매우 많았다는 것이다.

관심을 끄는 기록은 몇 년 후인 402년(실성 이사금 1년) 3월에 왜국倭國과 우호를 통하고 나물왕奈勿王의 아들 미사흔未斯欣을 볼모로 삼았다는 기록이다. 앞의 인용문에서 '미시고치하도리간기[微叱己知波珍干岐]를 인질로 삼아 금은채색金銀彩色 및 능라겸견綾羅縑絹을 80척의 배에 실어 관군을 따라가게 하였다.'는 기록에 비추어 본다면 393년의 전투와 402년의 우호관계 수립이 윤색된 것일 수도 있다. 또한 405년(실성이사금 4년) 4월에도 왜병倭兵이 와서 명활성明活城을 공격하였으나 이기지 못하고 돌아갔다고 하고, 왕이 기병을 이끌고 독산獨山의 남쪽 길목에서 기다리고 있다가 두 번 싸워 그들을 격파하여 3백여 명을 죽이거나 사로잡았다는 기록이 있다. 물론 이 사료도 진구황후의 삼한정벌과 엮어 생각하기 어렵다.

요컨대 이상 《삼국사기》에 나오는 일본의 침략 기사를 정리해 보아도, 왜국이 신라의 궁성을 포위한 경우는 있었지만, 궁성이 함락되어 신라왕이 항복하였다는 기록은 없다. 더구나 모든 기록에서 돌아가는 왜군을 추적하여 공격하고 있어, 《일본서기》의 기록에서 본 것 같은 항복 장면은 생각하기 어렵다. 하물며 백제나 신라와 같은 완충지역 너머에 있는 고구려까지 스스로 일본에 복속하여 서쪽 오랑캐(西蕃)가 되겠다고 약속했다는 《일본서기》의 기록은 납득하기 어렵다.

백제와 고구려가 과연 일본에게 항복하여 서번이 되었을까 하는 점을 조금 다른 각도에서 검토해 보자. 중국 사서史書에는 일본이 중국에 사신을 보내 중국 황제로부터 관직을 요청한 기록이 있다. 중국에 사신을 보낸 산[讚], 친[珍], 세이[濟], 코우[興], 부[武] 등의 5명의 일본왕을 왜오왕倭五王이라고 한다. 고구려와 백제 역시 중국으로부터 관직을 제수 받았으니, 이때 받은 중국 관직의 서열을 비교해 보자.

우선, 백제의 제13대 근초고왕(餘句)은 372년 진동장군鎭東將軍을 제수 받았고, 고구려 제20대 장수왕(高璉)은 413년에 정동장군征東將軍, 그리고 416년에는 정동대장군征東大將軍을 제수 받았다. 왜왕 가운데서는 산[讚]이 421년 처음으로 중국으로부터 제3품 안동장군安東將軍이라는 관직을 받았다. 이때 백제의 제18대 전지왕(余暎)은 제2품 진동대장군鎭東大將軍이었고, 고구려의 장수왕은 제2품 정동대장군이었다. 중국으로부터 관직을 받은 마지막 왜왕은 부[武]인데 502년 제2품 정동대장군을 제수 받았다. 같은 연도에 백제의 동성왕(餘大) 역시 제2품 정동대장군이었지만, 고구려의 제21대 문자명왕(高羅雲)은 거기대장군車騎大將軍이었다. 요컨대 왜오왕 시절에 일본의 왕들도 중국에 사신을 보내 관직을 받았지만, 백제나 고구려보다 더 높았던 적은 없었다. 왜5왕이 중국에 사신을 보낸 기간에 한반도에서는 백제와 고구려만 사신을 보냈고, 신라와 가야에서는 사신을 보낸 적이 없다. 신라 및 가야가 중국에 사신을 보내기 위해서는 백제나 고구려를 경유해야 했기 때문일 것이다. 그러니까 《일본서기》에 따르면, 진구황후가 삼한을 정벌하여 백제와 고구려의 항복을 받고, 이들 두 나라를 서쪽 오랑캐[西蕃]로 삼았다고 하고 있지만, 중국에서 제수받은 관직을 염두에 둔다면 그런 일은 있을 수 없다고 보는 것이 정확하다.

중국 남북조 시대의 송나라 순제[順帝] 2년(478년)에 왜왕 부[武] 가 사신을 파견하여 상표문을 올리자, 순제는 왜왕 부[武]를 '使持節 都督倭·新羅·任那·加羅·秦韓·慕韓六国諸軍事 安東大將軍 倭王'에 제수하였다고 한다. 당초 일본은 이 관직에 백제도 포함시켜 달라고 요구했지만, 백제는 이미 더 높은 관직을 가진 국가로 되어 있었기 때문에 거절당하고, 아직 중국에 사신을 보내지 않는 나머지 국가들에 대해서는 일본이 원하는 대로 포함시켜 주었다. 그런데 478년 당시의 한반도에는 고구려·백제·신라·가야 등 4개국만 존재하고 있었고, 임나·진한·모한이라는 나라는 존재하

동아시아 고대에 있어서 장군의 직위표. (일부 요약)

제1품第一品	제2품第二品	제3품第三品
황월대장군黃鉞大將軍	거기대장군車騎大將軍	정동장군征東將軍
대장군大將軍	정동대장군征東大將軍	진동장군鎭東將軍
	진동대장군鎭東大將軍	안동장군安東將軍

品品은 숫자가 적을수록 직위가 높고, 같은 품에서는 위쪽으로 올라갈수록 직위가 높아진다. 고구려는 나중에 대장군까지 제수 받았지만, 이때는 왜가 관직을 요구하지 않아 비교할 수 없다.

지 않았으니, 이 길다란 관직이 얼마나 허명에 그득한 것인지 쉽게 짐작할 수 있다.

진구황후의 삼한정벌 설화는 660년 백제의 멸망 이후, 사이메이[齊明] 천황이 보낸 백제구원군이 '백강전투[白村江の戰い]'에서 패배하고 돌아간 후 만들어진 것으로 본다. 그리고 중세 이후 일본이 외부 세계와 무력적으로 충돌하거나 그 위협을 받을 때마다 새로운 내용으로 변용되면서 재생되어 왔다. 첫 번째 변용의 계기는 몽고의 침공이었다. 중국과 고려를 정복한 몽고는 일본에게도 복속을 요구하였지만 일본이 이 요구를 거절하면서 두 차례(1274년과 1281년)의 몽고의 무력 침공이 있었다. 몽고는 때마침 불어온 태풍으로 일본 침략에 실패했지만, 대마도와 이키섬은 점령하여 잔혹한 짓을 하였고, 이에 따라 일본인들은 극도의 공포심을 갖게 되었다. 우리 옛말에 "자꾸 울면 호랑이가 와서 잡아 간다." 라고 하면서 아이를 달래듯이, 일본에서는 "무쿠리 고쿠리 귀신 온다(蒙古高句麗 鬼来るぞ)."고 하면 울던 아이도 울음을 그친다는 말까지 있다고 한다. 여몽 연합군이 대단히 잔혹한 짓을 했음에 틀림없다.

고려가 강화도로 천도하여 몽고에 맞서는 동안, 부처님의 법력法力으로 몽고를 물리치기 위해 팔만대장경을 제작했던 것처럼, 일본에서도 신불神佛의 힘을 빌어 몽고를 막고자 전국의 신사와 사찰에서 몽고의 항복을 기원하는 기도를 올렸다. 공교롭게도 몽고가 일본을 침공할 때마다 태풍이 불어 일본 침공은 실패로 끝났다. 그래서 이 태풍을 신의 바람(가미카제, 神風)이라 부르게 되면서, 일본이 신국神國이라는 사상이 일본 전역으로 퍼지게 되었다.

이렇게 몽고의 침공을 겪으면서 진구황후의 삼한정벌 전설도 약간의 변용을 거치면서 재생되었다. 14세기 초에 만들어진 《하치만구도쿤[八幡愚童訓]》에 수록된 전설이 그것이다. 이 책은 교토에 있는 이와시미즈하치만구[石淸水八幡宮]의 신관이 하치만신[八幡神]의 유래, 신덕神德을 설파한 연기緣起인데, 여기에서 하치만신이란 진구황후의 아들인 오진천황[応神天皇]을 말한다. 이 책에 수록된 진구황후의 삼한정벌에 관한 주요 부분을 인용해 보면 다음과 같다.

주아이천황[仲哀天皇]의 시대, 이국異國에서 귀신과 같은 모습으로 몸은 적색이고 머리는 8개인 '진린[塵輪]'이라는 자'가 검은 구름을 타고 허공을 날아 일본에 내침해서 인민을 살해하였다. 주아이천황은 진구황후와 5만의 군병으로 나가토[長門] 도요우라[豊浦]에 이르러 진린과 싸웠고 사살하는 데 성공하였다. 그러나 자신도 유시流矢에 맞아 신공황후에게 이국토벌異國討伐을 유언하고 죽었다. 아마테라스 오카미[天照大神]가 진구황후에게 빙의해서 삼한 대군의 내침이 가까워짐을 고하였다. 48척의 선박을 만들고 수부역으로서 스미요시묘진[住吉明神]의 조언으로 해저에 사는 아즈미노 이소라[安曇磯良]를 소환하였다. 스미요시묘진[住吉明神]의 제안에 의해 사가라용왕[娑竭羅龍王]이 가진 조석潮汐의 간만干滿을 자유로이 조종하는 간쥬[干珠], 만쥬[滿珠] 2개의 구슬을 받았다. 출산이 임박한 진구황후는 고라묘진[高良明神]의 손이 되는 방패를 소지하고 대마에서 돌을 허리에 차고 바다를 건넜다. 이적異賊은 10만 8천 척에 46만 9천인의 군세인데 비하여 일본은 그 천분의 1에도 미치지 않는데, 황후는 고라묘진[高良明神]을 사자로서 개전을 고하였다. 이를 접한 고려국왕을 비롯한 대신과 백성들은 여자의 몸으로 적국을 공격해 온 것을 조롱하였다. 이에 황후가 간쥬[干珠]를 바다에 던지니 바다는 육지로 변하고 이국異國 군대는 배에서 내려 일본선을 공격해 왔다. 기회를 놓치지 않고 황후는 만쥬[滿珠]를 던져 "삼한의 적은 망해라!"라고 하였다. 이국異國의 왕과 신하가 앞으로 "일본군의 개가 되겠다."라고 하고, 일본을 수호해서 매년 연공을 바치기로 약속하자 황후는 큰 바위 위에 화살로 "신라국의 대왕은 일본의 개다."라고 쓰고 귀국하였다. 신라에서는 말대末代의 수치라 해서 돌 명문銘文을 없애려고 했지만 점차 선명하게 되어 지금도 지워지지 않았다.

위 인용문을 보면 《일본서기》와 달라진 점이 몇 있다.

①신라 토벌의 이유가 《일본서기》에서는 "위로는 하늘과 땅의 신들의 가호에 힘입고, 아래로는 여러 신하들의 도움을 받아 군

대를 일으켜 험한 파도를 건너 선박을 준비하여 재물이 많은 땅을 얻고자 한다."고 하여 재물의 획득이 침공의 중요한 이유였다.

그러나 《하치만구도쿤[八幡愚童訓]》에서는 신라가 일본에 침입하여 인민을 살해했기 때문에 그 복수를 위해 신라에 쳐들어간 것이라고 하였다. 그런데 진구황후의 삼한정벌에서 '정벌征伐'이란 '죄 있는 무리를 치는 것'을 말하는데, 《일본서기》의 침공 목적은 재보국財寶國으로부터 재보를 약탈하는 도둑질이고 정벌이 되기 어렵다. 그래서 《하치만구도쿤》에서는 이국異國(신라)을 진린[塵輪]이라는 괴물로 둔갑시켜서 마치 그들이 먼저 일본을 공격하였고, 이에 진구황후는 그것을 응징하였던 것이라는 모양새로 윤색한 것이었다. 그러나 한국과 중국의 모든 기록에서, '진린의 침략'과 같은 사건은 발견되지 않는다.

②진구황후의 삼한정벌은 어디까지나 신의 힘을 빌어 이룬 것이고, 전투 같은 것은 없었다. 다만 《하치만구도쿤》에서는 신라에 침공하기 이전에 용신龍神으로부터 간쥬[干珠]와 만쥬[滿珠]라는 신령스러운 구슬 2개를 빌려서 조수 간만으로 신라를 격퇴하였다고 한다. 이 부분도 《일본서기》와 다르다. 참고로 신라정벌을 마치고 일본으로 돌아간 진구황후는 간쥬[干珠]와 만쥬[滿珠]를 용신에게 반납하기 위해 바다속에 넣자, 거기에서 2개의 섬이 솟아났다고 한다. 현재 시모노세키 앞바다에 있는 간쥬도[干珠島]와 만쥬도[滿珠島]가 그 섬이라고 한다.

간쥬도　만쥬도

신라를 점령한 후, 《일본서기》에서는 신라왕이 항복하여 조공을 바치기로 하였고, 진구 황후는 각종 금, 은, 비단을 가져왔다고 한다. 그런데 《하치만구도쿤》에서는 신라가 항복한 후 매년 조공을 바치기로 한 기록은 있지만, 재보를 약탈해 갔다는 말은 빠져 있다. 대신 《일본서기》에서는 신라왕에게 사부飼部(마굿간)의 일을 맡긴 것으로 되어 있었지만, 《하치만구도쿤》에서는 "신라국의 대왕은 일본의 개"로 되었다. 고로 한국인들도 개나 돼지와 같은 칙쇼(畜生, 축생)로 되었던 것이다. 또 신라라는 구체적인 국명 대신에 이국異國, 이적異賊 등의 보다 폭넓게 적용할 수 있는 명칭이 사용되었다. 그리고 이적異賊은 진린[塵輪]과 같은 악귀惡鬼로 간주되었다. 여몽연합군의 일본 침공 이후 이국인에 대한 강한 적개심이 느껴진다.

전쟁 상대방을 귀축鬼畜으로 부르는 이런 관념은 태평양 전쟁

《아사히그라프》의 미국 루즈벨트 대통령에 관한 기사와 표지. 전쟁 상대국인 미국과 영국을 합하여 귀축미영(鬼畜米英)이라 부르기도 하였다.

에서 패전이 임박해지자 광기에 사로잡히게 되면서 다시 나타났다. 《아사히그라프》에서는 미국 루즈벨트 대통령의 얼굴 위로 "쳐부시자! 이 귀축鬼畜"이라고 하였고, 그 기사가 실린 《아사히그라프》 표지에는 함포 앞에 서 있는 황군皇軍의 발 아래로 "쳐부수자! 이 귀축 미국!(撃て! この鬼畜米国!)"이라고 쓰여 있다.

　진구황후의 삼한정벌 설화는 도요토미 히데요시의 전기인 《다이코군키[太閤軍紀] 모노가타리》에도 나온다.

대저 진구황후 그 신은 이국퇴치의 때에 나가토[長門] 지방 후나산에서 목재를 벌채해 큰 배 48척을 만들었다. 그때 황후는 임신 징후가 있었지만 복대를 두르고 갑옷을 입었다. 그 시기는 후한의 헌제 건안 5년에 해당한다. 10월 16일 선유의 일에 황후는 겨우 48척의 병선을 이끌고 고려국에 건너갔다. 이국의 대장군은 수만척의 병선으로 불꽃을 쏘았고 황후가 감색 구슬을 던져 간조干潮가 되니 이적夷狄은 배에서 내려 대항하자, 다시 만주滿珠를 던지니 해상은 원래대로 만조滿潮로 되어 칼로 공격하니 이적은 모두 타살되었다. 이로서 그 나라는 항복하고 금은보화를 실은 80척의 선박으로 매년 아조我朝에 바치고 맹세하였다. 고려의 왕도 뜰에서 고려왕은 "일본의 개이다."라고 했다. 황후가 활을 당기려고 하자 신라, 백제, 고려는 3달 안에 항복을 정하고 12월 5일 황후는 귀조歸朝에 올랐다. 12월 5일 지쿠젠[筑前]국에서 황자를 탄생하니 이것이 바로 하치만대보살[八幡大菩薩]이다. (이기용, 〈일본침략사상의 원형인 신공황후설화〉, 《일본사상》 13, 2007, 83쪽).

위 인용문에서는 우선 진구황후의 삼한정벌이 후한後漢 헌제獻帝 건안建安 5년의 일이라고 하였으니 서기 200년에 일어난 일임을 알 수 있다. 다만 앞서 언급하였듯이 이 날짜는 다른 기록들과 사뭇 어긋나고 있다. 둘째로, 신라침략에 동원된 병선이 겨우 48척인데, 신라 병선은 수만척이라고 하였다. 일본군이 압도적인 수적 열세에도 불구하고 완벽한 승리를 거둔 까닭은, 진구황후가 용왕으로부터 빌려간 간주干珠, 만주滿珠의 신통력 때문이었다. 일본이 신국神國이라는 이미지를 강조하기 위함이다. 셋째로, 진구황후는 신라, 백제, 고려(고구려) 세 나라의 항복을 받고 일본으로 귀환한 후, 황자皇子를 낳았는데, 하치만대보살[八幡大菩薩]이라 하였다. 진구황후가 낳은 아들은 오진천황[応神天皇]이니, 하치만대보살[八幡大菩薩]이 곧 오진천황이다. 이 역시 신국神國과 관련된 발상이다.

3. 요시다 쇼인의 정한론

일본은 개항 이후, 청일전쟁과 러일전쟁을 거치면서 제국주의 국가로 발전해 갔고, 나아가 만주침략과 중일전쟁 및 태평양전쟁으로 팽창주의적 대외정책을 펼쳐 갔다. 그런데 이 모든 팽창의 궤적은, 요시다 쇼인이 페리함대에 밀항하려다 실패한 후 하기의 노야마 감옥에 수감되어 있을 때 저술한 《유수록幽囚録》에 써 놓은 것과 크게 다르지 않았다. 그 책에서 요시다 쇼인이 강조하였던 팽창주의적 대일본주의론大日本主義論은 그의 제자들이 메이지 정부의 핵심세력이 되면서 하나둘씩 이루어져 갔다. 바로 그런 측면에서 요시다 쇼인의 정한론에 특히 주목하지 않을 수 없다.

이 《유수록》에서 요시다 쇼인은 '서양세력의 동진에 따라 존망의 위기에 놓인 일본의 처지를 분석한 후, 그 해결책으로 일본이 팽창주의적 방침을 취해야 할 것'이라고 주장하였다. 그리고 이 팽창주의의 근원을 고대의 한일관계에서 찾았다. 《유수록》을 읽어 보면 《일본서기日本書紀》의 한국관계 기록이 상당히 큰 부분을 차지하고 있다. 이 책의 파일에서 키워드별로 검색해 보면, 임나任那가 9번, 신라新羅가 27번, 고려高麗(고구려)가 7번, 백제百濟가 30번 나온다. 백제와 신라에 대한 기록이 대부분인데, 백제는 주로 문물의 교류에 관한 것이고, 신라는 대부분이 정벌 대상이다.

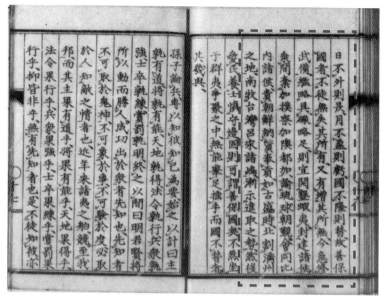

요시다 쇼인의 《유수록》(1854) 중의 일부.

《유수록》에서 그의 팽창주의적 대일본주의관을 가장 잘 보여
주는 부분을 인용해 보면 다음과 같다. 위 그림의 사각형 안쪽
부분이다.

요시다 쇼인의 《유수록》(1854) 중 일부

태양은 떠 있지 않으면 지게 되고, 달은 차 있지 않으면 기울게 되
듯이, 나라도 융성하지 않으면 쇠망한다. 그러므로 나라를 잘 지켜

유지해 간다는 것은 단지 가진 것을 잃지 않는다는 것일 뿐만 아니라, 결여된 것을 메워 나가는 것이다. 지금 서둘러 군비를 굳게 하고 군함이나 대포를 제대로 갖출 수 있다면, 홋카이도(北海道, 蝦夷)를 개척하여 다이묘들(諸侯)을 봉(封)하고, 틈을 타서 캄차카반도(加摸察加)와 오츠크(隩都加)를 탈취하고, 류큐(琉球)를 타일러 내지와 다름없이 참근(參勤) 회동(朝覲會同)토록 하며, 조선을 꾸짖어(責) 옛날 번성하였을 때처럼 인질을 보내고(納質) 조공을 바치게(奉貢) 하며, 북쪽으로는 만주 땅을 차지하고(割), 남쪽으로는 대만과 루손제도(呂宋諸嶋)를 다스리고, 점차 진취적인 기세를 나타내야 할 것이다.

다음 지도는 1930년대말 기준 '대일본제국'의 영토'를 보여준다. 일본의 영토領土에는 내지內地(일본 본토), 대만과 신남군도新南群島, 화태樺太(사할린)와 쿠릴열도(지시마열도千島列島), 조선 등이 있었고, 한때 요동반도遼東半島가 영토였던 적도 있었다. 조차지租借地로서는 관동주關東州가 있는데, 한때 교주膠州가 일본의 조차지이던 때도 있었다. 위임통치구역委任統治區域으로서 남양제도南洋諸島가 있었으며, 일부통치구역一部統治區域으로서는 남만주철도부속지와 조계租界가 있었다.

"홋카이도(北海道, 蝦夷)를 개척하여 다이묘[諸侯]들을 봉封하고"라는 말로 시작하는 《유수록》은 이러한 일본의 대외팽창에서 일종의 지침서와도 같았다. 홋카이도[北海道]는 원래 아이누들이

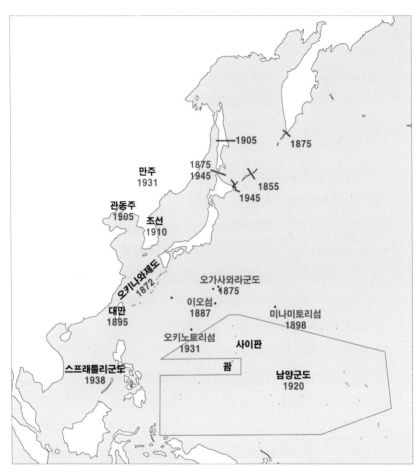

만주
1931

관동주
1905

조선
1910

1905

1875
1945

1875

1855
1945

오키나와제도
1872

오가사와라군도
1875

이오섬
1887

미나미토리섬
1898

오키노토리섬
1931

사이판

대만
1895

스프래틀리군도
1938

곾

남양군도
1920

대일본제국의 영토. (1930년대말)

살고 있던 곳이었고, 14세기 이래 서서히 야마토인(和人, 일본 본토인)들이 진출하였다. 1855년 「러일화친조약(露日和親条約)」에 의해 이투루프섬(Iturup, 択捉島)과 우루프섬(得撫島, Urup) 사이로 국경선이 확정되면서 홋카이도는 일본 영토가 되었다. 그리고 오늘날 일본이 자기 영토라고 주장하는 북방 4개섬은 이 조약에서는 일본령이었다.

홋카이도가 일본 영토로 확정되자 에도 막부는 쓰가루번[津輕藩], 난부번[南部藩], 아키타번[秋田藩], 센다이번[仙台藩] 등의 인근 번藩들에게 구역을 할당하여 경비하게끔 하였다. 다음 그림에서 보면, 1855년 시점에서 야마토인[和人]들의 홋카이도 진출은 아직 홋카이도 남서부의 오시마반도[渡島半島]에 국한되어 있었다. 오시마반도에는 마쓰마에번[松前藩]이 있었는데, 야마토인들의 진출이 증대되면서 야마토인 거주지도 조금 확대되었다.

홋카이도 개발은 1869년 개척사[開拓使]가 설치되면서 본격화되었다. 그런데 메이지 신정부는 홋카이도 개척의 뜻은 있었지만, 개척에 필요한 자금과 인력을 조달할 형편이 못되었다. 이에 신정부는 개척사가 관할하는 지역을 제번[諸藩], 사족[士族], 서민 중의 지원자들에게 분할하여 지배토록 하는 '분료시하이[分領支配]' 제도를 실시하였다. 이 제도는 1869년 9월 20일부터 1871년 10월 4일까지 2년 남짓 실시되었는데, 이때 11쿠니[国], 86군郡이 설치되었다. 분료시하이 제도는 1871년 폐번치현[廢藩置縣] 조치로 종료되었다.

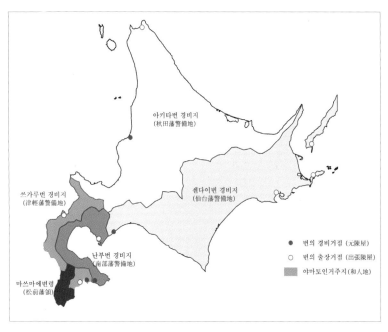

에조치(蝦夷地, 홋카이도)의 경비분담警備分擔과 각 번의 경비 거점.
(1855년 이후)

　이렇게 개척사가 설치되면서 개간이 활발해지고 인구가 유입되어 홋카이도는 빠른 속도로 개발되었다. 다음 그림을 보면, 1869년 개척사가 설치되기 이전까지는 인구가 거의 변화 없었지만, 개척사 설치 이후 매우 빠른 속도로 증가하고 있다. 홋카이도는 1855년 러시아 사이에 국경이 확정되고, 1869년 메이지 신정부에 의해 개척사가 설치되면서 개발이 본격화된 것이다.

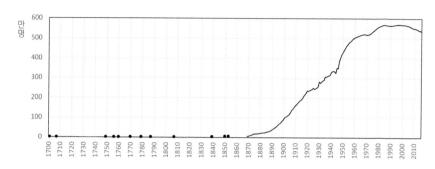

북해도의 인구. 일본 총무성 통계국, 북해도 종합정책부 정보통계국 통계
과 자료에서 작성하였다.

요시다 쇼인의 《유수록》에서 홋카이도에 이어 언급된 지역은
사할린(樺太, 가라후토)과 쿠릴열도(千島列島, 지시마열도) 지역이었
다. 앞에서 언급한 바와 같이, 1855년 「러일화친조약」으로 이투
루프섬과 우루프섬 사이로 러시아와 일본 양국의 국경선이 확정
되었다. 1875년 「상트페테르부르크 조약[樺太千島交換条約]」에서
는 사할린섬 전체를 러시아령으로 하는 한편, 쿠릴 열도는 모두
일본이 지배하기로 하는 즉 사할린섬과 쿠릴열도를 맞교환 하는
조약이 체결되었다. 그 후 1905년 러일전쟁 말기에 일본군은 사
할린을 침공하여 섬 전체를 점령하였고, 러일전쟁의 승리 후 포츠
머스조약(Treaty of Portsmouth)에 의해 북위 50도 이남의 사할린
[南樺太]을 할양 받아 일단 외지外地로 삼은 후, 1942년 공식적으
로 내지에 편입하였다. 요시다 쇼인의 《유수록》 인용문 중의 "틈

을 타서 캄차카반도[加摸察加]와 오츠크[隩都加]를 탈취하고"라는
구절이 실현되었던 것이다.

《유수록》의 그 다음 구절은 "류큐(琉球, 沖繩, 오키나와)를 타일
러 내지와 다름없이 참근[參勤] 회동(朝觀會同)토록 하며"였다. 그
역시 순차적으로 실행되었다. 류큐왕국은 원래 독립왕국이었지
만, 1609년 사쓰마번[薩摩藩]의 침략을 받은 후, '청일양속[淸日兩
屬]'이 되었다. 일본은 1872년 류큐를 침공하여 류큐국왕을 다이
묘로 격하시키고, 류큐 왕국에 류큐번[琉球藩]을 설치하면서 일본
영토로 편입하였다(제1차 류큐처분). 이 류큐번은 1879년의 폐번치
현[廢藩置縣]으로 오키나와현[沖繩縣]이 되었다(제2차 류큐처분). 류큐
왕국은 제1차 류큐처분에 의해 류큐번[琉球藩]이 됨으로써 요시다
쇼인의 《유수록》에서 언급하였던 "참근[參勤] 회동(朝觀會同)"하게
되었고, 결국 일본의 일부가 되었다.

그 후 일본은 청일전쟁과 러일전쟁에서 승리하면서 침략적 대
외팽창이 한층 강화되어, 타이완과 조선을 식민지로 만들었고, 만
주사변을 일으켜 만주를 장악했으며, 마침내 중일전쟁과 태평양
전쟁을 일으켜 필리핀을 비롯한 동남아시아 지역과 태평양 지역으
로 세력을 확장하였다. 《유수록》에서 "조선을 꾸짖어(責) 옛날 번
성하였을 때처럼 인질을 보내고(納質) 조공을 바치게(奉貢) 하며,
북쪽으로는 만주 땅을 차지하고(割), 남쪽으로는 대만과 루손제
도(呂宋諸嶋)를 다스리고" 운운한 것이 바로 여기에 해당한다.

4. 정한론의 이데올로기화

요시다 쇼인을 비롯한 대일본주의자들에 의해 메이지 유신이 완수되고, 그들의 문하생들이 일본의 정권을 장악하게 됨에 따라, 진구황후[神功皇后]의 '삼한정벌설三韓征伐說'로부터 시작된 일본의 신국사상神國思想과 한국인에 대한 멸시관蔑視觀 및 대외침략사상對外侵略思想은 메이지시대 이래 일본제국주의의 정한론이나 대외침략론을 뒷받침하는 사상이 되었고, 청일전쟁, 러일전쟁, 중일전쟁, 태평양전쟁 등 대외침략으로 현실화되었다.

이런 의미에서 메이지시대에는 진구황후의 삼한정벌설이라는 설화가 일본 역사로 되고, 그 역사를 가르치고 유포하여 이데올로기화 하는 과정이 필요하였다. 이 과정에서 교육이 매우 중요한 역할을 하였다.

다음 그림은 일본 역사 교과서에 수록된 삽화인데, 해당 본문에는 이렇게 쓰여 있다. "신라왕이 나와 항복하고, 금·은·비단을 80척의 배에 실어 바쳤다. 이것을 조공의 정액으로 하였다. 이에 고려·백제 두 나라 왕도 역시 항복하였다. 이것을 삼한三韓이라고 하는데, 지금의 조선국이 바로 이것이다."

제2차 세계대전으로 일본이 패망하기 전까지는 일본의 모든 일본사 교과서에 위와 비슷한 내용이 빠짐없이 수록되어 있었다.

일본의 역사교과서에 수록된 진구황후의 삼한정벌 삽화.
"신라왕이 금은 비단을 바치다."라고 쓰여 있다.
(사범학교편집, 《일본약사(상)》, 문부성간행 (師範學校編輯, 《日本畧史(上)》, 文部省刊行), 1877, 9쪽)

다음 그림은 《심상소학국사부도尋常小学国史附圖》 제5학년용에 수록된 진구황후[神功皇后] 부분이다. 위의 그림과 비슷한 내용인데, 한반도 지도에는 가야의 위치에 임나任那가 그려져 있고, 신공황후의 출정 경로가 그려져 있다. 그림 아래쪽의 설명란에는 진구황후[神功皇后]에 대해 "주아이 천황의 황후로서 대단히 총명한 분이었다. 웅습이 모반하자, 친히 군세를 독려하여 삼한을 정

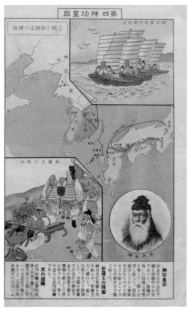

《심상소학국사부도(尋常小学国史附圖)》 제5학년용에 수록된 진구황후 설화.

벌하였다."라고 적어 놓고, 그 다음 "신라왕 항복"이라는 항목에
서는 "진구황후가 신라를 공격하자, 신라왕 크게 두려워하여 바
로 백기를 들고 항복했다. 이 그림은 신라왕이 황후 앞에서 영구
적인 복종을 맹서하고 보물을 헌상獻上하고 있다. 그 곁의 노인
은 다케우치노 스쿠네[武內宿禰]이다."라고 하였다. 마지막으로
"다케우치노 스쿠네[武內宿禰]" 항목에서는 "게이코[景行], 세이무

[成務], 주아이[仲哀], 오진[応神], 닌토쿠[仁德]천황 등의 5조五朝를 섬긴 대충신이고 관직에 있었던 기간은 244년 동안이라고 한다." 고 하였다.

《일본서기》나 《고사기》 등에 수록된 설화는 후대로 가면서 일본 역사의 일부가 되었고, 이윽고 메이지시대에 들어서면 모든 역사 교과서에서 역사적 사실(fact)로 교육되었다. 동시에 일본인들이 매일 사용하게 되는 화폐에도 삼한정벌과 관련된 인물의 초상화가 들어가면서, 설화는 생활의 일부로 되어 버렸다.

나아가 진구황후 설화는 단순히 일본이 삼한을 지배한 것을 넘어, 한반도의 세 나라 사람들에 대한 아무런 이유 없는 혐오와 차별을 조장하기 시작했다. 신라의 왕은 마구간지기로도 되었고, 일본의 개가 되기도 했다. 한국인들을 개나 돼지와 같은 칙쇼(축생, 畜生)로 보는 일본인들의 혐한관嫌韓観은 고대의 진구황후 설화가 역사가 되고 이데올로기가 되면서 부지불식간에 일본인들의 한국관으로 자리잡게 되었다.

다음 그림에서 보는 1엔권과 10엔권은 1881년(메이지 14년)에 발행된 지폐인데, 화폐의 도안으로 인물화가 사용되고 있다. 얼핏 보면 서양여자 같은데, 초상의 위와 아래에 진구황후[神功皇后]라고 써 놓고 있다. 일본에서 발행된 지폐에서 초상화가 사용된 것은 이것이 처음이었다. 당시 일본은 아직 지폐에 초상화를 그려 넣을 기술이 없었기 때문에 이탈리아인 판화가인 에도아르도 키

1881년 발행된 1엔권과 10엔권에 그려진 진구황후.

오쏘네(Edoardo Chiossone)를 고용하여 진구황후의 초상화를 그렸고, 그런 까닭으로 서양 귀부인 같은 용모를 하게 되었던 것이다.

일본의 1엔 지폐에는 이렇듯 처음에는 진구황후가 새겨졌지만, 다음으로 1885년(메이지 18년)에는 재물과 복의 신인 다이코쿠텐(大黒天)을 거쳐, 1889년(메이지 22년)에는 다케우치노 스쿠네(武内宿禰)가 초상화로 사용되었다. 진구황후도 또 다케우치노 스쿠네도 모두 《일본서기》 등의 옛 기록에 나오는 인물이고, 다소 전

초상 아래쪽으로 다케노우치 대신[武内大臣]이라고 적혀 있다. 앞의 교과서에서 보았던 다케노우치의 초상과 동일하다.

설적인 인물이다. 그 인물들이 화폐의 초상으로 사용됨으로써 일본이 삼한을 정벌하여 속국으로 삼고, 신라왕이 일본의 마구간지기가 되었다는 《일본서기》, 《고사기》의 기록이 전설이 아니라 현실이고 상식으로 받아들여지게 만들었다.

한편 조선에서는 1911년(메이지 44년)에 공표된 「조선은행법朝鮮銀行法」(법률 제48호)에 의거하여 조선은행권이 발행되기 시작하여, 1914년부터 1915년에 걸쳐, 다이코쿠텐[大黑天]을 그려 넣은 100원짜리 지폐를 비롯하여, 수노인상壽老人像을 그려 넣은 10원, 5원, 1원짜리 지폐를 발행하였다. 그 뒤에도 네 차례 조선은행권에 변화가 있었지만 도안은 항상 수노인상이었고 달라지지 않았다.

해방 직후, 군정법령에 따라 조선은행권이 유일한 법화로 계속 유통되다가 1950년 6월 한국은행이 발족됨으로써 조선은행이라는 명칭이 비로소 사라지게 되었다. 해방에서 한국은행의 발족에 이르는 기간 동안에는 수노인상을 도안으로 하는 조선은행권이

조선은행이 발행한 10원권 지폐. 화폐 도안으로 수노인상壽老人像(장수 노인을 의미)이 사용되었다고 한다. 김윤식을 모델로 했다고 하지만, 오히려 다케우치노스쿠네[武內宿禰]와 비슷하다. 그는 5조五朝를 섬겼고 관직에 있었던 기간만 244년이라고 할 정도로 장수한 인물이었다.

사용되었지만, 해방 전 조선은행권에 있던 일본정부 휘장인 오동 꽃이 무궁화로 바뀌었고, 일본은행권 태환규정이 삭제되었으며, 뒷면의 일본 국화인 벚꽃도 무궁화로 바뀌는 등 일본의 잔재를 없앴지만, 다케우치노 스쿠네[武內宿禰]와 닮은 수노인상은 계속 사용되었다. 진구황후의 삼한정벌의 설화는 해방 후의 한국사회 에도 여전히 잔존하고 있었던 것이다.

5. 정한론의 진화,
사이고 다카모리에서 후쿠자와 유키치로

　메이지 유신 이후, 신정부는 막번체제를 폐지하고 천황 중심의 중앙집권국이 되었고, 따라서 조선과의 외교관계도 쓰시마번[對馬藩]을 창구로 하던 것을 중앙정부의 외무성이 담당하게 된 것을 알리는 등 조선과의 새로운 관계 정립을 시도하였다. 그래서 1868년 대마도주 소 요시아키라[宗義達]를 통하여 흥선대원군 정권에 서계書啓와 국서國書를 보내려고 하였다. 국서는 조선과 일본 국왕 간의 문서이고, 서계는 그 이하 관리들 간의 문서였다. 그런데 조선은 일본이 보낸 서계에서 일본왕을 '아방 황제'我邦皇帝라고 쓰는 등 외교 문서의 형식과 표현이 종전과 다른 점, 그리고 종래 협의한 도장을 찍지 않은 것을 문제 삼았고, 여기에 1867년 3월초에 야도[八戶順叔]라는 자가 무슨 연유로 일본은 조선을 침공할 것이라는 신문 기사를 냈는지 반문하면서 서계와 국서 수용을 거부하였다.

　그러자 1869년 초 조슈번 출신의 기도 다카요시[木戶孝允]는 이와쿠라 도모미[岩倉具視]에게 "조선을 정벌하면 일본의 국위가 세계에 떨쳐지고, 국내 인심을 국외로 향하게 할 수 있다."라고 하며 정한론을 주장했다.

1869년 12월에는 일본 외무성이 조선을 정탐할 목적으로 사다 하쿠보[佐田白茅], 모리야마 시게루[森山茂], 사이토 사카에[斎藤栄] 등 3명의 외무성 관리들을 쓰시마 및 부산에 있는 왜관에 파견하였다. 파견 후《조선국교제시말내탐서朝鮮國交際始末內探書》(1870년)가 보고서로 제출되었으며, 그 일원이었던 사다 하쿠보도 건백서建白書를 제출하면서 "조선은 불구대천의 원수이며… 30개 대대만 동원하면 50일 내에 정복할 수 있다."고 하면서 "미국과 프랑스 러시아가 조선을 노리는데 시간을 늦추면 기회를 놓칠 것이다."라고 주장하였다. 그러면서 "조선은 쌀·보리 등 곡물이 풍부하고 조선인을 홋카이도[北海道] 개척사업에 전용轉用하면 일거양득이다."라며 즉시 출병을 요구하였다. 이 시점에서 기도 다카요시도 보란듯이 "군대·함선·군자軍資·기계器械를 준비하여 완급緩急에 대비하여야 한다."는 건백서를 정부에 제출했다. 1870년 8월 24일에는 외무대승外務大丞 야나기하라 사키미츠[柳原前光]가 이와쿠라 도모미에게 "북은 만주에 연하고, 서는 청국과 접해 있는 조선을 우리의 영역으로 만들면 황국보전皇國保全의 기초로서 장차 만국경략진취萬國經略進取의 기본"이 될 것이라면서 조선 강점을 주장하였다.

1870년 10월 12일 외무성에서는 다시 조선과 통교를 위하여 정한론에 반대하던 외무소승外務小丞이자 기독교 목사인 요시오카 고키[吉岡弘毅]와 모리야마 시게루, 히로츠 히로노부 등 세 사람을 부산으로 파견했으나 동래부의 왜학훈도 안동준安東晙이 "모든 교섭은 소요시토시[宗義達]를 통해 정식 경로를 거치라."고 하면서 병을 핑계로 만나기를 거부하였다. 그러자 1870년 12월에 분노한 외무대승인 마루야마[丸山作樂]는 "조선국은 속히 군대를 출동시켜 침공하면 반드시 성공할 것이어니와 조선이 문명개화하고 나면 정벌이 불가능할 것"이라고 하면서 결사대를 모집하여 조선 침공 계획을 세웠다. 이런 분위기를 진정시킨 사람이 바로 참의參議 오쿠보 도시미츠[大久保利通]였다. 그는 조선에 출병할 만큼 국력이 오르지 않았고, 국내 문제가 복잡하다는 이유를 들어 반대하였다.

이처럼 유신정부 초기 집권세력은 정한론을 주장하면서 대체로 조선과 통교를 위한 부수적인 수단으로 활용하고자 하였다. 그러나 조선측의 완강한 반대로 통교 문제는 계속 난항을 겪었고, 일본은 1871년 7월 조선과의 외교를 전담하던 쓰시마 도주의 교섭권마저 배제하고 직접 외무대승이 조선과의 수교를 관장하였다. 이에 다시 이 사실을 조선에게 알리고 통교 교섭을 시도했으나 이 또한 거절당했다. 1872년 1월에도 외무성 관리인 모리야마 시게루, 히로쓰 히로노부[廣津弘信], 사가라 마사키[相良正樹] 등이 부산 왜관에 와서 서계를 전달하려 했으나 실패하였다.

이렇게 조선이 통교 요청을 지속적으로 불응하자, 일본에서는 조선이 무례하다면서 조선을 정벌해야 한다는 소리가 더욱 커졌다. 하지만 이와쿠라 사절단이 국제외교를 펼치는 상황에서 조선 문제는 유보하자는 '신중파=시기상조론'의 주장이 먹혀 들어서 정한론은 실천으로 이어지지 않았다.

그러다 1871년 8월 이후 유신 정부가 폐번치현廢藩置縣을 본격화하면서 일면 각 지역 번벌들의 불만이 커졌고, 이에 지역 인재를 중앙에 부르는 조치가 있었다. 그 과정에서 상경한 사람이 사쓰마 군벌 사이고 다카모리[西鄕隆盛]였다. 이어서 이타가키 다이스케[板垣退助] 그리고 소에지마[副島種臣] 등이 권력에 접근하였다. 이들은 기존의 유신정부 요인들과 권력투쟁을 하는 한편, 한층 폭력적인 정한론을 주장하였다.

종래에는 조슈파들이 주로 조선과의 수교 같은 외교조치를 위한 부수적 조치로서 정한론을 주장하였던 것이지만, 사이고 다카모리 등은 조선을 비롯하여 사할린, 타이완, 중국 400여 주를 정복하겠다는 군사적 야망을 포함한 정한론을 주장하였다(〈征韓論時代〉(一). 《東京日日新聞》, 1932년 2월 29일).

한층 강경한 정한론에 휩싸인 일본정부는 다시 1872년 9월에 외무대승 하나부사 요시모토[花房義質]를 파견하여 조선을 포함으로 위협하면서 통교를 요구했다. 하지만, 대원군이 건재했던 당시 조선 조정은 난데없이 군함을 끌고 온 이유를 따지면서 교섭을 거부하였다. 당시 부산 일대에서 미쓰이[三井] 상인들이 밀거래를 하고 있었는데, 동래부에서 금압하자 이를 핑계로 다시 정한론이 고조되었다. 여기에 사이고 다카모리는 무력 침공을 주장하면서 자신이 책임을 맡겠다고 나서기도 하였다.

1873년에 들자 소에지마는 청에 가서 이홍장과 교섭하면서 당시 청은 조선 내정에 간섭하지 않을 것이라는 확답을 받았다. 이때 정권을 장악했던 사이고 다카모리·이다가키 다이스케 등은 다시 즉시 출병을 주장하였다. 특히 5월 히로츠 히로노부가 〈조선정세에 관한 보고서〉를 제출하면서 그러한 주장은 더욱 힘을 얻었다. 당시 사이고 다카모리가 생각하던 정한론 구상은 1873년 7월 29일에 그가 이다가키 다이스케에게 보낸 편지에서 잘 나타난다.

> 내각회의에서 결정된다면 군대를 먼저 파견하는 것이 어떻습니까? 군대를 파견하면 반드시 저쪽에서는 철퇴하라고 할 것이 틀림없을 것입니다. 그때 이쪽에서는 도저히 들어줄 수 없다고 할 것이고, 이로부터 우리측의 군사작전이 시작될 것입니다. 이렇게 되면 처음의 취지는 크게 변화하여 전쟁 기운을 고조될 것이라고 저의 소견을 말씀드리고 싶습니다. 그러므로 일단 사절使節을 꾸려 먼저 저쪽(조선)으로 파견하는 것이 어떨까 합니다. 앞서와 같이 된다면 결단코 저들은 폭거를 일으킬 것이 분명합니다. 이에 정벌 명분도 만들어 질 것입니다. … 이로부터 공연히 사절을 파견한다면 폭살은 가이 명약관화한 즉, 어느 시점에 나를 파견해주기를 엎드려 바라옵니다. (이원

우(2012), 〈사이고다카모리의 정한론〉, 《일본학연구》 35집, 240쪽에 수록된 사이고의 편지 원문을 번역함)

당시 사이고는 우선 자기가 대사大使로서 교섭을 시도하고 교섭에 실패하고 사절을 죽이는 등 조선이 폭거를 일으킨다면 출병 명분을 얻게 된다는 생각이었다. 실제로 내각은 8월에 사이고를 조선에 파견하기로 결정하였다.

그러나 1873년 9월에 이와쿠라 사절단이 돌아오면서 상황은 달라졌다. 이와쿠라 도모미, 오쿠보 도시미츠[大久保利通], 이토 히로부미 등은 이구동성으로 내치가 중요하다는 이유로 정한론

이 시기상조임을 주장하면서 치열한 논쟁을 전개하였고, 마침내 10월 24일 칙령으로 조선 출병을 무기 연기시켰다. 이를 기회로 사이고 다카모리, 에도 신페이[江藤新平]를 비롯한 정한론자들은 사표를 내고 물러났다.

도쿄 우에노 공원에 세워진 사이고 다카모리의 동상, 옆에 있는 개는 다카모리의 비만 치료를 위해 산책용으로 데리고 다녔다.

사실 정한론은 다카모리 등이 정권을 탈취하기 위한 정치적 술책이었다. 이후 정한론의 주창자인 에도 신페이는 고향인 사가현으로 돌아가서는 반란(1874년)을 도모하다가 목이 달아났고, 사이고 다카모리는 세이난 전쟁(1877년)을 일으켰다가 조슈 출신의 야마가타 아리토모의 칼에 목이 달아났다. 이다가키 다이스케는 이러한 무장봉기와는 손절하고 자유민권운동을 전개하여 훗날 정우회政友會의 전신인 자유당自由黨을 창당하였다(〈征韓論時代〉(一) .《東京日日新聞》, 1932년 2월 29일). 이들 자유당 소속 무사들도 1884년 조선에서 갑신정변이 실패한 이후 또 한번 정한론을 주장하고 김옥균 등을 앞세워서 조선 침략 계획을 세우기도 했다.

요컨대, 유신정부 인사들의 정한론은 폐번치현 등으로 위축된 지방 사족들의 불만을 외부로 돌리려는 수단으로, 그리고 사이고 다카모리 등의 정한론은 집권 세력인 오쿠보 등을 제거하기 위한 정쟁의 도구로 사용되었던 가공의 이데올로기일 뿐이었다.

훗날 조선총독부는 각종 교과서를 통하여 이러한 정한론을 마치 조선이 일본의 선의를 무시하고 예의를 상실하면서 화친하지 않은 것 때문에 어쩔 수 없이 추진한 사건이라고 왜곡하였다. 1922년판 조선총독부 학무국에서 발간한 《보통학교 국사》(하권)에 쓰여진 내용을 보자.

우리나라가 외국과 화친을 할 방침을 정하자, 먼저 사절을 조선에 파견하여 우호를 쌓고자 추진했다. 그런데 조선은 우리의 호의를 물리치고 오히려 자주 예의를 잃어 버렸기에 사이고 다카모리는 스스로 조선으로 건너가서 담판을 시도하고 조선이 그래도 듣지 않는다면 군대를 파견하여 조선을 치자고 주장을 하여 정부는 거의 이 주장대로 결정했다. 때마침 명치 6년 이와쿠라 토모미 등이 구미제국을 둘러보고 귀국하여 내치를 정비하는 것이 급하다는 것을 주장하여 외정에 반대를 하였기에 그 일은 마침내 중지되고 다카모리 등은 곧바로 관직을 사퇴하고 향리로 돌아갔다.

한동안 잠잠하던 정한론은 1884년 조선에서 친일 관료들이 중심이 되어 벌인 갑신정변이 실패하면서 또다시 대두하였다. 종래 조슈나 사쓰마 군벌 등이 주장하던 정한론과는 달리, 이 시기의 정한론은 조선에서 근대적 개혁운동인 갑신정변이 실패하고, 관련자나 그 가족들이 참혹하게 희생되는 상황에서 후쿠자와 유키치 등 자유주의자들이 주장한 것이었다.

후쿠자와 유키치는 조사시찰단(일명 신사유람단, 1881년) 일원으로 일본을 방문한 적이 있는 김옥균, 서광범 등 친일 성향의 관료들이 조선에서 신분제도를 혁파하고, 문벌 귀족들의 특권을 제한하려는 의기를 높게 평가하였다. 당시 후쿠자와 등 지식인들은 갑신정변 같은 근대적 개혁이야말로 조선이 중국의 속박에서 벗어날 수 있게 하는 필수불가결한 과정으로 여겼다.

하지만 그가 조선 사회의 개혁을 지지하는 이면에는 조선사회는 원래 미개하다는 '정체론停滯論'적인 생각이 담겨 있었다. 즉, '조선은 미개하여 일본인 우리가 유인하고 이끌어야 하며, 그 인민은 참으로 완고하고 고리타분하기에 이를 깨우쳐야 하며, 끝내 무력을

1872년 영국 런던에 체류할 당시 이와쿠라 사절단 일행 사진.
왼쪽부터 기도 다카요시, 야마구치 마스카, 이와쿠라 도모미, 이토 히로부미, 오쿠보 도시미츠

사용해서라도 그 진보를 도와야 한다.'(1992.3)는 것이었다. 그러면서 "조선 인민 일반의 이해 어떤 지를 논할 때는 왕조의 멸망이야말로 오히려 그들의 행복을 크게 하는 방편이다."(1885.8.13)라고 하였다. (〈후쿠자와의 아시아 침략 사상을 묻는다〉, 《부산일보》, 2011.4.16)

당시 조선 왕조의 잔혹한 갑신정변 처리과정을 전해들은 후쿠자와는 당대 조선 조정에 대한 적개심을 숨기지 않았다. 1885년 8월에는 사설을 통해 "조선 인민을 위하여 조선 왕국의 멸망을 기원한다."라고 했고, "인민의 생명도, 재산도 지켜주지 못하

고, 독립 국가의 자존심도 지켜주지 않는 그런 나라는 오히려 망해 버리는 것이 인민을 구제하는 길이다."라고까지 하였다.

조선 인민을 위하여 부패하고 잔혹한 조선왕국은 망해야 한다는 생각은 이후 친일 조선인 형성에 중요한 사상적 기반이 되었다. 훗날 《이순신》을 연재한 이광수 같은 친일파도 '결국 망해야 할 부패한 조선 왕조로 인해 진정한 충신 이순신이 죽어야 했다.'고 하면서 주종인 원균 같은 부패한 인물이 지배하는 조정으로 인해 정말 조선의 성공을 위해 필요한 별종의 이순신이 모함당하고 제거되었다고 한 것도 같은 맥락이었다. 이후 수많은 친일 세력은 이러한 조선 왕조 멸망의 정당성을 주장하는 후쿠자와의 생각을 답습하였다.

실제로 갑신정변 이후 자유당 계열의 무사들이 오사카에 모여서 "조선 토벌을 위해 무장 집단을 파견하자."는 음모를 꾸미다가 발각되기도 하였다(오사카 사건). 이 사건은 김옥균이 직접 지도한 것은 아니었지만 김옥균을 정한론의 수괴로 몰아가는데 더없이 좋은 호재로 활용되었다. "김옥균이 일본인 장사대壯士隊를 이끌고 조선을 침공하려고 한다."는 소문은 물론 청나라에까지 알려졌다. 이 사건을 계기로 일본 정부는 정치적 부담을 느껴서 은근히 김옥균에게 일본에서 떠나도록 종용하기도 하였다.

이처럼 초기 정한론은 세계 문제에서 비롯된 조일 양국간의 정치적 갈등을 마치 조선의 책임인 양하면서 조선을 향한 침략전쟁을 부채질하던 일부 일본군벌의 몽상이었다. 그런데 실제로는 일본 내에서 사이고, 이다가키 등이 정국을 주도하기 위하여 만들어낸 정치적 술책이었고, 목적은 정권 탈취였다. 다시 말해 '그들만의 탐욕'에서 기원한 것이었다.

그런데 1884년 갑신정변 이후에 등장한 자유주의자들의 정한론은 일부 조선인들로 하여금 일본에 협조하게 만드는 실질적인 영향력을 남겼다. 즉, 갑신정변 처리과정에 나타난 가혹한 조선 왕조의 처사를 보면서, 조선 왕조의 타락과 무능, 야만과 테러에 대한 극렬한 반감을 불러온 것이었다.

1870년대의 다카모리식 정한론은 조선인에게 씻을 수 없는 모욕감을 주어 조선인은 물론 일본인들의 동의도 제대로 얻지 못하게 했다면, 후쿠자와 유키치 등 자유주의자들이 주장한 1880년대의 정한론은 조선 왕조의 폐악과 잔혹성을 폭로하면서 제기하여 국내외로부터 상당한 지지를 불러왔다. 특히 조선인에게도 조선 왕조는 일본제국주의의 힘을 빌려서라도 타도해야 할 부패한 권력이라는 생각을 심는데 큰 영향을 주었다. 이처럼 실제의 역사에서는 사이고 다카모리의 정한론보다 후쿠자와 유키치의 정한론이 더 큰 위력을 발휘하였고, 일부 친일 조선인들은 후쿠자와식 정한론에 심취하여 조선 왕조 멸망을 정당화하고 일본의 침략을 마치 선한 해방자의 호의처럼 이해하기 시작하였다.

제5장 일본제국의 조선 침탈

1. 또 하나의 8.15

1904년 2월 8일 오후 4시 20분. 이미 인천 앞 바다에 도착해 있던 일본군 한국임시파견대韓國臨時派遣隊 제12사단 기고시[木越] 여단 소속 4개 대대 2천여 명의 군인들은 배 안에서 해가 떨어지기를 기다리고 있었다.

오후 6시, 마침내 해가 지고 사방에 땅거미가 내려앉자, 그 어둠을 타고 일본군은 인천에 상륙하였다. 밤새 상륙을 마친 일본군은 이튿날 보병 제46연대 제2대대와 제47연대 제2대대를 인천

제물포(인천)에 상륙하는 일본군.

에 남겨 러시아 영사관 감시와 해안 경비를 서게 하고, 보병 제14
연대 제1대대와 제24연대 제1대대는 기차를 타고 한양으로 이동
하여 그날 밤 용산에 주둔하였다. 그리고 이미 한양에 주둔하고
있었던 1개 대대 규모의 '한국주차대韓國駐箚隊'와 통합하여, 그것
을 '한국주차군韓國駐箚軍'으로 확대 개편하고, 한양에 한국주차
군사령부韓國駐箚軍司令部를 설치함으로써, 대한제국을 군사적으
로 지배하기 위한 기반을 마련하였다. 또한 일본연합함대가 뤼순
[旅順]과 제물포의 러시아해군을 공격하는 동안, 일본군 약 5만
명도 제물포로 상륙하였다. 러일전쟁의 시작이었다.

　일본 육군 참모부에서 편찬한《메이지 27, 8년 일로전쟁사(明

治二十七八年日露戰爭史》(제1권)에서는 이 작전의 목적을 "한국 경성京城을 점령占領함으로써 이후의 작전의 근거지로 하고, 또 재한在韓 제국신민[일본인]을 보호하기 위해서"라고 하였다. 일본 육군 참모부의 말처럼 한양은 1904년 2월 9일 일본에 의해 군사적으로 점령당하였다.

일본군이 황성을 장악한 가운데, 2월 23일 일본 공사 하야시 곤스케[林權助]는 대한제국 대신들을 매수하거나 협박하여 「한일의정서」를 조속히 체결해야 한다고 주청을 올리도록 하는 한편, 황궁 밖에서는 일본군이 무력 시위를 벌여 황제를 겁박하였다. 대한제국 황제는 포로였고, 일부 왕족과 명문 거족의 양반들은 자기 살길을 찾아 일본에 투항하였다.

1965년 체결된 「한일기본조약」에서는 이 「한일의정서」를 포함하여 대한제국과 옛 일본제국 간에 체결된 모든 조약 및 협정이 이미 무효임을 확인하였다. 그런데 그것은 효력이 없어졌다는 것을 의미할 뿐이고, 그 조약들이 일본제국의 침략에 의해 체결된 불법적인 것이었음을 명기하지 않은 불완전한 것이었다. 최근의 한일간의 여러 갈등은 따지고 보면 모두 이 불완전한 「한일기본조약」에서 비롯된 것이다.

전문 6조로 되어 있는 「한일의정서」 가운데, 제3조에서는 "대일본제국 정부는 대한제국의 독립과 영토보전을 확실히 보증할 것"이라고 하였고, 제4조에서는 "대한제국 정부는 대일본제국 정부의 행동이 용이하도록 충분히 편의를 제공할 것. 대일본제국 정부는 이러한 목적을 성취하기 위하여 군략상 필요한 지점을 임기수용臨機收用 할 수 있을 것"이라고 하였다. 그러나 제3조의 '대한제국의 독립과 영토보전을 확실하게 보증'한다는 조항은 조문이 의미하는 것과 정반대로 대한제국의 독립을 침해하고 영토를 빼앗아 가기 위한 '교묘한' 장치였다.

러일전쟁에서 일본의 승리가 어느 정도 예측되고 있던 1904년 5월 30일, 일본의 원로회의와 각료회의는 「대한 시설 강령對韓施設綱領 결정의 건」을 결정하였다. 여기서는 "일본은 「한일의정서」에 의해 어느 정도 보호권을 얻어 냈으나, 더 나아가 국방·외교·재정 등에 관해 한층 확실하고 적절한 조약과 설비를 얻어 내어 한국에 대한 보호 실권을 확립하고 경제 각 분야에서 필요한 이권을 얻어 이를 경영하는 것이 현재 시급한 일이다."라고 하여, 「한일의정서」가 보호국화의 첫걸음이었음을 말하고 있다.

또한 "일본 정부는 「한일의정서」 제3조에 따라 한국의 방어와 질서유지의 책임을 부담하고 있다. 따라서 평화를 이루더라도 상당한 군대를 한국의 요소에 주둔시켜 나라 안팎에서 갑자기 일어나는 변고에 대비하는 것이 필요하다. 평상시에도 한국의 상하에 대한 우리의 세력을 유지하기 위해 매우 유용할 것이다."라고 하여, 「한일의정서」 제3조를 한국에 일본군을 주둔시키기 위한 근거로 악용하고 있었다.

그리고 한국에 상당한 정도의 일본군을 주둔시키기 위해, 「한일의정서」 제4조에 의거하여 군용지를 수용하기 시작하였다. 《조선주차군역사朝鮮駐箚軍歷史》에 따르면, 1904년 8월 15일 한국주차군 사령관인 하라구치 겐사이[原口兼濟]는 한양(용산) 300만평, 평양 393만평, 의주 282만평, 합계 975만평을 군용지로 수용하기로 결정한 사실을 한국 정부에 일방적으로 통고하는 한편, 구역 획정을 위한 표목을 설치하기 시작하였다. 1945년 8월 15일은 조선이 일제로부터 해방된 날이지만, 그 41년전인 1904년 8월 15일은 조선의 영토가 일본의 군용지로 마구 빼앗겨 가기 시작한 첫날이었다. 그리고 몇 달 후인 12월 28일에 일본 정부는 독도를 다케시마라 명명하면서 일본 영토로 편입하였고, 곧 이어 한국 전체를 보호국화 한 후, 식민지로 만들었다.

일본은 군용지로 수용된 토지에 대한 보상을 실시하였다. 일본인과 외국인이 소유하는 토지는 보상비로 10만 원을 책정하였고, 조선인들이 소유하는 토지의 보상비는 20만 원을 책정하였다. 그리고 보상비는 내부內府(내무부)에 교부하였고, 여기서 보상하도록 하였다.

수용지에 포함된 일본인을 비롯한 외국인 소유 토지는 모두 44,809평으로 전체 수용지의 0.5퍼센트에 지나지 않았는데, 보상비는 전체 보상비의 1/3에 달하였다. 용산의 경우 평당 1원 29전, 평양의 경우에는 53전의 보상이 이루어졌다. 당시 이런 보상

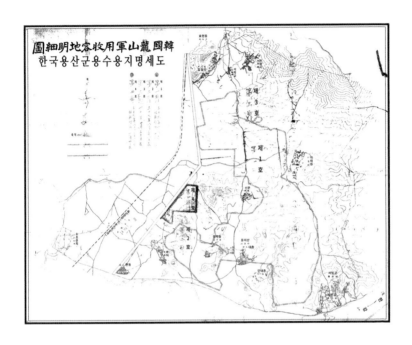

비 금액은 시가와 크게 다르지 않았다.

그 반면 수용지의 99.5퍼센트에 달하는 조선인 토지는 겨우 20만 원을 책정하였다. 평당 평균 2전 정도의 보상이 주어진 셈이다. 사실상 무상으로 강탈해 간 것과 다름없었다. 이러한 조치에 대한 조선인의 항의는 군사력으로 억압하면서 수용하였다. 이처럼 필요 이상의 과도한 군용지 가운데서 일부는 일본인에게 무상 혹은 염가로 제공되기도 하였다.

이런 과정을 거쳐서 러일전쟁 이후에는 임진왜란 때 우키다 히데이에[宇喜多秀家]가 왜성을 쌓았던 남산南山 일대에 다시 통감부를 비롯하여 한국주차군사령부 등 주요 시설들이 들어섰고, 동네 이름도 왜성대정倭城臺町이라는 일본인 집단 거주지가 되었다.

남산의 왜성대에 있었던 총독부 건물.
광화문에 있었던 총독부 건물은 1926년에 준공되어, 1996년 김영삼 대통령때 폭파, 해체되었다.

한양 내에는 왜성대정에서 북쪽으로 청계천까지 일본인의 집단 거주지가 형성되었다. 그리고 용산에서 남대문에 이르는 지역도 군용지 수용에 의해 일본인 시가지로 변모하였다. 이로써 한양은 일본인이 주로 거주하는 남촌과 조선인이 주로 거주하는 북촌으로 확연히 구분되기 시작하였다.

남산 북쪽 기슭(왜성대정)에서 청계천 남쪽 사이의 지역에 일본인 민간인들이 집중적으로 거주하고 있었고, 용산은 일본인들의 군용지로 수용된 지역으로 일본인들의 비율이 높았다.

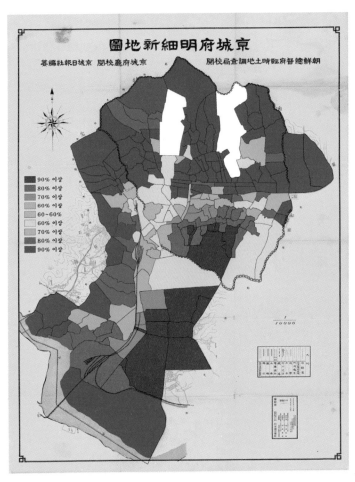

민족별 인구분포도(경성). 붉은 색이 짙을수록 일본인 구성비가 높고, 파
란색이 짙을수록 조선인 구성비가 높다. 민족별 구성비는 정(町)을 기준으
로 계산하였고, 경성 지역만을 대상으로 하였다.

2. 독도는 일본 판도 밖의 섬이다
- 대정류전太政類典

조선의 영토에 대한 일제의 침략 야욕은 서울, 평양, 신의주 등지의 군용지 수용에 이어 독도의 일본영토 편입으로 나아갔다.

독도는 동해 바다 한 가운데 있는 무인도로서 19세기말까지만 해도 별다른 관심을 끌지 못하던 섬이었다. 그러나 러일전쟁으로 독도의 가치도 새롭게 평가되기 시작하였다. 당시 일본 정부는 1904년 3월 29일, 나카이 요자부로[中井養三郎]라는 일본 어민을 시켜 〈리앙꼬르섬 영토편입 및 대여 청원(りやんこ島領土編入並ニ貸下願)〉이라는 청원서를 제출하게 하였다. 리앙꼬르섬은 독도의 또다른 이름이다. 그 청원을 토대로 1905년 1월 8일, 일본 내각은 독도를 시마네현[島根縣]의 관할로 한다는 결정을 내렸다.

내각회의 결정문 (1905년 1월 28일)

북위 37도 9분 30초, 동경 131도 55분, 오키도에서 서북쪽으로 85해리에 있는 무인도는 타국에서 이를 점령했다고 인정할 만한 형적形跡이 없고……메이지 36년(1903년) 이래 나카이 요자부로[中井養三郎]가 이 섬에 이주하여 어업에 종사한 것은 관계서류에 의하여 밝혀지는 바, 이는 국제법상 점령의 사실이 있는 것으로 인정하여 이를 본방 소속으로 하고, ……이 섬을 다케시마[竹島]로 명명하여 지금부터 시마네현 소속 오키도사의 소관으로 하는 데 문제가 없다고 판단하여 청의대로 각의 결정한다.

위 결정문에서 거론된 북위 37도 9분 30초, 동경 131도 55분에 있는 섬은 일본에서는 종래 마쓰시마[松島]라고 부르던 섬이었다. 그런데 바로 그 섬을 이 내각회의에서는 '다케시마[竹島]'라고 선언한 것이다. 이 선언을 할 때까지만 해도 일본에서는 울릉도를 다케시마라 불렀다. 1905년 이후 울릉도와 독도에 대해 일본에서 부르는 명칭이 완전히 뒤집어졌기 때문에, 1905년 이전에 일본에서 생산된 문서를 읽을 때는 이 점에 특히 유의하지 않으면 안 된다.

한편 독도를 일본 영토로 편입해 넣은 근거를 보면, "타국에서 이를 점령했다고 인정할 만한 형적이 없고… (일본인이 1903년 이래) 국제법상 점령의 사실이 있는 것으로 인정하여 본방(일본) 소속으로 한다."는 것이었다. 즉 편입과정에서 내세운 근거는 무주지無主地인 독도를 어떤 일본인이 1903년에 선점한 것이 인정되기 때문에 일본 소속으로 했다는 것이다. 이 결정문에서도, 일본 내각은 1905년 이전까지는 독도가 무주지 즉 일본도 주인이 아니었음을 스스로 인정하고 있기 때문에, 일본의 독도편입결정 이전까지는 독도가 일본 영토가 아니었다는 것이 일본 정부의 공식 입장이라는 것이 증명된다.

독도가 일본 영토가 아니었다는 것은 1877년(메이지 10년)에 작성된 태정관太政官 문서에서도 확인된다. 태정관 제도는 메이지 유신 이후, 1885년 헌법 제정으로 내각제가 출범할 때까지 존재하였던 일본의 최고통치기관을 말한다. 산하에 대장성, 문부성 같은 11개의 성省을 거느리고 있었고, 입법·사법·행정에 관한 모든 권한을 가지고 있었다.

일본 국립공문서관 홈페이지에서 "죽도 외1도竹島外一島"라는 검색어로 검색해 보면, 태정관에서 생산한 3개의 문서철이 나온다. 마지막 문서철은 부본副本이기 때문에 이것을 제외하면 1877년에 생산된 2개의 문서철이 남게 된다. 첫 번째 문서철은 《태정류전太政類典》에 편철된 것이고, 두 번째 문서철은 《공문록公文錄》에 편철된 것이다.

일본의 국립공문서관의 설명에 따르면 《태정류전太政類典》은

1867년부터 1881년까지의 태정관일기 및 일지, 공문록 등으로부터 선례先例, 법령法令 등의 전례조규典例条規를 채록·정서하여, 제도·관제·관규·의제 등 19부문으로 분류한 다음, 연대순으로 편집한 것이었다. 일종의 법규집이라고 보아도 좋을 것이다.

첫 번째 문서철은 그 제목이 "日本海內竹島外一島ヲ版圖外トス" 즉 "동해(일본해)에 있는 울릉도와 그 밖의 한 섬을 일본 판도 밖으로 한다."는 것인데, 여기서 그 밖의 한 섬은 독도를 지칭한다. 즉, 울릉도와 독도는 일본 판도 밖에 있다는 것이 법규집인《태정류전》에 수록되어 있다. 이것이 당시 일본정부의 공식적 입장이었다.

두 번째 문서철은《공문록》에 수록된 것인데, 그 제목이 "日本海內竹島外一島地籍ニ編纂方伺"이다. 마지막의 "伺(사)"는 하급 기관이 상급기관에게 품의하는 것을 말한다. 제목으로부터 지적地籍 편찬과 관련된 품의라는 것도 알 수 있다.

이 문서철은 메이지 유신 이후, 새 정부가 지적조사를 행하면서 울릉도와 독도를 어떻게 처리해야할 것인지, 먼저 이 두 섬과 가장 관련이 깊은 시마네현에서 조사해 보고하도록 하였고, 내무성은 보고서를 토대로 이들 두 섬이 일본 영토가 아니라는 결론을 내렸다. 하지만 국경에 관한 중대사인만큼 내무성 단독으로 결정하기 어려워, 최상위 행정조직인 태정관에게 그것을 어떻게 처리했으면 좋을지 문의하였고, 태정관에서는 이 문의에 대해

1877년 "「다케시마(울릉도) 외 1도外一島의 건」은 본방(일본)과 관계없다는 것을 유념하라."는 결정을 내리고, 이 결정을 내리는 데 사용한 여러 문서들을 첨부하여 《공문록》으로 보존하였다.

두 번째 문서철의 첫 페이지를 보면, 우선 이 문서는 '태정관 공식 괘지'에 작성되어 있고, 여기 저기 붉은 색 도장이 찍혀 있다. 흐릿하기는 해도 누구의 도장인지 모두 알려져 있다. ❶은 태정관 우대신太政官 右大臣 이와쿠라

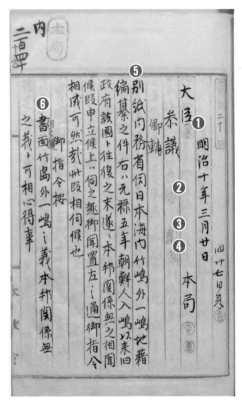

토모미[岩倉具視]의 날인이고, ❷는 대장경大藏卿 오쿠마 시게노부[大隈重信], ❸은 외무경外務卿 데라시마 무네노리[寺島宗則], ❹는 사법경司法卿 오키 다카토[大木喬任]등 참의 3명의 날인이었다. 이 문서는 대신과 참의들에 의한 검토 및 승인이 이루어졌다는 것을

보여준다.

단 이 지령안이 나온 메이지 10년(1877년) 3월 20일은 사이고 다카모리[西鄕隆盛]가 일으킨 세이난전쟁[西南戰爭]이 한창인 때였고, 그래서 내무경 오쿠보 도시미치[大久保利通], 육군경 야마가타 아리토모[山県有朋], 공부경 이토 히로부미[伊藤博文] 등 다른 참의들은 반란군을 토벌하기 위해 오사카의 토벌군 본영에 가 있었기 때문에 이 결재에 직접 참여할 수 없었다. 요컨대 이 문서는 그 당시 일본 정부의 최고기관인 태정관에서 내린 결정임을 보여준다.

태정관에서는 하급기관인 내무성의 품의에 대해 ❻의 어지령안 御指令按과 같이, "다케시마(울릉도) 외 1도外一島의 건」은 본방(일본)과 관계없다는 것을 유념하라."는 지령을 내렸다. 즉 울릉도와 그 밖의 한 섬은 일본 영토가 아니라는 것이 태정관에서 내린 결정이었다.

이처럼 다케시마(울릉도)와 그 밖의 하나의 섬이 일본영토가 아니라는 것은 법규집인 《태정류전》에 수록된 일본정부 최고기관의 공식적 견해였다. 약간의 문제는 특정화 되지 않은 '그 밖의 한 섬(外一島)'인데, 이 섬은 독도(마쓰시마, 松島)로 해석하는 것이 옳다. 그렇게 해석하는 데는 4가지 이유가 있다.

첫째, 《공문록》에 첨부된 문서철에는, 다케시마[竹島]와 마쓰시마[松島]의 유래를 설명하는 문서가 들어 있는데, 이 문서는 첫 시

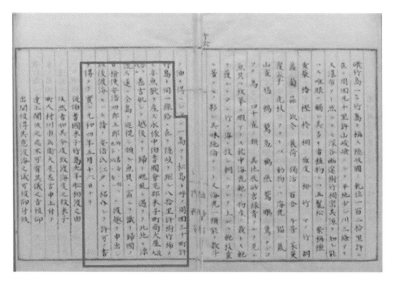

《공문록》에 포함되어 있는 다케시마와 마쓰시마의 유래를 설명하는 문서.

작 부분에서 이소다케시마[磯竹島]를 설명하고 있다. 이소다케시마는 다케시마[竹島]라고도 부른다면서, 오키국[隱岐國]의 서북쪽약 120리에 있고 둘레가 약 10리이며 산은 험준하고 평지는 적다는 등 울릉도에 대해 보다 구체적으로 설명하고 있다. 이어 적색선으로 표시한 부분에서는 "다음에 한 섬[外一島]이 있는데 마쓰시마[松島]라고 부른다. 둘레가 약 30정[町]이며, 다케시마[竹島]와동일 선로에 있다. 오키[隱岐]와 거리가 80리 정도이다. 나무나 대는 드물다."라고 독도에 대해 설명하고 있다. 나아가 《공문록》에

《대일본국전도大日本國全圖》. (일본 내무성 지리
국, 1880)

서는 다케시마와 마쓰
시마 이외의 다른 섬은
다루어지고 있지 않다.
이러한 구성에서 볼 때,
그 밖의 한 섬(外一島)은
마쓰시마(독도)로 해석
할 수밖에 없다.

둘째로, 일본 내무
성 지리국에서는 일본
의 지리와 관련하여 지
도地圖와 지지地誌라는
두 종류의 공식자료를
발간하였다. 우선 《대
일본국전도大日本國全圖》(1880년)라는 지도부터 보자. 내무성 지리
국은 이 지도에 일본 본토뿐만 아니라, 홋카이도와 쿠릴열도[千島
列島], 오키나와 열도, 오가사와라제도[小笠原諸島] 등 일본 영토는
단 하나도 빠짐없이 모두 포함시켰다. 그런데 다케시마(울릉도)와
마쓰시마(독도) 두 섬이 있어야 할 곳에는 홋카이도와 쿠릴열도가
자리를 차지하고 있다. 내무성 지리국은 마쓰시마(독도)가 일본령
이 아니라고 보았기 때문에 《대일본국전도》에 그려 넣지 않았던
것이다.

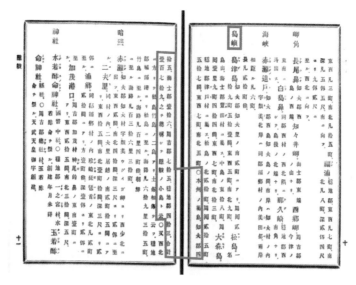

《일본지지제요(日本地誌提要)》. (일본 내무성 지리국, 1872~1877년)

　다음으로 일본 내무성 지리국에서는 《일본지지제요日本地誌提要》(1872~1877년)라는 지지도 발간하였다. 다케시마(울릉도)와 마쓰시마(독도)는 이 책의 제50권, 오키[隱岐] 항목의 도서島嶼 부분에서 다루어졌다.

　그 내용은 ○표시를 경계로 둘로 구분되어 있다. 첫 번째 ○를 보면 "○본주本州(=隱岐州)의 속도屬島. 知夫郡 45, 海士郡 16, 周吉郡 75, 穩地郡 43, 합계 179. 이를 총칭하여 오키의 소도小島라고 한다."고 하였다. 첫 번째 ○에서는 모두 합해 179개가 되는 오키

[隱岐]의 소도小島 다시 말해 속도屬島를 다룬 것이다. [○本州ノ属島. 知夫郡四拾五. 海士郡壱拾六. 周吉郡七拾五. 穩地郡四拾三. 合計壱百七拾九. 之ヲ総称シテ隱岐ノ小島ト云.]

두 번째 ○에서는 마쓰시마(松島, 독도)와 다케시마(竹島, 울릉도)를 오키의 속도屬島와 구분하여 따로 다루었다. 마쓰시마(독도)를, 오키의 속도와 구분하여 조선령으로 인정되던 다케시마(울릉도)와 한 묶음으로 기술하고 있다는 것은 일본정부가 마쓰시마(독도)도 조선령으로 본다는 것을 대변한다. [○又, 西北ニ方リテ松島竹島ノ2島アリ. 土俗相伝テ云フ. 穩地郡福浦港ヨリ松島ニ至ル. 海路凡六拾九里三拾五町. 竹島ニ至ル. 海路凡百里四町余. 朝鮮ニ至ル海路凡百三拾六里三拾町.]

요컨대 1905년 일본내각이 독도를 일본영토로 편입하는 결정을 내리기 이전까지는 독도는 일본영토가 아니라는 것이 일본정부의 공식적 견해였다.

3. 우산도가 곧 독도

태정관이 다케시마(울릉도)와 마쓰시마(독도)를 일본 영토가 아니라고 결정을 내린 까닭은 1877년 태정관 문서의 ❺에서 언급되고 있다. 겐로쿠[元祿] 5년(1692년), 조선인이 울릉도에 들어온 이래 에도 막부와 조선국 사이의 교섭 결과를 검토하여 내린 결론이 지령안 ❻이었다. 1692년에 조선과 일본 사이에 무슨 일이 있었을까? "독도는 우리땅"이라는 노래에도 나오는 바로 그《세종실록지리지》에는 이런 기록도 있다.

우리 태조太祖(이성계) 때 유리하는 백성들이 그 섬으로 도망하여 들어가는 자가 심히 많다 함을 듣고 다시 삼척 사람 김인우金麟雨를 안무사安撫使로 삼아서 사람들을 쇄출刷出하여 그 땅을 비우게 하였다.

울릉도를 비워 놓는 공도정책空島政策은 이렇게 1417년에 시작되어, 고종 19년(1882년)에 폐지되었다. 공도정책은 조선 왕조 대부분의 기간동안 시행되었다. 이렇게 공도정책으로 울릉도의 관리가 부실해진 틈을 타서 일본인들이 슬금슬금 울릉도로 침입해 들어왔다. 1617년에는 하쿠슈[伯州] 사람 오타니[大谷]와 무라카와[村川]가 다케시마(울릉도) 도해渡海를 청원하자, 에도 막부는 1618년 다케시마(울릉도) 도해渡海를 허락하는 주인朱印을 주기도 하였다.

일본인들의 울릉도 도해는 에도 막부의 공인을 받으면서 이루어진 반면, 조선측에서 아무런 항의나 제지를 받지 않았고, 일본인들은 매년 몇 달씩 울릉도로 건너와 자유롭게 어업활동을 할수 있었다. 그렇게 70여 년의 세월이 흘러가면서, 울릉도로 도해한 일본인들은 이윽고 울릉도를 일본의 영토로 생각하기 시작한 듯하다.

1692년에 일본인이 울릉도에 왔을 때, 조선인들이 어로작업을 하는 것을 보았지만, 일본인이 수적 열세를 느껴 철수함으로써 분쟁은 일어나지 않았다. 1693년 3월에 오타니 헤베[大谷平兵衛] 등 일본인이 울릉도에 왔을 때도, 거기에서 조선인들이 어렵활동을 하는 모습을 보았다. 그래서 그 중 안용복安龍福과 박어둔朴於屯 두 사람을 붙잡아 일본으로 끌고 갔다. 일본인들은 조선인들이 일본 영토인 다케시마(울릉도)에 월경하여 불법적으로 조업하였다고 생각했던 것이다.

1693년 9월, 일본은 조선에 사신을 보내면서, 붙잡아간 안용복 등 조선 어민 2명을 돌려보내는 한편, 조선의 예조참판參判에게 에도 막부의 서계書契를 전달하였다. 서계 내용은 "일본의 다케시마(울릉도)에 조선 어민들이 몰래 들어와 고기를 잡고 있어 이를 체포하여 돌려보내니, 다음부터는 월경하는 일이 없도록 해달라.”는 것이었다.

이에 조선정부는 “울릉도는 사정상 땅을 비워 놓았지만 계속 관리해 온 조선의 영토이고, 일본에서 말하는 다케시마[竹島]이다. 따라서 일본 어민들이 경계를 넘어 조선의 울릉도에 와서 불법적으로 어로행위를 하는 것은 옳지 않다. 그러므로 앞으로 잘 단속해 달라.”고 하면서, 오히려 일본의 월경을 질책했다. 울릉도(다케시마)를 둘러싸고 조선과 일본 사이에 영유권을 둘러싼 분의紛議가 발생한 것이다.

울릉도(다케시마)가 조선 영토임을 천명한 서계를 받은 에도 막부의 로쥬[老中] 아베 분고노가미[阿部豊後守]는 1695년 12월 다케시마(울릉도)의 실상을 파악하기 위해 돗토리번[鳥取藩]에 다케시마의 소속에 관해 문의하였다. 돗토리번에서는 “다케시마는 이나바[因幡]와 호키[伯耆] 양국에 속하지 않는다 …… 다케시마, 마쓰시마 그 외 양국(因幡國과 伯耆國)에 부속된 섬은 없다.”고 답변하였다. 두 섬(竹島=울릉도, 松島=독도)이 일본의 영토가 아니라는 대답이었다.

이듬해인 1696년 1월 18일, 에도 막부는 로쥬 4명의 연명으로 “원래 빼앗은 섬이 아닌 이상에는 돌려준다고도 말할 수 없으므로……앞으로 다케시마에 도해하는 것을 금지한다.”는 봉서奉書를 돗토리번에 내렸다. 이것이 첫 번째 다케시마 도해금지령(竹島

渡海禁止令)이다. 《숙종실록》(숙종 23년, 1697년 1월)에 따르면, "대마도에서 왜국 사신이 와서 에도 막부의 관백의 명으로 다케시마(울릉도)를 조선의 영토로 인정하고 일본인의 출입을 금하였음(竹島渡海禁止令)을 알려 왔다."고 하였다.

이러한 과정을 조선에서는 '울릉도쟁계鬱陵島爭界'라고 하고, 일본에서는 '다케시마잇켄(竹島一件)'이라고 하였다. 에도 막부는 17세기초 이래 수십년 동안, 울릉도에 많은 일본인들이 장기간에 걸쳐 진출했음에도 불구하고, 다케시마(울릉도)가 조선의 영토라는 것을 인정하였던 것이다.

'울릉도쟁계'에서 이목이 집중된 섬은 울릉도이고, 독도에 대해서는 아무런 언급이 없었다. 아마 사람이 거주할 수도 없는 절해고도의 소유권을 두고 따로 논의할 필요가 없었기 때문에 언급되지 않았을 것이다. 그런데 중요한 점은 '울릉도쟁계'의 발발을 계기로 조선에서 울릉도는 물론이고 독도에 대해서도 관심이 증가하였다는 점이다.

《세종실록지리지》에, "우산于山과 무릉武陵 두 섬이 삼척현의 정동正東 해중海中에 있다. '두 섬이 서로 거리가 멀지 아니하여 날씨가 맑으면 가히 바라볼 수 있다.' …"라는 기사가 있다.(二島相去不遠 風日淸明 則可望見) 여기서 무릉은 울릉도를 말한다. 고려 말에 이승휴李承休라는 학자가 있었다. 《제왕운기帝王韻紀》를 쓴 바로 그 사람이다. 지금의 삼척에 고려 말에는 진주부眞珠府가 있

었고, 거기 요전산성蓼
田山城이 있었다. 이승
휴는 요전산성에 올라,
무릉도를 바라보며 〈망
무릉도행望武陵島行〉이
라는 시를 썼다.

계축년 가을에 몽고의 난리를 피하면서 일방으로 진주부 요전산
성에 모여 수비하였다. 성의 동남쪽은 바다가 하늘에 닿아 사방이 끝
없이 펼쳐졌다. 그 속에 산이 하나 있는데, 구름, 물결, 안개, 파도의
속에서 떴다 가라앉았다 나타났다 잠겼다 하였다. 아침 저녁에 더욱
아름다웠는데, 마치 무슨 일을 하는 것 같았다. 노인들이 "무릉도武
陵島입니다."라고 하였다.

해양사진작가 이효웅이 동해시의 초록봉에 올라, 158km 떨어
져 있는 바로 그 울릉도를 촬영하였다. 망원렌즈로 끌어당겨 찍
었으니 사진 속의 울릉도 모습이 한층 더 뚜렷하였다. 육안으로
보았다면 이승휴가 〈망무릉도행〉에서 읊은 것처럼 "구름, 물결,
안개, 파도의 속에서 떴다 가라앉았다, 나타났다 잠겼다(浮沈出沒
於雲濤煙浪之間)"하면서 수평선 위에서 가물거렸을 것이고, 아침
저녁이면 또 그렇게 아름다웠을 것이다.

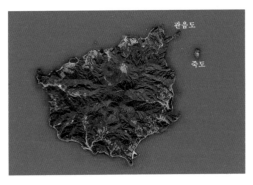

울릉도와 그 속도. (관음도와 죽도)

그러나 독도는 달랐다. 독도는 울릉도로부터 대략 90km 떨어져 있어 해안에서는 볼 수 없지만, 산 위로 조금 올라가면 볼 수 있다고 한다. 조금 높은 곳에 올라가야만 볼 수 있는 까닭은 지구가 둥글기 때문이다. 물론 높은 곳에 올라간다고 하여 아무 때나 다 볼 수 있는 것도 아니다.

동북아역사재단에서 편찬한 《독도! 울릉도에서는 보인다》에 따르면, 울릉도에서 독도를 볼 수 있었던 가시일수는 조사기간인 1년 6개월 동안 56회라고 한다. 또 "최저 133m에서 관측이 되었는데 이러한 곳들은 모두 예로부터 사람들이 거주하고 있는 지역이었다. 이러한 지역엔 반드시 집과 생활의 터전인 밭들이 있다. 밭에서 일을 하다 집으로 발길을 돌리면 독도가 보인다."라고 하였다. "날씨가 맑으면 가히 바라볼 수 있다."는 표현은 이럴 경우에 쓰는 것이 합당할 것이다.

국제한국연구원(원장 최서면)이 울릉도에서 찍은 독도 사진이다.

일출전망대가 있는 울릉도 내수전에서 2007년 11월2일 찍은 것으로, 탕건봉(독도 서도의 봉우리)의 모습이 선명하게 드러나고 있다.

울릉도에서 찍은 독도. 일출전망대가 있는 울릉도 내수전에서 2007년 11월2일 찍은 것으로, 탕건봉 (독도 서도의 봉우리)의 모습이 선명하게 드러나고 있다. (국제한국연구원 원장 최서면 촬영)

우산국이 있었을 때, 울릉도에는 수백명 이상의 사람들이 살았을 것이다. 그러니 그들은 남동쪽 수평선 언저리에 있는 독도를 보았을 것이고, 내왕도 했을 것이다. 독도는 우산국의 일부였을 것이다.

반면 일본에서는 독도로 가기가 쉽지 않았다. 독도와 오키 사이의 거리는 160km나되어, 독도에 가려면 이틀 낮과 하루 밤을 꼬박 가야한다. 또한 지구는 둥근데 거리가 훨씬 더 멀기 때문에, 오키섬에서는 아무리 높은 곳에 올라가더라도 독도를 볼 수 없다. 그러니 독도로 가려면 이정표로 삼을 것이 아무 것도 없는 망망대해를 보고 출발해야 했고, 항해일수도 짧지 않으니 매우 위험하고 힘든 항해가 된다. 울릉도 - 독도, 오키섬 - 독도 사이의 거리는 이러한 의미를 담고 있는 것이었다.

주의할 점은 조선의 공도정책은 지속되었지만, 이 '울릉도쟁계'를 계기로 조선 정부의 울릉도에 대한 자세는 많이 달라졌다는 점이다. 종전에 간헐적으로 이루어지던 울릉도에 대한 수토搜討를 3년에 1번씩 정기적으로 하도록 규정을 바꾸었고, 이렇게 수토관搜討官을 파견하여 통제함으로써 울릉도에 대한 지배권을 더욱 공고히 하였다. 또 하나의 변화는 울릉도에 대한 지리 지식이 크게 향상되었고, 그 과정에서 독도에 대한 보다 정확한 인지가 이루어졌다는 것이다.

울릉도 공도정책이 폐지되고 개발이 다시 시작된 때는 1882년(고종 19년)이었다. 개항과 더불어 울릉도에는 일본인들의 진출이 활발해져, 불법적으로 목재를 남벌하는 등 폐해가 우심해졌다. 조선 정부는 일본에 항의하는 한편 울릉도를 적극적으로 개발하기로 방침을 바꾸었다. 그리하여 1883년에는 김옥균을 동남제도개척사겸관포경사東南諸島開拓使兼管捕鯨事로 임명하였는데, 이때부터 본격적인 주민이주가 시작되었다.

요컨대 울릉도에 대한 공도정책은 1417년부터 1882년까지 약 470년 동안 지속되었으니, 사실상 조선 왕조 내내 지속된 것이나 다름없었다. 울릉도와 독도에 대한 조선측 기록이 많지 않은 까닭은 바로 이 공도정책 때문이지만 '울릉도쟁계' 이후 자료가 보다 많아지고 정확해졌다. 간혹 '울릉도쟁계' 이전의 불완전한 자료에 의거하여 조선측 자료 전체를 신뢰할 수 없다고 확대해석하는 경우가 있는데, 이런 태도는 옳지 않다.

이렇게 '울릉도쟁계' 이후, 이들 섬에 대한 정보가 많아지면서, 종래에는 '울릉도=우산도'라는 1도설一島說도 간혹 있었지만, 17세기말 이후에는 '울릉도≠우산도'라는 2도설二島說이 확실히 자리잡았다. 또한 그 이전 지도에서는 울릉도의 서쪽·북쪽·남쪽에 존재하던 우산도가 점차 울릉도의 동쪽에 자리를 잡는 모습을 보이게 되었을 뿐만 아니라, '우산도=마쓰시마[松島]'라는 관념도 정착하게 되었다. 마쓰시마[松島]가 독도이기 때문에 '우산도于山島=마쓰시마[松島]=독도獨島'라는 인식이 성립하였던 것이다.

《숙종실록》에서는 "송도는 자산도로서 그것도 우리나라 땅(松島卽子山島. 此亦我國地)"이라고 하였다. 이는 안용복의 주장을 인용한 것이다. 안용복은 무단월경無斷越境 죄로 사형을 받을 처지에 놓였지만, 남구만의 변호로 죽음을 면하였고 귀양을 가게 되었다. 그래서 성호 이익李瀷은 "안용복은 영웅호걸이라고 생각한다. 미천한 군졸로 죽음을 무릅쓰고 나라를 위해 강적과 겨뤄 간사한 마음을 꺾어버리고 여러 대를 끌어온 분쟁을 그치게 했으며 한 고을의 토지를 회복했으니, 영특한 사람이 아니면 할 수 없는 일이다. 그런데 조정에서는 포상하지 않았을 뿐만 아니라 앞서는 형벌을 내리고 나중에는 귀양을 보냈으니 참으로 애통한 일이다."라고 안타까워했다.

그래서 이익李瀷은 자신의 저서인 《성호사설星湖僿說》(1740)에

서 안용복 사건을 자세하게 다루었다. 안용복은 일본인들이 송
도로 도망치자 뒤쫓아가서 "송도도 원래 우리 우산도다(龍福曰,
松島本我芋山島)."라고 주장한 안용복의 말을 인용하여 송도=우
산도=독도라는 인식을 명백히 하였다.

신경준申景濬은 《강계고疆界考》(1756년)에서 "'일설에는 우산과
울릉은 본래 한 섬이라고 하지만, 여러 도지圖志를 상고하면 두
섬이다. 하나는 왜倭가 이르는 바, 송도松島인데, 대개 두 섬은 모
두 다 우산국이다(一說于山欝陵 本一島 而考諸圖志 二島也 一則其所
謂松島 而蓋二島 俱是于山國也)."라고 하였다. 신경준은 또한 《동국
문헌비고東國文獻備考》(1770년)에서 "여지지輿地志에, '울릉·우산
은 다 우산국 땅이며, 이 우산을 왜인들은 송도松島라고 부른다
(輿地志云 欝陵 于山 皆于山國地 于山則倭所謂松島也)."라고 하였다.

《일성록日省錄》정조 17년(1793년) 10월 1일에도 예조정랑禮曹正
郞 이복휴李福休가 이르기를 "본조(예조)의 등록을 살펴보니, 울릉
외도欝陵外島는 그 이름이 송도松島로 바로 옛날의 우산국입니다.
신라 지증왕 때 이사부가 나무사자로 섬사람들을 겁주어 항복을
받았습니다. 지금 만일 송도에 비를 세워 이사부의 옛 자취를 기
술한다면 그 섬이 우리나라 땅임을 입증할 수 있을 것입니다(福休
曰臣按本曹謄錄蔚陵外島其名松島卽古于山國也新羅智證王時異斯夫以木
獅子恐慴島人而受降今若立碑於松島述異斯夫舊蹟則其爲我國土地可以
憑驗矣)."라고 하였다. 동일한 기사가 《승정원일기承政院日記》에도

나온다. 이 기사에서 예조정랑 이복휴는 울릉외도鬱陵外島를 송도松島라고 하여, 그것이 독도獨島임을 말해주고 있다. 그 울릉외도 즉 독도에 비석을 세워 그것이 조선땅임을 입증하자고도 하였다. 이 자료를 처음 발굴한 유미림 박사는 정조가 영토비 건립제안을 수용하지 않았는데, 그 이유는 수토제가 정착돼 울릉도 및 속도에 대한 영유권이 확립돼 있는 상황이라고 인식한 결과라고 해석하였다.

《만기요람萬機要覽》(1808년), 군정편 해방 강원도조軍政編 海防 江原道條에서 "여지지에 이르기를 울릉·우산은 모두 우산국 땅이며 우산은 왜인들이 말하는 송도이다(興地志云, 鬱陵于山皆于山國 地于山則倭所謂松島也)."라고 하였다.

요컨대 조선의 여러 지도에서 우산도는 때로는 울릉도를 중심으로 유령처럼 떠돌고 있었지만, 18세기가 되면 거의 모든 문헌에서 '우산도=마쓰시마[松島]=독도'라는 인식이 일반화되었고, 울릉도의 동쪽에 확실하게 자리잡게 되었다. 이러한 조선의 여러 기록에서 보는 한, 독도가 무주지였다는 일본의 주장은 성립되지 않는다.

마쓰시마(독도)를 조선의 영토로 인식하는 기록은 일본측에도 존재한다. 1836년에 작성된 《다케시마도해일건기[竹嶋渡海一件 記]》의 첨부 지도인 〈다케시마방각도[竹島方角圖]〉에서도 울릉도와 독도가 조선의 영토라는 것이 명백히 드러난다. 이 자료는 '다케

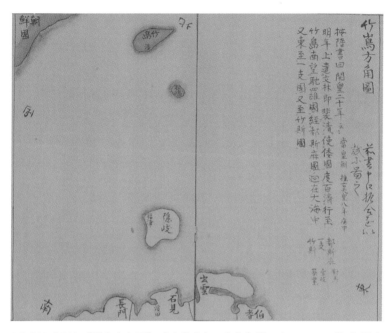

〈다케시마방각도[竹島方角圖]〉.《다케시마도해일건기[竹嶋渡海一件記]》의 첨부 지도이다. (1837년, 도쿄대학종합도서관(東京大学綜合図書館) 소장)

시마 도해금지령'을 어긴 죄로 이마즈야 하치에몽[今津屋八右衛門] 이 사형에 처해질 때, 그의 진술 내용을 기록한 것이다. 첨부 지도 에서 다케시마(竹島, 울릉도)와 마쓰시마(松島, 독도)는 조선 본토와 동일한 색상으로 칠해져 있고, 오키섬은 일본 본토와 동일한 색 으로 칠해져 있어, 각 섬의 소속국을 쉽게 판별할 수 있다.

'하치에몽의 사건' 이후, 1837년 에도 막부는 다시 한번 '다케시마 도해금지령'을 내리는데, 이 금지령을 내리기 이전에 에도 막부는 조선과의 외교 창구인 쓰시마번[對馬藩]에게 울릉도와 독도에 관해 문의하였다. 요즘으로 말한다면, 외무성에 문의한 것과 같으니, 그 대답도 당시 일본 정부의 공식 견해라고 할 수 있을 것이다.

막부의 질문은 다음과 같았다

다케시마는 둘레가 약 20리 정도로 그 앞에 마쓰시마라는 작은 섬이 있는데 둘레가 4~5리라고 들었다. 다케시마와는 40리나 떨어져 있고 일본과 가깝다고 한다. 위의 두 섬은 모두 조선의 울릉도인가? 아니면 다케시마는 울릉도이지만 마쓰시마는 조선 밖의 땅인가?

이에 대한 쓰시마번의 대답은 다음과 같았다.

조선 강원도 울진현의 동해 가운데 울릉도라는 섬이 있는데 일본에서는 다케시마라고 합니다……마쓰시마에 대해서는 겐로쿠[元禄] 연간 로쥬[老中] 아베 분고노가미[阿部豊後守]가 문의하셨을 때, 다케시마 근처에 마쓰시마라는 섬이 있어 일본인이 건너가 어로활동을 했다고 아랫사람들이 말하는 소문을 들었다고 답한 기록이 있습니다. (마쓰시마도) 다케시마와 마찬가지로 일본인이 건너가 어로활동

을 하는 것을 정지한 섬으로 알고 있습니다만, 딱히 그렇게 정했다고
는 말하기 어렵습니다. 조선지도로 말하자면 울릉·우산 2섬이라 생
각됩니다(朝鮮地圖を以相考候得者, 蔚陵·于山二島有之與相見申候). 위
의 다케시마에 조선 어민들이 도해하고 있습니다. 또한 목재가 많다
고 들은 때문인지 배를 만들기 위해 도해하고 있으며, 거주하는 사람
은 없습니다. 무릇 조선 관리가 때때로 조사를 위해 도해하고 있다고
들었습니다. 지금은 어떠한지 확실히 말하기 어렵습니다.⋯ (국사편
찬위원회 소장 對馬藩 宗家文書, 밑줄은 필자)

앞에서 보았듯이 조선에서는 18세기 중엽 이후 울릉도＝다케시
마, 우산도＝독도＝마쓰시마라는 관계 설정이 일반화되고 있었는
데, "조선지도로 말하자면 울릉·우산 2섬이라 생각됩니다."라는
쓰시마번의 답변에서도 그러한 관계 설정이 확인되고 있다. 즉 이
자료에서는 대마번도 마쓰시마가 우산도라고 알고 있었음을 확
인해 주고 있다.

또한 이 답변에서는 "마쓰시마(독도)도 다케시마(울릉도)와 마찬
가지로 일본인이 건너가 어로활동을 하는 것이 금지된 섬으로 알
고 있다."라고 하였으니 '다케시마 도해금지령'이 다케시마뿐만
아니라 마쓰시마에도 적용된 것을 알 수 있다. 즉 쓰시마번이 마
쓰시마(독도)를 조선 영토로 인정하고 있는 것이 확인된다.

메이지 유신 이후 성립된 신정부의 경우에도 처음에는 에도 막

부와 마찬가지로 울릉도와 독도를 조선의 영토로 판단하였다. 메이지 신정부 시대에 들어와서 다케시마[竹島]와 마쓰시마[松島]에 대해 조사한 결과를 살펴보자.

우선, 메이지 신정부 외무성 조사부터 시작해 보자. 에도시대에는 조선과의 외교 창구가 쓰시마번으로 단일화되어 있었다. 그러다 메이지 유신 이후에는 신정부가 직접 외교를 맡기로 하였다. 신정부는 조선과의 외교 교섭을 위해 천황의 친정을 알리는 서계를 조선 정부에 보냈으나, 조선 정부는 그 내용이 격식에 어긋난다고 접수를 거부함으로써 외교 교섭은 난항을 겪게 되었다. 이에 1869년 12월, 일본 외무성은 조선을 정탐할 목적으로 사다 하쿠보[佐田白茅], 모리야마 시게루[森山茂], 사이토 사카에[齋藤栄]등의 3명의 외무성 관리들을 쓰시마 및 부산에 있는 왜관에 파견하였다.

그렇게 정탐한 결과 보고서가 《조선국교제시말내탐서朝鮮國交際始末內探書》(1870년)였다. 이들은 조선과의 교류의 역사를 알기 위해 쓰시마에서 《조선통교대기朝鮮通交大紀》와 같은 기본 자료를 읽었고, 자연히 17세기 말의 다케시마잇켄(竹島一件, 안용복 사건)을 접하게 되었다. 그들은 그 사건의 경위를 《다이슈조선교제취조서對州朝鮮交際取調書》에 상세히 기록하였고, 그 기록은 《조선국교제시말내탐서》에 첨부되었다. 다케시마에 관한 기록은 제일 마지막에 '다케시마잇켄(竹島一件)'이라는 제목으로 다루어졌다.

그런 이유로 《조선국교제시말내탐서》에는 다케시마잇켄(竹島一件) 자료를 상세히 검토하여 《다이슈 조선교제취조서》의 제일 마지막 항목에 요약하여 기록한 다음, 그것을 다시 요약하여 《조선국교제시말내탐서》의 마지막 항목에다 수록했는데, 그 제목이 〈다케시마와 마쓰시마가 조선 부속으로 되어 있는 시말(竹島松島朝鮮附属ニ相成候始末)〉이었다. 제목만 보아도 알 수 있듯이 다케시마와 마쓰시마는 조선의 영토였다. 외무성 관리들, 이들은 사실 메이지 초기 정한론의 대표적 인물들이었다.이들 강경 정한론자들조차, 1690년대에 에도 막부가 이미 다케시마와 마쓰시마를 조선의 영토로 확인한 것을 알게 되었고, 따라서 그들의 1870년의 보고서에서도 다케시마와 그 이웃 섬(竹島ノ隣島)인 마쓰시마가 모두 조선의 영토라고 인식하고 있었던 것을 알 수 있다.

1877년의 태정관 지령문을 다시 상기해 보면, 거기에는 외무경의 도장도 찍혀 있었다. 즉 외무성은 자체조사를 통해 다케시마와 마쓰시마가 조선의 영토인 것을 이미 알고 있었기 때문에, 다케시마와 마쓰시마가 일본의 판도 밖에 있다는 태정관의 지령에 외무성도 아무런 이의를 달지 않고 승인하였던 것이다.

일본은 독도가 일본의 '고유 영토'라고 주장하고 있다. 즉 독도는 일본을 비롯한 다른 어떤 나라도 영유한 적이 없는 섬이었는데, 1903년 일본인 어부 나카이 요자부로[中井養三郎]가 이 섬에 이주하여 어업에 종사함으로써 처음으로 일본이 영유하게 되었음을 근거로 삼고 있다. 그러나 '울릉도쟁계' 이후 18세기에는 '마쓰시마[松島]=우산도于山島'라는 인식이 한국과 일본의 각종 지리서와 문서에서 발견되고 있어, 1903년의 나카이 요자부로에 의한 점령의 사실을 근거로 독도가 일본의 고유영토라는 일본 주장이 아무런 타당성도 없는 억지 주장이라는 것도 명백해졌다.

4. 일본은 기망과 폭력으로 독도를 편입했다

이처럼 메이지 정부는 독도가 일본 영토가 아니라는 것, 심지어
는 조선의 영토라는 사실을 잘 알고 있었다. 하지만 러일전쟁의
과정에서 독도가 가진 전략적 중요성 때문에 억지로 일본영토에
편입시키기로 결정하였다. 그것이 바로 1905년 1월 28일의 내각
회의 결정이었다.

그러나 독도를 일본 영토로 편입해 넣은 일본 내각의 결정은
절차상으로도 매우 큰 흠결을 갖는 것이었다.

첫째, 편입 대상이 되는 독도를 지칭할 때, 북위 37도 9분 30
초, 동경 131도 55분. 오키도에서 서북쪽으로 85해리에 있는 무
인도라고 함으로써 일반인들은 도저히 알 수 없는 방법으로 지칭
하였다. 당시 독도는 한국과 일본은 물론이고 서양 여러 나라에
서도 이미 잘 알고 있어, 우산도于山島, 마쓰시마[松島] 혹은 다케
시마[松島], 리앙꼬르암(Liancourt Rocks), 호넷(Hornet), 올리부차
(Olivutsa)와 메넬라이(Menelai) 등의 여러 가지 명칭으로 불렀는데
이러한 익숙한 명칭을 참고로도 제시하지 않음으로써 일반인들이
어떤 섬을 편입하려는지 알 수 없게 만들었다.

둘째, 독도는 한국과 일본의 경계에 있는 섬이기 때문에, 독도
라는 "무인도는 타국에서 이를 점령했다고 인정할 만한 형적形跡

이 없다."라고 하기 이전에, 인접국인 대한제국에 그 소속에 관해 의견을 구하는 절차를 밟아야 마땅하였다. 이것은 1692년에 울릉도의 영유를 둘러싸고 조선과 일본 사이에 '울릉도쟁계(竹島一件)'라는 분의紛議가 일어났을 때에도, 당시 일본 정부였던 에도막부는 울릉도 영유에 관한 사실관계를 조사한 후, 울릉도가 조선 영토임을 인정한 적이 있다. 그러나 1905년의 독도 편입을 결정한 일본은 대한제국에 독도의 소속과 관련하여 어떠한 문의도 한 적이 없다.

셋째, 내각의 결정에 의해 독도를 일본 영토로 편입하였다면, 당연히 그 편입 사실을 《관보》에 공시하고, 외교 채널을 통해 편입 사실을 인근 국가인 대한제국에 통보해야 마땅하였다. 그러나 일본은 그 어느 것도 하지 않았다. 독도를 시마네현 소속으로 편입해 넣는 내각의 결정에는 내각총리대신 가쓰라 타로[桂太郎]를 비롯하여, 외무대신 고무라 쥬타로[小村壽太郎], 내무대신 요시카와 아키마사[芳川顯正], 대장대신 소네 아라스케[曾禰荒助], 육군대신 데라우치 마사타케[寺內正毅], 해군대신 야마모토 곤노효에[山本權兵衛], 사법대신 하타노 요시나오[波多野敬直], 문부대신 구보타 유즈루[久保田讓], 농상무대신 기요우라 게이고[清浦奎吾], 체신대신 오우라 가네타케[大浦兼武] 등 그 당시 내각을 구성하던 모든 대신들이 검토·승인하고 서명하였다. 이런 회의에서 내린 결정이라면 당연히 중앙정부의 《관보》에 게재하여 일본 전국 및 세

시마네현 고시제40호.

"북위 37도 9분 30초 동경 131도 55분. 오키도와의 거리는 서북 85리에 달하는 도서를 다케시마(竹島, 죽도)라 칭하고, 지금부터 본현 소속 오키도사(隱崎島司)의 소관으로 정한다."고 적혀 있다. (1905년 2월 24일)

계에 알려야 마땅하다. 그러나 일본 정부는 그렇게 하지 않았다.

일본의 독도 편입 사실은 1905년 2월 24일 시마네현 고시 제40호로 《시마네현보[島根縣報]》에 공표되었고, 지방지인 《산인신문[山陰新聞]》 1905년 2월 24일자의 '오키의 새 섬(隱岐の新島)'이라는 제목의 6줄짜리로 기사화되었다. 또 도쿄지학협회가 간행하는 《지학잡지[地學雜誌]》 제196호에 '제국 신영토 다케시마'라는 기사로 소개되기도 하였다.

그러나 이 모든 공표 수단은 한국인들이 쉽게 접할 수 없는 것들이었고, 따라서 일본이 독도를 일본 영토로 편입해 넣었음에도 불구하고 어떤 한국인도 그것을 눈치채지 못하였다. 형식적으로

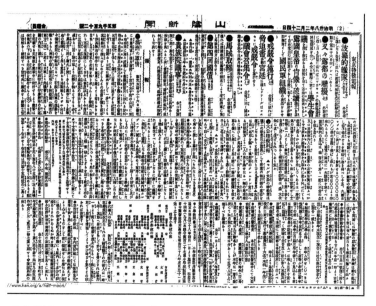

산인신문(山陰新聞), 1905년 2월 24일자.

보면 관보와 신문에 공지되었지만, 모두 시마네현보와 산인신문
이라는 지방 단위의 관보와 신문이었고, 그 기사도 매우 간단한
것이어서 세인의 주목을 받지 못했다. 그야말로 기록만 한 줄 남
기려는 매우 비밀스러운 것이었고, 일본의 독도 편입을 떳떳하고
자신 있게 만방에 고하는 그런 공지는 아니었다. 일본의 독도 편
입은 절차상 중차대한 흠결을 가진 것이었다.

　이런 까닭으로, 한국에서는 일본이 독도를 일본 영토로 편입

울릉도 울도군청鬱島郡庁 앞에서 찍은 다케시마시찰단 기념사진(1906년),
島根県立図書館所蔵 杉原通信＜郷土の歴史から学ぶ竹島問題＞, 第19回鬱島郡守
沈興澤と島根県調査団에서 가져옴.

한 후, 1년도 더 지난 1906년 3월에야 겨우, 그것도 우연히, 알게
되었다. 1906년 3월 28일, 시마네현[島根縣] 제3부장 진자이 요시
타로[神西由太郎]와 오키도사[隱岐島司] 히가시 후미스케[東文輔] 등
의 일본 관리들이 새로 편입해 넣은 다케시마(독도)에 시찰 갔다가
울릉도에 들러, 울릉군수 심흥택沈興澤을 만난 자리에서 '다케시
마(독도)가 이제 일본 영토가 되었기에 시찰하러 왔다(日本官人 一行
이 到于 官舍하야 自云 獨島가 今爲日本領地 故로 視察次 來島였다)'고 말
함으로써 비로소 알려졌다

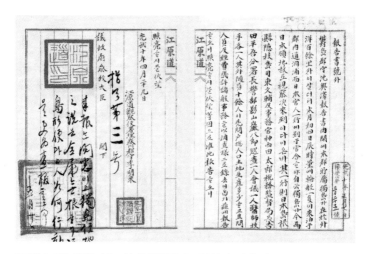

1906년 4월 29일, 보고서 호외(報告書 號外)와 지령 제3호.

　깜짝 놀란 울릉군수 심흥택은, 다음날 강원도 관찰사 서리인 춘천군수 이명래李明來에게 "본군소속 독도本郡所屬 獨島…"로 시작되는 긴급보고서를 올렸고, 4월 29일 이명래는 이 사실을 의정부에 보고하였다.

　이 문서를 보면 독도 군수가 바다 바깥 백여 리에 존재하는 독도獨島라는 섬을 관할하고 있었다는 것을 알 수 있다. 즉, 독도는 여러 이름으로 변천해 왔지만, 1906년 이전(언젠가는 확인하기 어렵지만)부터 "독도獨島라는 이름을 갖고 있었던 것이 분명하다.

〈무변불유(無變不有)〉.
《대한매일신보》(1906.5.1)

鬱島郡守 沈興澤의 報告書(1906
년 3월 29일)

本郡所屬 獨島가 在於本部外洋百
餘里許이옵더니 本月初四日 辰時量에
輪船一隻이 來泊于島內道洞浦而 日本
官人一行이 到于官舍하야 自云獨島가
今爲日本領地故로 視察 次來island였다이
온바 其一 行則 日本島根縣隱岐島司
東文輔及 事務官 神西由太郎 稅務監
督局長 吉田平吾 分署長警部 影山岩
八郎 巡査一人 會議員一人 醫師技士各一人 其外隨員 十餘人이
先問戶摠人口土地多少하고 次問人員 及經費幾許 諸般事務를 以
調査樣으로 錄去이압기 玆以報告하오니 照亮하심을 伏望.

심흥택의 보고를 받은 한국 내부대신의 지령문指令文(1906)을
보면 "독도가 일본 속지가 되었다는 것은 필히 그 이유가 없다."
고 하였다.

울릉도를 유람하러 온차에 토지의 경계와 호구를 적어가는 것은
이상한 점이 없다고 말할 수 있을지 모르지만, 독도가 일본 속지가
되었다는 것은 필히 그 이유가 없으니, 이번 보고가 심히 아연할 따
름이다.(遊覽道次에 地界戶口之錄去는 容或無怪어니와 獨島之稱云日本
屬地는 必無其理니 今此所報가 甚涉訝然이라).

그리고 최종적으로 의정부 참정대신 박제순은 지령 제3호에서 다음과 같이 말하였다.

올라온 보고를 다 읽었고 독도가 일본 영지 운운한 설은 전적으로 근거 없는 주장에 속하나 독도의 형편과 일본인들이 어떠한 행동을 하고 있는지는 다시 조사하여 보고할 것.(來報는 閱悉이고 獨島領地 之說은 全屬無根하나 該島 形便과 日人如何行動을 更爲査報할 事)

일본이 독도를 편입했다는 사실을 알게 되면서, 울릉군수, 강원도지사, 내부대신, 의정부 참정대신 등 유관 부서가 한결같이 놀라고 그 부당함을 지적하고 있다. 그러나 울릉군수 심흥택이 일본의 독도 강탈을 처음 알게 되었을 때, 그때는 을사늑약(1905년 11월 17일)에 의해 이미 보호국화 되어 버렸던 한국 정부가 할 수 있는 일은 거의 없었다. 일본의 독도 편입의 부당성에 대해 항의하거나 시정을 요구할 수 있는 방법이 일본제국의 조선 지배로 인하여 원천적으로 봉쇄되었기 때문이었다.

이처럼 일본의 독도편입은 본질이 기망과 폭력에 의한 강탈이었기 때문에 합법적이라 할 수 없으며, 따라서 독도가 국제법적으로 보더라도 일본의 영토라는 일본의 주장 역시 전혀 타당성이 없는 억지라는 것이 명백하다.

이렇게 불법적으로 독도를 일본 영토로 편입해 넣는 결정에 참여하였던 10명의 각료들을 출신지별로 보면, 조슈 출신이 3명(가쓰라 타로[桂太郎], 소네 아라스케[曾禰荒助], 데라우치 마사타케[寺内正毅])이었고, 다음으로 사쓰마 출신이 3명(야마모토 곤노효에[山本権兵衛], 오우라 가네타케[大浦兼武], 고무라 쥬타로[小村壽太郎])이었으며, 히젠 출신으로 하타노 요시나오[波多野敬直]가 있었다. 즉 10명의 각료 가운데서 7명이 에도 말기에 큰 세력을 가지고 있던 웅번雄藩이었던 샷초토히[薩長土肥] 출신이었다. 나머지 3명은, 아와노쿠니[阿波国], 히고노쿠니[肥後国], 다지마노쿠니[但馬国] 출신이었다.

조슈 출신 소네 아라스케[曾禰荒助]는 한국에서 통감정치가 시작되자 초대 통감이었던 이토 히로부미를 보좌하는 부통감이 되었고, 1909년 6월 14일, 이토 히로부미에 이어 제2대 통감이 되었다. 그러나 이토 히로부미가 살해되자 책임을 지고 사퇴하였고, 데라우치 마사타케[寺内正毅]가 그 뒤를 이어 제3대 통감이 되었다.

데라우치는 한국을 병탄하여 일본의 식민지로 만드는데 큰 역할을 하였다. 병탄 후에는 초대 조선총독이 되어 악명 높은 '무단정치'를 펼쳤고, 이런 업적을 인정받아, 내각총리대신이 되었다. 한국을 일본의 식민지로 만드는데 결정적 역할을 하였던 조슈번 출신의 인물들이 1905년에는 독도를 일본영토로 편입시키는데 이미 큰 역할을 하고 있었던 것이다.

5. 샌프란시스코 강화조약과 독도

마지막으로 제2차 세계대전이 끝나고 한국이 독립한 이후에는 독도가 어떻게 처리되었을까?

1945년 8월 15일. 마침내 일본이 포츠담 선언을 수락함으로써 무조건 항복하고, 9월 2일, 항복문서에 서명함으로써 연합군의 점령 통치를 받게 되었다. 연합국은 일본을 통치하기 위해 연합군최고사령부(SCAP; Supreme Commander for the Allied Powers)를 설치하였고, 1946년 2월 26일에는 그 상위 기구로서 11개국으로 구성된 극동위원회(Far Eastern Commission)가 발족되었다. 여기서 일본을 관리하는데 필요한 기본정책을 결정하였다. 다만 일본에서는 연합군최고사령부를 GHQ(General Headquarters)라고 부르기도 했다.

그리고 6년여에 걸친 연합국의 점령 통치에 의해 일본에 민주주의가 정착되고, 군국주의적 요소가 제거됨으로써, 포츠담 선언에서 천명하였던 주권회복의 조건이 어느 정도 달성되었다고 판단하여, 1951년 9월 8일 샌프란시스코 강화조약이 체결됨으로써, 일본은 다시 주권을 회복하였다.

강화조약에서 일본의 영토 주권에 관한 규정은 제2장 제2조 (a)~(f) 6개의 조항으로 이루어져 있는데, 그 중 한국에 관련된 부분은 (a)항과 같다.

(a) 일본은 한국의 독립을 인정하고, 제주도, 거문도 및 울릉도를 비롯한 한국에 대한 일체의 권리와, 소유권 및 청구권을 포기한다.

이 조문을 보면 제주도, 거문도, 울릉도 등의 섬이 한국에 속하는 섬으로 열거되고 있지만, 독도에 대해서는 아무런 언급이 없다. 나아가 강화조약 다른 어디를 봐도 독도에 대한 언급은 없다. 물론 독도가 일본령이라든가, 혹은 일본령임을 암시하는 구절도 없다. 즉 샌프란시스코 강화조약의 조문만 놓고 본다면, 독도가 한일 양국 어디에 속하는지 알 수 없다는 것이다.

그런데, 강화조약과 관련하여 10여개의 초안이 있었는데, 이 초안들 가운데서 미국에서 작성한 것을 살펴보면, 처음에는 독도를 한국령으로 명기하고 있었지만, 그후 일본의 맹렬한 로비를 받아 독도가 거꾸로 일본령으로 표기하고 있다. 그런데 이 미국측 초안이 독도를 한국령으로 표기하고 있는 영연방의 초안과 달라짐에 따라, 최종안에서는 독도와 관련된 모든 표현을 삭제하였다. 위의 조문은 이런 과정을 거쳐 작성된 것이기 때문에, 조문만을 놓고 본다면, 연합국은 독도의 소속 국가에 대한 결정을 유보하여 아무런 결정도 내리지 않았다고 할 수 있다. 그러나 초안의 내용이 달라지는 과정을 추적해 보면, 왜 독도를 한국령으로 보아야 하는지 알 수 있다.

이제 샌프란시스코 강화조약에서 독도 관련 조문이 변해가는 과정을 좀 더 자세히 살펴보기로 하자. 우선 샌프란시스코 강화조약의 최종 조문은 여러 차례에 걸쳐 제출된 초안을 수정하여 제정한 것이다. 초안은 1947년 3월 19일에 처음 작성되기 시작하여 여러 차례 수정되어, 1951년 9월 8일에 최종안이 작성되었다. 이들 초안 원문은 구글에서 "Draft Treaty of Peace With Japan"라는 검색어로 찾아볼 수 있다.

1947년 3월 19일 작성된 대일평화조약초안(Draft Treaty of Peace With Japan, 제1차)에서는 1894년 1월 1일이라는 특정 시점을 기준으로 일본의 영토 범위를 규정하였다. 1894년은 청일전쟁이 발발한 연도인데, 청국은 그 전쟁에서 대패하여 엄청난 전쟁배상금과 함께 대만을 비롯한 여러 영토를 빼앗기게 된다. 1904년의 러일전쟁에서도 러시아가 패배하면서 전쟁배상금의 지불은 없었지만 일부 영토를 빼앗기게 된다. 그런데 태평양전쟁에서 중국(구 청국)과 소련(구 러시아)은 연합국 중의 수뇌국이 되었다. 종래의 패전국이 이번에는 승전국이 된 것이다.

그래서 카이로선언에서 "연합국은 자국을 위하여서는 아무런 이득을 추구하는 것이 아니며 또한 영토 확장에 아무 생각을 가진 것이 없다."고 하였지만 청일전쟁과 러일전쟁으로 빼앗겼던 영토는 되찾아 오고 싶었다. 그래서 카이로선언에서 "만주, 대만 팽

1947년 3월 19일 미국에서 작성한 대일평화조약초안.
(Draft Treaty of Peace With Japan), 제1조. 1894년 1월 1일이라는
특정 시점을 기준으로 일본의 영토 범위를 규정하였다. 일본령에 포함되
는 것과 제외되는 것에 대해서 상당히 구체적으로 기술하고 있다.

호도 등 일본이 청국으로부터 탈취한 일체의 지역을 중화민국에
반환"하고, "또한 폭력 및 탐욕에 의하여 일본이 약취한 다른 일
체 지역으로부터도 구축될 것이다."라는 문장을 넣었던 것이다.
일본의 영토를 일본이 대외팽창에 나서기 직전인 1894년 1월 1일
시점으로 되돌려 놓으면 중국의 요구사항도 소련의 요구사항도

1947년 3월 19일 대일평화조약 미국초안, 제4조. 일본은 독도(Liancourt Rock, Takeshima)에 대한 모든 권리와 소유권을 포기한다고 하고 있다.

모두 충족되는 것이었다. "울릉도와 독도는 일본 판도 밖"이라는 1877년의 태정관 문서에 따른다면, 1894년 시점에서 독도는 일본령이 아니게 되니, 제4조에서처럼 독도를 한국령으로 규정할 수 있게 된다.

이렇듯 제1차 미국초안(1947.3.19)에서는 제4조에서 독도를 한국령으로 명기하고 있으며, 동일한 내용이 제2차(1947.8.5), 제3차(1948.1.8), 제4차(1949.9.7), 제5차(1949.11.2) 미국초안에서도 반복되고 있다.

그런데 제5차(1949.11.2) 미국초안이 제출된 후, 미국의 대일본 정치고문이었던 시볼드(William J. Sebald)에 의해 독도를 일본령으로 변경시키려는 로비가 시작되었다. 그는 1949년 11월 14일 미국 국무부에 "제6조 리앙쿠르암(다케시마)의 재고를 권고한다. 이들 섬에 대한 일본의 주권은 오래됐으며 정당하다고 생각된다. 안전보장의 고려가 이 섬에 기상 및 레이더국을 상정할 수 있을지도 모른다."라면서 한국령으로 되어 있는 독도를 일본령으로 변경할 것을 권고하는 전문을 보냈다.

며칠 후인 11월 19일에도 독도를 일본영토에 포함시킬 것을 건의하는 의견서를 미국 국무부로 보냈고, 의견서에는 제6차 미국 초안(1949년 12월 29일)에서 독도를 한국 영토에서 제외하고 일본 영토 조항에 포함시키는데 큰 역할을 했다.

현재의 일본 외무성 홈페이지에 있는 독도 사이트에 들어가 보면, 일본은 다케시마(독도)가 일본의 고유영토라는 점을 강조한다. 일본의 고유영토라는 말은 일본이 다케시마를 영유하기 이전에 그곳을 영유한 나라가 없었다는 것 즉 일본이 처음부터 영유하고 있었다는 것을 의미한다. 따라서 만약 다케시마가 일본의 고유영토라면 카이로 선언에서 말하는 "폭력 및 탐욕에 의하여 약취한" 영토가 아닌 것으로 되고, 혼슈[本州]처럼 당연히 일본에 귀속되는 섬이 된다.

시볼드는 다케시마가 일본의 고유영토라는 말을 '일본의 주권이 오래됐고, 정당하다'라는 말로 표현하였다. 제6차 초안의 주석에서는 "다케시마가 1905년 일본에 편입되어, 시마네현[島根縣] 오키[隱岐] 지청이 관할하던 섬이 되었고, 오랫동안 특정 계절이 되면

THE TERRITORY UNDER JAPANESE
SOVEREIGNTY AS DEFINED IN
ART. I OF THE PEACE TREATY

평화조약 제1조에 규정된 일본의 주권하에 있는 영토.
네모 안의 오른쪽 아래 부분의 글자가 독도가 있는 곳이다.

일본 어부들이 다케시마로 이동·거주해 온 반면, 한국에서는 그
섬에 대한 명칭도 없고, 한국 영토라고 주장된 적도 없다."고 하였
다. 다케시마를 일본령으로 보아야할 근거를 여기서 찾고 있고, 또

한 이것을 근거로 제6차 초안에서는 독도를 일본령으로 표기하게 되었다. 제7차 미국초안에서도 독도가 일본령으로 표기되어, 이제 평화조약에서는 독도가 일본령으로 굳어지는 것처럼 보였다.

그런데 영국, 호주, 뉴질랜드, 캐나다 등의 영연방국들은 미국의 초안과 별개로 독자적인 대일평화조약안을 만들어, 1951년 4월 7일 그 최종안을 지도를 첨부하여 공표하였다. 영연방 8개국이 작성한 평화조약안에서 지도에 경계선을 긋고 그 안쪽을 일본영토로 보았다. 그래서 첨부된 지도가 중요한데, 그 지도에 따르면 독도는 경계선 바깥에 놓여 있는 것으로 표시되어 있다. 즉 독도는 일본영토가 아닌 것, 따라서 좀 더 적극적으로 말한다면 영연방은 독도를 한국영토로 보고 있었다는 것이다. 이렇게 독도를 둘러싸고 연합국의 양대 축인 미국과 영국의 독도에 대한 견해가 달랐던 것이다.

이에 미국과 영국 양국은 1951년 4월 25일과 5월 2일에 회합을 갖고 의견을 통일하여 5월 3일에 미영합동초안(Joint U.S.-U.K. Draft)을 작성하였다. 합동초안에는 "일본은 한국(제주도, 거문도 및 울릉도를 포함한)에 대한 모든 권리와 소유권 및 청구권을 포기한다. … (Japan renounces all rights, titles and claims to Korea (including Quelpart, Port Hamilton and Dagelet)"고 하여, 독도에 대한 표기를 배제하고 말았다. 그리고 이 합동초안은 1951년 6월 14일에 문장을 약간 다듬는 정도의 수정을 거쳐, 앞에서 보았던 샌프란시스코 강화조약의 제2장 제2조 (a)항처럼 정착되었다.

지금까지 샌프란시스코 강화조약의 여러 초안의 변화과정을 살펴보면, 미국의 초안에서 처음에는 독도가 한국령으로 명기되었지만, 일본측의 로비가 통하면서 일본령으로 표기되었다. 그런데 영연방에서 독자적으로 작성한 평화조약 초안과 첨부지도에서는 여전히 독도가 한국령으로 명기됨에 따라 미국과 영국 양국 사이에 견해차가 생기게 되었다. 그리하여 양국은 수차례의 회합을 통해 미영합동초안을 작성하였는데, 이 합동초안에서는 견해차가 있던 독도라는 말 자체를 조문에서 제거해 버림으로써, 견해차이를 해결한 것이 아니라 미봉에 그치게 하였다는 것이다.

그래서 샌프란시스코 강화조약에서 독도가 한일 양국 중 어느 나라에 속한다고 보아야 할 것인가 하는 문제는 시볼드(William J. Sebald)가 미국 국무부에 독도에 대한 재고를 요청하면서 내세웠던 근거 즉 "이들 섬(독도)에 대한 일본의 주권은 오래됐으며 정당하다고 생각된다."는 말이 타당한지 여부에 달려 있다.

그러나 시볼드의 주장은 다음과 같은 이유로 타당하지 않다.

첫 번째로, 시볼드는 한국에서는 그 섬에 대한 명칭이 없다고 하였으나 그렇지 않다. 조선시대에는 독도를 우산도라고 불렀다. '울릉도쟁계' 이후, 18세기에 간행된 한국의 대부분의 지리서에서는 "우산은 왜인들이 말하는 송도이다(于山則倭所謂松島也)."라고 하여, 우산도=송도(마쓰시마)라는 관계를 확실히 밝히고 있다. 일본에서는 독도를 마쓰시마(송도)라고 불렀기 때문에 우산도=송도 =독도라는 관계가 성립한다.

또 1900년 고종 황제가 공표한 대한제국 칙령에서 울릉도의 관할 구역을 "울릉전도와 죽도竹島, 석도石島를 관할한다."라고 하였다. 한국 학계에서는 당시 울릉도 주민들이 '돌'을 '독'으로도 발음했기 때문에 석도=돌섬=독섬=독도, 즉 독도라는 지명을 갖게 됐다고 해석하여, 칙령에서 말하는 석도가 곧 독도라고 주장한다. 석도=독도라는 관계가 성립한다면, 독도는 석도라는 이름도 가졌던 것으로 된다. 단 이런 해석에 대해서는 여전히 반론이 있다.

한편 1906년의 울릉군수 심흥택의 보고서에서 "본군소속 독도 本郡所屬 獨島가"라고 하여, 울릉군수 관할 하에 '독도'라는 섬이 있다고 언급한 것에서 보면, 1906년에는 독도가 오늘날 한국에서 부르는 바로 그 명칭으로 존재하고 있었다는 것이 확실하고, 실제로는 그 이전부터 독도라고 부르는 섬이 존재했던 것으로 추정된다.

두 번째로, 시볼드는 한국이 독도를 한국 영토라고 주장한 적이 없다고 하는데, 이 역시 사실과 다르다. 한국의 각종 지리서, 혹은 지지 자료를 보면 우산도(독도)는 대부분 언급되고 있고, 각종 지도에서도 한국령으로 표기되고 있다. 전근대에는 어떤 지역이 자국영토라는 것을 지리서에서 거명하거나 지도에 그려 넣는 방법으로 표현했고, 관보에 수록하고 신문과 같은 대중매체에 공표하는 따위의 방법은 아직 존재하지 않았다. 조선 정부와 지리학자들은 동해 한가운데 있는 별로 가치가 없는 독도(우산도)임에도 불구하고, 거의 대부분의 지리서나 지도에서 빠뜨리지 않고 기술하고 있다. 강화조약 초안을 만든 사람들이 한국에서 우산도라 부르는 섬이 곧 독도라는 사실을 알았다면, "한국이 독도를 한국 영토라고 주장한 적이 없다."라고 함부로 말하지는 못했을 것이다.

앞에서 1900년 고종 황제가 공표한 대한제국 칙령에서 울릉도의 관할 구역을 "울릉전도와 죽도竹島, 석도石島를 관할한다."라고 하였다. 그리고 사투리에서 '돌[石]'을 '독'이라 하기도 한다는 점에 착안하여, 칙령에서 언급된 석도石島가 독도로 되고, 다시 독도獨島로 변했다고 주장하기도 한다. 그런데 울릉도 지도를 놓고 보면, 울릉도 본도 이외에 죽도와 관음도가 있는 것을 알 수 있다. 그 밖의 것들은 조그만 암초로 이름이 없다. 위의 칙령을 보면 석도는 관음도를 지칭하거나 독도를 지칭하는 것이 될 수밖에 없다. 여기서 석도=독도라고 해석한다면, 1905년 일본이 독도 편입 선언을 하기 전에 한국에서 먼저 영유 선언한 셈이 되니 독도 영유를 둘러싼 논쟁은 이것으로 모두 해소될 수 있다. 그러나 이러한 해석은 직접적 증거가 아니기 때문에 논리의 비약이라는 오류를 범할 수 있다는 비판이 있을 수 있다. 그러나 우산도=송도(마쓰시마)=독도라는 각종 지리서의 기록은 우산도 즉 독도가 조선의 영토였음을 분명히 하고 있다.

세 번째로, 독도가 일본령이라는 주장을 뒷받침하는 근거 중 가장 핵심적인 것이 "다케시마가 1905년 일본에 편입되어, 시마네현[島根縣] 오키[隱岐] 지청이 관할하던 섬이 되었다"는 즉 1905년 일본내각의 독도편입 결정과, 시마네현보[島根縣報]와 산인신문[山陰新聞]을 통한 공시였다. 결과적으로 보면 일본은 독도가 일본령으로 공시되었다는 문서상의 근거를 남기게 되었고, 시볼드는 이 근거를 활용하여 "(독도)에 대한 일본의 주권은 오래됐으며 정당하다고 생각된다."라고 주장할 수 있었으며, 지금도 일본 정부가 독도는 국제법적으로 보더라도 일본령이라고 주장하는 핵심 논거가 되고 있다.

샌프란시스코 강화조약에서는 시볼드의 로비가 결정적인 역할을 하여 최종적으로 독도 소속국에 대한 판단을 유보하게 되었다. 따라서 시볼드 로비의 근거로 사용되었던 역사적 사실에 대한 검토가 필요해지는데 이것 역시 1905년의 독도편입 과정이 가장 큰 쟁점으로 된다.

요컨대, 독도문제의 핵심은 1905년에 일본이 독도를 일본 영토로 편입해 넣으면서 행하였던 행위들이 합법적인 것이었던가 하는 문제로 축약되는데, 이미 앞에서 우리는 일본의 독도 편입과정이 기망과 폭력에 의한 불법적인 것이었음을 명백히 한 바 있다.

허수열과 조슈 그리고 …

조슈[長州]의 번도藩都이자 메이지[明治] 유신의 본향이라는 야마구치현 하기[萩]. 이곳을 처음 알려주고 찾아보라고 한 분은 나의 장인어른(禹昌翰. 1925~2009)이다. 일제강점기 청주(淸州)농업학교를 나오셨고, 이후 국민학교(현 초등학교) 교사로 재직하다가 1945년 7월 30일에 나남19사단에 징병되어 8월 10일 청진항에서 러시아군과 조우하였고, 이들과 치열한 전투를 벌이다 포로가 되어 만주로 잡혀가던 중 고무산古茂山에서 탈출하였다. 남하하는 소련군을 뒤로 하면서 겨우 생명을 유지하면서 내려왔다.

해방 후에는 영월寧越 군청과 금융조합 등에서 일하다가 강제로 인민위원회 토지개혁 담당자로 발탁되었다. 이후 탈출하여 국군으로 입대한 뒤 무려 5년 동안 복무한 그야말로 파란만장한 한국 근현대사의 증언자였다. 더구나 오늘날 농업에 쓰는 멀칭재배(검은 비닐을 씌워서 수분 증발을 막아서 생육을 돕는 농법)를 최초로 한국에 도입하여 실험하고 이를 전국적으로 전파한 인물이었다. 아버님한테 갈 때마다 일제강점기 특히 전시체제기 식민지 조선 사회의 모습을 너무나 생생히 기억하시고 또 알려주셨다. 그 덕에 박사학위 논문으로 〈일제의 조선공업정책과 조선인자본의 동향(1936~1945)〉을 생동감있게 작성할 수 있었다. 그런 분이 어느 날 하기[萩]라는 곳에 한번 가보라고 권하셨다.

"하기가 어떤 곳인가요?"

그러자 요시다 쇼인이 나오고, 이토 히로부미에 대한 이야기가 나왔다. '하기'라는 이름도 동백꽃에서 유래되었다면서 일본 근대화의 본고장인 이유를 일본인보다 더 달변인 일본말을 섞어서 이야기하였다.

'그런 곳이 있다니. 그래 한 번 가봐야지….'

2000년 언저리였을 것이다. 한국연구재단(당시 한국학술진흥재단)으로부터 박사후연수과정 지원을 받아 일본에 갔을 때 후쿠오카에 내려서 무려 다섯 번 기차를 갈아타고, 까마득한 산기슭 절벽을 지나 구불구불한 고개를 넘어 겨우 하기에 도착했다. 참으로 오지였고, 가는 길은 신비롭고도 고즈넉해서 좋았다. 1량輛짜리 기차라서 그런지 정감도 물씬….

'이런 이쁜 곳에 그런 사람들이 살았다니…'

뭐 그런 생각으로 하기에 들어갔다. 일단 1927년에 완공된 역전에 가보자. 지금도 생생한 '조슈오걸[長州五傑]'이 등장하는 포스터가 하기역 앞에 붙어 있었고, 시내를 도는 100엔[円]짜리 빨간 버스가 앙증맞았다.

발길 닿는 곳만도 조슈번의 번주 모리 데루모토[毛利輝元], 쇼카 손주쿠의 요시다 쇼인[吉田松陰], 그의 제자 구사카 겐즈이[久坂玄瑞]나 다카스기 신사쿠[高杉晋作], 유신을 이끈 조슈 오걸인 엔도 킨스케[遠藤謹助], 이노우에 마사루[井上勝], 이토 히로부미[伊藤博文], 야마오 요조[山尾庸三], 이노우에 가오루[井上馨, 井上聞多] 그밖에 시나가와 야지로[品川弥二郎], 야마다 아키요시[山田顕義], 야마가타 아리토모[山県有朋], 가쓰라 타로[桂太郎], 기도 타카요시[木戸孝允], 이토 히로부미[伊藤俊輔] 등의 생가들… 여기에 방면군 사령관 다나카 기이치[田中義一]도 빼면 안 되겠다.

하나같이 일본으로선 영웅이고, 메이지 유신의 주역 혹은 태평양전쟁 당시 발악하던 군부가 태어나고 살던 곳이고, 일본정치를 주무르던 수상들이 즐비하게 나온 곳이다. 이런 곳을 한 바퀴 도니 일면 제국주의자들의 소굴에 들어온 것 같기도 하고, 근대 일본의 심장의 박동이 들리는 듯도 하였다.

이후 몇 차례 더 방문했다. 학과 교수들과 혹은 제자들과 혹은 '인연고리'라는 답사팀을 조직해서 방문하기도 했다. 최종적으로는 허 교수님과 함께 방문했다. 일본식 우측 운전을 할 줄 몰랐던 당시로선 무조건 기차 시간을 맞추느라 뛰어다녀야 했고, 찬찬히 볼 기회가 없었던지 기회만 있으면 가고 또 갔다. 갈 때마

《한국회사100년사데이터베이스》제작
회의(서울대, 2013. 9. 29)

다 새로운 이야기가 넘쳤다. 우리 나라를 침략했다는 이야기를 제외하면, 일본 근대사의 역동도 느껴졌고, '우리도 저렇게…'라는 해괴한 생각도 들 때가 있었다. 하지만 늘상 가면서 제대로 알아야겠다는 마음은 변함없었다.

《한국 회사100년사 데이터베이스의 구축과 활용》(2013년도 한국연구재단 일반공동연구, 책임연구자 허수열)으로 인연이 깊어진 허수열교수님(이하 저자)과 나는 아마 2015년 11월 말쯤 이곳을 방문한 듯하다. 이전부터 기회가 되면 함께 오면 이야기거리가 많아지겠다면서 내심 기대하였다. 그동안 함께 벽골제, 부안, 군산 등을 다니며 유적지를 안주 삼아 밤을 지새던 경험이 자주 있었기 때문에 의기투합은 그다지 어렵지 않았다. 문제는 저자께서 무척 늘 바쁘셨다는 점이다.

우리의 관심은 이들 하기 지역의 무사들과 도쿠가와 막부 사이에 얽힌 3백년 동안의 원한이 어디서 와서 어디로 흘러갔고 어떻게 2,000명가량을 움직여서 사방으로 20만 막부군을 격퇴하고는 마침내 도막(倒幕, 막부타도)에 이르렀는지, 나아가 격렬한 반동에도 불구하고 어떻게 해서 마침내 메이지[明治] 유신을 달성했는지 그 드라마틱한 일본근대사를 함께 읊조리는 일이었다.

'경제사를 하시니 얼마나 날카로운 지적에 이은 재밌는 상상의 나래를 펼치실지.'

'아직 《한국회사100년사데이터베이스》도 완성되지 않았는데 연구하고 작업하느라 바쁘다 하실텐데 가시려나?'

그래도 한번 말씀은 드려보자 넌지시 던졌다. 그러자, 갑자기 저자의 눈동자가 하기성만큼 커지더니 담배 한 대 거하게 물면서 당장 추진하자고 하였다. 반신반의半信半疑에 이은 뜻밖의 반격에 짐짓 놀랐다.

'나도 모르겠다. 기말시험 기간도 아직인데 뭐. 출발하자!'

다행히 내 제자인 선우성혜 박사(당시는 박사과정)가 우측 운전을 할 줄 알아서 후쿠오카에서 렌터카를 빌려 타고는 시모노세키의 간몽[關門] 철교를 지나 옛 야마구치[山口]현청에 들렀다. 가는 길에 시모노세키 단노우라 해변 춘범루春帆樓라는 호텔에 있는 청일전쟁강화담판장을 방문했는데, 저자가 이홍장 역을, 내가 자객 역을 하면서 퍼포먼스했던 기억이 새롭다.

좀더 지나서 호국護国신사가 나오고 그 옆 자위대 부대가 바라보였다. 그 부대를 바라보면서 데라우치 마사다케(寺内正毅, 1852~1919)의 무덤이 있었다. 죽어서도 자위대를 보고 있는 데라우치의 무덤 앞에 서노라니 한번 이 골수 제국주의자의 지배 아래서 우리 민족이 얼마나 혹독한 고초를 당했을지 생각하니 가슴이 아련했다.

시모노세키 춘범루 가는 통로에서 일본 청년이 이홍장을 찌르는 퍼포먼스.

이윽고 2015년 12월 1일 마침 내 하기성에 오를 수 있었다. 몇번 가본 나보다도 하기에 대해서, 요 시다 쇼인에 대해서 달통한 저자. 그리고 그 특유의 긴 이야기가 우 리의 귀를 노크했다. 생전 처음 듣 는 이야기가 아닌데도 아는 것 들 으면 더 재밌는 법이다. 엄청난 답 사 준비를 해오신 것이 분명한데, 뭔가 주도권을 뺏긴 느낌이다.

이토 히로부미 집에서도, 카스 라 타로 집에서도, 기도 다카요시 집에서도 역사학자인 나를 무 색하게 하는 역사적 식견을 더하고, 이야기를 이어가는 모습을 보니 아마 뭔가 작심한 것이 있으리라 추정은 되었다. 돌이켜보니 아마 이때부터 《조슈 이야기》를 쓰시려고 한 듯싶다.

저자와의 인연은 언제부터인지 잘 모르겠다. 박사학위 과정시 절에 저자의 논문을 정독하면서 읽을 때부터 인연이라고 치면 무 척 오래다. 그럴 것이 저자의 논문을 보니 주로 30년대 공업사를 하신다. 그래서 나는 1910년대 공장공업을 연구해야겠다고 생각 했던 것 같다. 직접 뵌 것은 아마도 2005년경이다. 경제사학회에 서 토론을 했을 때인데, 담배 연기 쭈욱 뿜으시면서 '김인호 선생

입니까?' 하면서 다가오던 기억이
지금도 생생하다. 당시 옆에는 이
후 늘 저자와 함께했던 배모 교수
도 있었다. 그 해 유명한 《개발 없
는 개발—일제하, 조선경제 개발의
현상과 본질》(은행나무, 2005)이 출
간되던 해였다.

후일담이지만 내가 《식민지 조
선경제의 종말》(신서원, 2000)을 출
간하고, 학술원추천도서로 선정되
었을 때 심사위원이었다고 한다.

하기성 성벽에서 허수열 교수(좌)와 나
(우). (2015.12.1)

더하여 '1940년대 한국경제사 연구가 불모지인데, 참으로 기념비
적 연구라서 추천하였다.'는 말도 들었다. 유독 이 기억이 나는 것
은 칭찬받지 못하던 지진아가 오랜만에 칭찬 한번 받으니 너무
감격한 나머지 마음 깊이 각인된 결과리라.

저자, 배선생 그리고 나, 세 사람은 서로 그림자처럼 함께 하였
고 실제로 이곳 하기에도 같이 여행하였다. 저자가 너무 연구에
몰두하고, 이뤄야 할 과업을 연구원들에게 몰아치는 성정이 있기
때문에 프로젝트를 수행할 때는 여러 가지 소동도 있었다. 그런
모습을 힘겨워하면서도, 정작 나 자신도 제자들에게는 그렇게 공
부하라고 몰아치고 닦달한다. 옳은 길이니 불평이 있어도 저절로

이해가 되었던 것이다. 그리하여 세 사람은 굳건히 학문적, 인간적 의리를 지켰다.

저자가 손이 필요하시다 하면 손이 되어 드리고 싶었고, 머리가 되어달라면 목을 내놓을 분위기도 있었다. 연구와 학문의 모범생인 그 모습을 추앙하면서 늘 마음을 조아리는 배움의 자세를 잊지 않았다.

'머리가 나쁘면 의리라도 있어야 한다.'

지금까지 언제나 그분은 내 마음의 스승님으로 모시고 살았고, 돌아가시니 지금까지 그 누구보다도 애통하다. 세종대왕 탄생일인 스승의 날에 가장 먼저 떠오르는 인물이 누구냐 하면 단연코 저자다. 그래서 전화를 드리면 이렇게 말하셨다.

"허허, 참. 같은 연구자끼리 무슨 스승인가? 같이 늙어가는 동무끼리."

왜 그리 존경하고 싶었을까. 이런 생각을 해보면, 그 이유도 참으로 역사적이다. 당시는 한참 박사학위를 받고 청운의 꿈이 부풀던 시기였다. 그런데 역사 공부하면서 귀에 피가 나도록 들은 이야기가 '역사의식'이란 말이었다. 민족과 민주주의를 생각하는 투철한 역사의식을 앞 세우고, 민주주의와 민족해방의 뚜렷한 입장을 견지하면서, 일본제국주의의 침탈을 성토하고, 파헤치는 참으로 의식적인 글을 써야 했던 시기였다. 당연히 역사의식이 있어야 바른 역사의 길이 보이는 것이라 믿었고, 바른 역사의식이 홀

륭한 역사공부를 부르는 것은 지금도 부정할 수 없다.

그런데 의식이 너무 강조되다보니 그 의식을 합리화하기 위한 '사실에 대한 과잉해석'이나 기계적 해석이 자칫 민족적 염원을 대변하는 듯한 분위기를 만들었다. 과잉해석과 기계적 적용론이 주는 비극은 그 옛날 사회구성체 논쟁에서도 드러나듯이 '학문의 수단화'를 재촉하고, 공부보다는 관념의 확장에 힘쓰게 하는 오류를 남겼다.

따라서 논객 혹은 정치인이 아니라면 역사연구자는 역사적 사실을 최종적으로 확인하고 복원하는 과업에 충실할 필요가 있다. 불편하더라도 가짜를 싫어하고, 진짜배기를 추구하기 위하여 온갖 계량적, 과학적 방법을 사용하길 주저하지 말아야 한다. 가짜가 진짜를 구축驅逐하는 해괴한 역사는 나쁜 인간만이 자행하는 죄가 아니었다.

너무 앞서서 자신의 일방적인 사관을 강요하는 역사가도 같은 죄인이다. 실재하는 역사를 떠나서 염원의 역사를 하는 것이 얼마나 진실을 왜곡하는지, 그 결과가 바로 식민지근대화론의 반격을 불렀다. 정작 그들이 치밀한 계량計量으로 한국사, 한국경제사를 침범했을 때 우리는 아무런 대응도 하지 못한 것은, 구호뿐인 역사의식만으로 무장하는 것이 얼마나 위험한 연구태도인지를 잘 보여주는 사례이다.

의식이 존재를 앞서는 것 같은 그 시절에 나는 도대체 왜 그런

'과잉해석의 역사를 훌륭한 역사'라고 하는지 무척 의문스러웠다. 그리고 그런 '비분강개悲憤慷慨하는 역사'가 정부의 지원금으로 조장되는 모습도 그다지 달가워 보이지 않았다.

'독립운동사가 마치 위인전기 같은 느낌을 주는데 어떻게 그것을 진실이라 말할 수 있겠는가?'

'그렇게 하고도 정치적 수단화의 대리인이라는 오명에서 벗어날 수 있단 것인가?'

뭐 이런 생각을 하면서 한국사가 어떤 연유로 관념의 역사, 염원의 역사라는 소리를 들어야 하는지 머리털 뜯고 고민하였다. 그런데 어느 날 저자가 술잔을 기울이면서 해준 말이 지금도 금과옥조金科玉條처럼 가슴에 새겨있다.

"일제日帝라는 말 혹은 수탈收奪이란 용어를 쓰지 않아도 제국주의의 침략성을 객관적으로 표현할 수 있어야 하고, 이를 위해선 냉정한 시야와 객관적 데이터, 그리고 양적연구방법론이 필요하다."

마치 복음 같았다. '아! 통하는구나.' 하는 생각이 들었다. 광고카피 같고, 운동구호로 점철된 그런 신념의 논문을 마치 민족사의 정통인양하던 시절이었던 바, 그런 말씀은 갈급한 내 가슴에 단비와 같았다. 사관史觀과 의식에 무작정 오염되지 않고, 더 객관적인 사실에 몰두하려는 노력이 어쩌면 '진짜배기'에 더 가까이 접근할 수 있다는 생각을 가진 것은 오로지 저자의 덕이다. 그리고 실제로 그런 자세로 연구하셨기에 거센 식민지근대화론자들의 준동에도 고군분투할 수 있었던 것이다.

이후 저자와는 꾸준한 협력과 교류를 이어갔다. 2013년 한국연구재단 일반공동연구과제로 〈한국회사100년사데이터베이스 구축과 활용〉을 수행할 때는 물론이고, 〈부산지역 150년 사업체 데이터베이스〉라는 브레인부산(BB)사업을 수행할 때도 저자의 지도가 중요한 역할을 했고, 실제로 원팀을 이루어 일제강점기 36년 동안 회사 데이터 가운데서 펑크가 난 각 시기의 회사와 중역의 동태를 복원할 수 있었다. 그리그리하여 〈한국회사100년사데이터베이스〉를 확립할 때까지 함께 하였다.

수행 과정에서 동의대 근현대사 박사과정팀이 열심히 도움을 주었다. 특히 〈재외재산등보고서〉 정리 작업이나 회사, 중역 데이터 입력 작업은 도맡아서 했다. 그런 자료 수집과 분석 활동에서 영감을 받아서 인지, 선우성혜, 김예슬, 육소영 교수 같은 후속 연구자들이 성장할 수 있었다.

문제는 〈한국회사100년사데이터베이스〉의 다른 모든 것은 완성되었는데, 중역重役 부분 통계가 불안정하다는 것이었다. 정리가 필요했다. 그럼에도 이후 7년 동안 차마 출간하지 못하고 묵혀두고 있었다. 그도 그럴 것이 공동연구수행 기간이 끝나니 썰물처럼 각자 자신의 연구에 몰두하고 말았기 때문이다. '꼭 한다.' '반드시 한다.'는 허무한 결의만 남기고 말다. 물론 이 자료는 개인적인 논문에서 활용된 적이 많았고, 특히 《조선총독부의 공업정책》(동북아역사재단, 2021)을 저술할 때는 참으로 요긴하였다. 1942년 이후 1945년까지 사업체 통계를 완성한 유일한 자료이다.

2020년 어느 여름날이었다. 하루는 '뭐하시냐?'고 여쭈었더니 난데없이 《조슈이야기》를 쓰고 있다.'고 했다. 2015년 하기로 여행할 때 얼핏 쓰겠다고 했고, 또 이후에도 쓰겠다고 했지만 당시는 저렇게 바쁜데 언제 쓰시겠냐고 그 말을 차마 믿지 못하던 차였다. 그때 저자는 《충청남도사》의 일부로 근대경제사 부분을 쓴다고 했고, 자료가 너무 부족하니 참으로 해결이 난망이라는 이야기도 하였다.

그러자 나는 '아니! 《한국경제사개설》이나 한번 제대로 쓰시지 무슨 조슈입니까?', 그러자 "허허~근대 일본이 조선을 경멸하고, 침략하려고 온갖 계획을 다 세우고 하는데, 어떤 과정에서 그리고 어떤 이유로 그런 야욕이 만들어졌는지 그 근원을 알아야 안 되겠나? 그러려면 조선을 침략한 인물들이 대거 포진한 야마구치[山口] 즉 조슈번에 대한 공부가 무엇보다 필요하지 않을까?"라고 하였다.

정년停年이 다가오니 노후 계획 삼아 하시는 농담으로 생각하였다. 그러던 어느 날 진짜로 《조슈이야기》가 상당히 진척되었다는 연락이 왔다. '역사학자인 김교수가 좀 봐서 문제가 없는지 살펴 봐주라.'는 부탁 같은 명령도 잊지 않으셨다. 워낙 민주적인 분이라 강요强要라는 생각은 들지 않았으나, 워낙에 논리정연한 분이라 거절은 원초적으로 불가능했다.

그런데 일본사 전공자도 아닌데 그 방대한 야마구치의 역사를 어떻게 소화하시려고 하시나 걱정도 되었다. 통계만으로 가득한 조슈의 역사를 보겠거니….

하지만 정좌한 채 모든 것을 독서와 분석으로 스스로 터득하였고, 마침내 나름의 일가를 이루었다. 역사는 사실들의 연속 정도로 알고 있지만 실제 오래 역사를 공부하면 역사란 맥락으로 더 심오하게 연속된다는 것을 터득하는 법이다. 즉, 공부하다보면 눈앞에서 인물들이 어른거리고 대화하는 것처럼 보이는 경지가 온다는 것이다.

무협지에는 초절정-화경-현경-생사경을 입신의 최고 경지라고 했던가. 입신의 경지에 들어선 듯한 역동적인 문체로 수놓은 저작이라 읽을수록 손에 땀을 쥐는 긴장감이 돋아났다. 진실한 기록은 심심한 법인데, 이 책은 그렇지 않았다. 자주 연구되고 알려진 사실이지만 제대로 이해하지 못했던 신라인의 일본침공 기록이나, 《일본서기》에 나오는 임나일본부 이야기, 그리고 임진왜란壬辰倭亂에 대해선 그 방면의 책까지 출간한 적이 있는 나보다도 훨씬 해박한 이해력으로 특별한 해석을 덧붙였다.

물론 집필 과정에서 곳곳에서 나와 논쟁한 사례가 적지 않았다. 무슨 전쟁이나 전투도 아닌데, 엄청 무장하고 나왔다. 삼도수군통제사 원균이 수행했던 임진왜란[壬亂] 초기의 대일 항전 문제에서도 논쟁이 붙었다. 또한 카라스[唐津] 지명의 근원에 대해서도 한판 붙었다. 카라스라는 지명이 가야와 직접 연관되는가 여부로 휴대폰이 불난 적이 있었다.

'조선 공업화' 문제는 당연한 논쟁거리. 저자는 1930년대 발흥설을 주장하는데, 나는 1940년이나 되어야 공업화가 될까 말까 했다는 으름장으로 맞선 적이 있다. 돌아보면 큰 도움을 받은 것은 오히려 나였다. 어느 날 벽골제[碧骨堤] 제방은 군사용일 가능성이 크다는 주장을 했다가 저자한테서 한소리 듣기도 했다.

논쟁이 이뤄지면 전화로 한두 시간은 금방이었다. 물론 대화의 80퍼센트는 저자가 주도하였고, 나는 간간이 자료를 제시하면서 폭탄을 투척하기도 했지만 대체로 방어적인 대화로 일관했다. 내 공이 약했나 보다. 그때 느낀 심정은 뭐 이런 생각이었다.

'아니 이렇게 역사에 대한 신념에 가득 찬 분이었나?'

'역사연구자인 나보다 더 역사를 좋아하고 사랑하네.'

저자의 《일제초기 조선의 농업－식민지근대화론의 농업개발론을 비판한다》(한길사, 2011)를 대학원에서 논의할 때에도 곱게 끝난 적이 없었다. 토론하는 것을 무척 좋아했고, 분석적인 주장에는 반드시 자료로서 대응하였다.

그러던 어느 날 전화를 거시고는 '평생 함께해 준 학문의 동지와 책 한 권 같이 내는 것이 바램이다.'라고 하였다.

"제가 무슨 큰 도움도 되지 않았는데, 무슨 공저입니까? 교수님 이름만 대어도 독자들이 큰 관심을 가질 것입니다. 그저 서문에 저 이름 세글자만 언급하시면 충분합니다."

하지만 이번에도 민주적인 태도로 위장한 강력한 명령이 떨어졌다.

"공저共著로 하세요."

부담 90퍼센트인 저자의 이 명령을 듣고서 출간 준비를 했다. 그러다 2020년 11월 선우성혜 교수의 박사학위 논문심사장에서 일이다. 어디가 좀 아프시다는 말과 함께 이 저작의 훗날을 부탁한다는 말씀을 더하고는 평생 한 몸처럼 저자를 뒷바라지한 사모님(저자는 사모님을 감독님이라 불렀다.)의 차를 타고 대전으로 올라가셨다.

청천벽력같은 소식이었다. 그렇게 끊지 못했던 담배도 원망해보고, 한번 앉으면 뿌리를 뽑아야 자리에서 일어나는 연구광인 저자의 생활 방식도 생각해보았다. 아프시다니 자꾸 전화 드려서 무슨 말을 해야 하나 늘 고민되었다. 나을 수 있다는 희망을 들을 때는 너무나 다행스러웠는데, 그래도 미심쩍은 마음도 나를 자주 괴롭혔다.

그렇게 병마와 싸우는 가운데도 《조슈이야기》 초고가 전달되었다. 내가 수정하면 논쟁을 각오해야 했지만, 물러서지 않았다.

돈이 없지 자존심이 없나. 그런 생각도 하면서 배움이 90퍼센트라는 감사도 더하려고 했다.

초고를 접하면서 저자가 이제 문학가가 되려나 하는 우스운 생각도 하였다. 하지만 지금 돌아보면, 오랫동안 비분강개의 역사를 멀리하고, 진짜배기의 집요한 추적자 역할을 해오신 역사학자로서, 가장 한국사의 현안이 되는 각 과제에 대한 그간의 이해 방식을 가장 대중적인 방법으로 전달하고자 작심한 결과라 판단된다. 특히, 임나일본부나 독도문제, 정한론 문제에 대한 평소의 고견은 이 저작에서 중요한 비중을 차지하고 있는데, 읽어보면 다른 그 어떤 어정쩡한 이론보다 명쾌하고 흥미롭게 정리되었다고 여겨진다.

많이 아프셨다. 그래도 학회에선 저자가 여전히 건재하신 듯 추천도 드리고, 프로젝트 감수자로 모시기도 했다. 그런데 잠시 나아진 시기도 있었다. 아마 대구에서 치료받다가 대전으로 잠시 온 시간이었던 것같다. 《조슈이야기》에 더해서 《한국회사100년사 데이터베이스》도 최종적으로 정리하겠다는 호기를 부리셨다. 신병身病은 상관이 없는 듯했다. 와병 중이라면 나도 저렇게 할 수 있을까? 절래절래….

《조슈 이야기》는 이처럼 저자 삶의 잔여 시간을 총동원하여 써낸 글이다. 쾌유를 향한 다짐이 오가던 2022년 7월에 최종적으로 초고를 완성하고는 출판사에 보내자고 했다. 그랬더니 '정한론

征韓論 이야기가 너무 허접'하다고 하면서 이 부분을 다시 써보라 하였다.

급한 김에 후딱 완성해서 드렸더니 그래도 마음에 들지 않았던 모양인지 또 고치고 고쳤다. 저자는 그런 분이었다. 어색하거나 오류가 있으면 절대 놓치지 않는 하이에나 혹은 진돗개 심뽀(근성)가 있었다. 프로젝트할 때 한번도 연구비를 비상식적으로 쓰신 것을 보지 못했다. 오히려 자신의 돈으로 매우는 일도 다반사였다.

저자가 세상을 떠나신 후 아드님이 보낸 노트북 파일을 열어 보니, 입이 벌어질 지경이다. 한참 병환이 위중하실 때인 지난 2023년 1월 11일에도 이 저작의 구석구석을 마무리하고 있었던 사실을 보여줬던 것이다. 영롱하게 파일의 오른쪽에는 수정한 일시가 나와 있었다.

이름	수정한 날짜
제3장 메이지 유신과 조슈의 지사...	2023-01-11 오후 3:55
제4장 정한론f2	2022-07-09 오후 6:59
제5장 일본제국의 조선침탈f2	2022-07-04 오후 8:05

아마도 아픔을 이기기 위한 각고의 노력으로 여기에 몽땅 영혼을 담은 것이다. 그러니 '영혼을 다한 글', '여명을 긁어서 만든 글'이라고 해도 과언이 아니겠다. 하지만 그날이 마지막이었다. 그로부터 약 보름 후인 2023년 1월 29일 오전 10시 18분에 운명하셨다. 1월 11일까지 검토한 최종본이 아드님을 통해서 이제 다시 나

에게로 왔다. 이제는 뭘써도 저자의 질문이나 간섭을 받지 않게 되었다.

그런데 결코 이 상황이 행복하지 않다. 무슨 말을 끝에 남길까 고민했다. 왜냐하면 저자는 《조슈 이야기》의 결론을 쓰지 않았기 때문이다. 왜 그러시냐고 물은 적이 있다.

"읽어보면 무슨 말인지 다 아는데, 굳이 중언부언이 왜 필요한가?"

그래서 전체를 정리하는 글보다 유작이 된 이 책 출간에 얼마나 저자가 각고의 애정을 다했는지 알려줄 에필로그를 달고자 하였다. 생존해 계신다면 아마도 '그 뭐 자질구레한 이야기를 쓰시려고 해?'라고 성화를 낼지 모를 일이다. 그래도 가족이 아니면서도 지근에서 학문적으로 인간적으로 함께 했던 순간을 많이 기억하는 입장에서 저자가 우리 역사를 얼마나 뜨겁게 사랑하고, 제대로 기술하기 위하여 애쓴 분인지 보여주고 싶었다.

돌아보면, 담배가 중요한 원인이었다. 2013년인가 일본 츠쿠바에 있는 일본공문서관에 함께 자료를 찾으려 갔을 때 이야기가 떠오른다.

"아니 왜 아직도 담배를 피우시나요? 건강에 안 좋아요."

그렇게 말씀드렸더니,

"허-, 감독(사모님)도 내가 흡연하는 것 못 이겼어. 열심히 연구하다가 그냥 가면 되지 뭐."

이렇게 말하면서 껄껄 웃었다. 사모님께 여쭀더니 "저 양반 담배를 강제로 끊게 했더니 며칠 동안 아무 것도 못 하고 왔다 갔다 해서 결국 안 되겠다고 여겨서 담배를 용인했다."는 말을 하였다.

이렇게 저자는 평소 담배를 사랑하였다. 아마도 사모님보다 더 사랑했다고 하면 사모님께 혼날지도 모르겠지만 늘 담배 한 개피하는 재미 외에는 엄중하게 공부만 하던 분이었다.

선우성혜 박사가 훗날 동래담뱃대조합을 연구하는 것을 보면서, 저자의 하염없는 담배 사랑을 떠올리게 된다. 늘 '선우鮮于 선생, 선우 선생!' 하면서 이것저것 부탁도 하고, 가르침도 내리고…. 부족한 지도교수를 대신하여 톡톡하게 도사導師 역할을 하셨다.

일본 츠쿠바 어느 호텔 앞 노래방에서 불렀던 저자의 노래가 떠오른다. 아마도 김광석의 〈부치지 못한 편지〉였던 것 같다. 정호승 시인의 글에 김광석이 노래를 입힌 것이라고 한다. 어쩌면 평생 자신의 모습과 가장 닮은 노래를 부른 것 같다.

부치지 않은 편지

정호승

풀잎은 쓰러져도 하늘을 보고
꽃 피기는 쉬워도 아름답긴 어려워라
시대의 새벽길 홀로 걷다가
사랑과 죽음의 자유를 만나
언 강바람 속으로 무덤도 없이
세찬 눈보라 속으로 노래도 없이
꽃잎처럼 흘러흘러 그대 잘 가라
그대 눈물 이제 곧 강물 되리니
그대 사랑 이제 곧 노래 되리니
산을 입에 물고 나는
눈물의 작은 새여
뒤돌아보지 말고 그대 잘 가라

이제 저자와 이승의 만남은 다했다. 그럼에도 이 책을 완간해
야 하는 과제가 남았고, 채 부치지 못한 편지 주인인 저자의 염원
은 온전히 내 맘에 남아 있음을 고백한다. 고집스럽고, 어떨 때는
주장이 너무 강해서 답답한 듯한 느낌도 있지만, 눈을 내리깔고

있으면 일보 후퇴도 아는 따뜻한 인간미의 소유자였다. 그런 그는 평생 연구에 파묻혀 살았고, 담배 이외에는 그다지 잡기雜技란 모르는 분이었다.

식민지 근대화론의 오류를 잡아내는 전사戰士였으며, 누구든지 그 사람의 진가를 제일 먼저 파악하여 장점을 북돋고, 약점은 감추어주는 대인大人이었다. 돌아가시니 가장 그리운 것은 아직도 내가 여쭈어볼 말이 많았고, 들어야 할 이야기가 많은데, 더이상 들을 수 없다는 점이다. 허수열 교수님, 그동안 너무 감사하고 즐거웠습니다. 부디 평안히 영면하소서.

2023년 2월 10일

고故 허수열 교수님의 영전에서

김인호 드림